FORMAS CULTURAIS
DO CRISTIANISMO NASCENTE

ADRIANA DESTRO
MAURO PESCE

Formas Culturais
do Cristianismo Nascente

EDITORA SANTUÁRIO
Aparecida-SP

DIRETOR EDITORIAL:
Marcelo C. Araújo

EDITORES:
Avelino Grassi
Márcio F. dos Anjos

COORDENAÇÃO EDITORIAL:
Ana Lúcia de Castro Leite

TRADUÇÃO:
Ubenai Fleury

COPIDESQUE:
Eliana Maria Barreto Ferreira

REVISÃO:
Bruna Marzullo

PROJETO GRÁFICO E CAPA:
Simone Godoy

* Revisão do texto conforme o Novo Acordo Ortográfico da Língua Portuguesa, em vigor a partir de 1º de janeiro de 2009.

Título original: *Forme culturali del cristianesimo nascente*
© Editrice Morcelliana, 2005
Via G. Rosa 71 – 25121 Brescia
ISBN 88-372-2084-7

Dados Internacionais de Catalogação na Publicação (CIP)
(Câmara Brasileira do Livro, SP, Brasil)

Destro, Adriana
Formas culturais do cristianismo nascente /Adriana Destro, Mauro Pesce;
[tradução Ubenai Fleury]. – Aparecida, SP: Editora Santuário, 2010.
Título original: Forme culturali del cristianesimo nascente.
Bibliografia.

1. Bíblia - Hermenêutica 2. Cristianismo - Doutrina 3. Teologia dogmática
I. Pesce, Mauro.
II. Título.

09-10206	CDD-230

Índices para catálogo sistemático:
1. Doutrina cristã: Exegese: Religião 230

Todos os direitos em língua Portuguesa reservados à **EDITORA SANTUÁRIO** — 2010

Composição, CTcP, impressão e acabamento:
EDITORA SANTUÁRIO - Rua Padre Claro Monteiro, 342
Fone: (12) 3104-2000 — 12570-000 — Aparecida-SP.

Ano: 2013   2012   2011   2010
Edição: **7   6   5   4   3   2   1**

Introdução

1. O cristianismo das origens já desapareceu completamente. Como um astro extinto há milênios, sua luz ainda chega até nós através de alguns textos do século I e início do século II. Quem, como nós, quer novamente estudar, a partir de um ponto de vista antropológico, as formas culturais assumidas pelo cristianismo nascente, deve se valer da antropologia dos textos.

Os textos são instrumentos de comunicação que funcionam mediante a utilização dos mecanismos de abstração simbólica da criatividade mental de seus autores e seus destinatários. Neles a forma literária não é o elemento primário nem o objetivo final dessa nossa análise. A organização literária dos textos obedece à estratégia retórica de seus autores que, somente de passagem, se referem às formas organizacionais e culturais que constituem o pressuposto sobre o qual se constrói a vida contemporânea. Quanto mais atualizamos a forma literária de um texto, tanto mais nos aproximamos do pensamento e da intenção do seu autor. Se, pelo contrário, nossa intenção é reconstruir a história e a cultura de um grupo, é preciso partir das ligações que o texto, linha após linha, deixa transparecer com as estruturas da cultura, que é o fundamento e a possibilidade de sua existência. Sem uma cultura implícita, o texto não teria possibilidade alguma de cumprir sua função comunicativa.

A exegese é a base essencial da análise. Os teóricos da exegese histórica sempre sustentaram que o sentido de um texto é aquele que o autor pretendeu e que o destinatário de seu tempo tinha a capacidade de compreender. Essa teoria tem o grande mérito de afirmar que um texto adquire significado dentro do contexto geral de uma cultura historicamente determinada. Assim, a exegese tem a função de reconstruir os significados históricos das palavras e dos conceitos usados nos textos. O método histórico, por outra parte, sempre tem apoiado também outro princípio estritamente conexo com o primeiro, o qual podemos definir como o postulado da distância. O historiador sempre deve estar consciente da existência de certa *distância* entre ele (a cultura própria, sua bagagem conceitual, o intrincado de temas e problemas) e os textos de que se serve para reconstruir o passado. Quem, como nós, busca as formas culturais usadas por Jesus e os primeiros cristãos para se expressarem, não pode não compartilhar desses princípios. Contudo, somente eles não são suficientes. Um texto não transmite apenas aquilo que o autor tinha a intenção de exprimir e que os destinatários de seu tempo, nos quais ele pensava, podiam compreender. Nele também se faz presente uma expressiva quantidade de elementos que o escritor do texto não tinha a intenção explícita ou de mencionar, ou de explicitar, mas que constituem a própria condição de seu pensar e de seu escrever e até de seu viver e de toda a sociedade à qual ele pertencia. Uma teoria antropológica dos textos – o que no passado, por mais de uma vez, esboçamos (Destro-Pesce 1995, 11-14; Pesce 2001) – consente individualizar nos textos vários níveis de profundidade e vários níveis de explicitação. A exegese mais comum dos textos protocristãos, contudo, limita-se, no mais das vezes, à análise da estrutura e organização literária superficial e ao estudo das afirmações explícitas. Deixa, assim, inexplorada uma grande riqueza cultural que jaz mais ou menos escondida ou implícita nos textos.

A reconstrução de formas culturais complexas, com base em instrumentos de abstração simbólica dos textos levou-nos a elaborar diversos níveis de análise, que poderão ser definidos como macroscópicos e microscópicos. A análise macroscópica procura descobrir nos textos alguns tipos de macroestrutura de relacionamentos ou grandes quadros relacionais que são bastante conhecidos dos estudiosos de antropologia. Neles, os múltiplos modelos propostos pela literatura antropológica oferecem o ponto de partida para ver se nos textos aparecem traços que permitam descobrir na imaginação de seus autores, ou na realidade social que eles refletem, formas organizacionais que se enquadrem nos modelos já conhecidos.

Exemplos de macroanálise, neste livro, são os oferecidos pela utilização de esquemas antropológicos relativos aos grupos domésticos (*households*), às associações voluntárias ou aos vários modelos de comunidade ou agrupamentos de discípulos. No caso, o procedimento não é dedutivo, mas heurístico. Não se trata de "aplicar" aos textos modelos que representariam uma "verdade" já revelada pelas "ciências sociais". Pelo contrário, os diversos casos de *households* ou de comunidades, ou de associações voluntárias reveladas etnograficamente e tipificadas antropologicamente expõem esquemas que contemplam uma multiplicidade de variáveis possíveis e estão abertos para a inclusão de novas. Esses esquemas permitem "ver" se existem nos textos elementos que possam ser encaixados em alguma tipologia, e em que medida.

É evidente que a caracterização de macroestruturas sociais pressupõe também o conhecimento de que todo tipo de associação se situa em uma relação complexa, feita não somente de relacionamentos estruturais, mas também de conflitos e alianças eventuais, com um vasto entrelaçado de outras formações sociais. No caso das *households*, por exemplo, levamos em consideração os relacionamentos de eventuais intercâmbios patrão-– cliente ou de relações de amizade ou de associações voluntárias de vários tipos (profissional ou religioso) e de instituições religiosas do tempo.

Um segundo nível de análise consiste em examinar elementos específicos e muito particulares dos textos, com um procedimento preva-

Formas Culturais do Cristianismo Nascente

lentemente indutivo. No caso, por exemplo, da prisão de Jesus (capítulo sexto) ou quando se analisa a terminologia com que Paulo define os membros das *ecclesiai* (capítulo segundo), o centro do interesse é colocado sobre bem determinados relacionamentos interpessoais que transparecem do texto. É a partir desses tipos de relacionamentos interpessoais ou de amostras de mecanismos de pensamento que se busca a compreensão de quais sejam as estruturas culturais implícitas em que eles se baseiam.

No segundo caso, o procedimento é, até certo ponto, oposto ao primeiro. Não se trata aqui de usar modelos heurísticos para se encontrarem as macroestruturas subjacentes. Pelo contrário, parte-se das formas êmicas existentes no texto para reconstruir, uma depois a outra, as maneiras básicas com que ele define os objetos de que fala ou das ações elementares que os agentes apresentados no texto realizam, para se compreender quais eram os costumes culturais do grupo a que pertenciam. Talvez seja esse procedimento o que mais se vizinha da observação participante, típica do antropólogo de campo. No caso de Paulo (capítulo segundo), por exemplo, tentamos estabelecer quais eram os apelativos (e, portanto, os conceitos) com que ele definia os membros daquelas que ele denominava de *ecclesiai* e consequentemente os relacionamentos interpessoais que os mantinham unidos. O gênero epistolar por ele usado coloca-nos perante concepções que nascem dos relacionamentos diretos que ele tinha com determinados grupos e em lugares também determinados. Esses textos, portanto, desenvolvem uma rede relacional e conceitual originada de relacionamentos concretos entre pessoas. Constituem um contexto muito mais específico e caracterizador dos que podem ser oferecidos por grandes quadros. Esses elementos êmicos são, posteriormente, confrontados com dados semelhantes ao ambiente cultural em que Paulo vivia. Finalmente, eles são recompostos no quadro mais amplo de uma hipótese de relação coerente, para reconstruir o tipo de agrupamento religioso que Paulo propunha. É evidente que com esse procedimento, que parte de elementos particulares para chegar a uma

Introdução

visão globalizante, é sempre pressuposta, em todas as fases da análise, uma dialética constante entre teoria antropológica e comparação etnográfica.

Um terceiro nível de análise é de alguma forma a composição dos dois procedimentos anteriormente descritos. Em alguns casos, nós nos encontramos diante da ausência quase total do contexto cultural que possibilitaria a compreensão de determinados dados de um texto. Nessas situações, depois de ter examinado criticamente o dado complementar, procura-se fazer a ligação desse dado com outros elementos da cultura que não foram explicitados. Para fazer isso não é preciso recorrer a modelos antropológicos com função heurística. Mas é necessário reconstruir etnograficamente o contexto cultural baseado em testemunhos confiáveis da cultura contemporânea.

Um exemplo dessa técnica de análise é fornecido pelo caso da concepção e da prática da remissão dos pecados, segundo Jesus. Ela representa um caso difícil porque, de um lado, os textos protocristãos que dela nos falam têm a tendência ou de modificar ou de obscurecer a concepção de Jesus, baseados na visão do cristianismo posterior e, de outro, fornecem pouquíssimos dados sobre o contexto cultural dos judeus, onde estava inserida. Para remediar a ausência de um contexto cultural imediato, procuramos reconstruir o quadro essencial da função dos sacrifícios do Templo de Jerusalém (destinados a perdoar as transgressões involuntárias, mas não as voluntárias) e do rito anual do *Yom ha-kippurim* (necessário para a remissão de todos os pecados voluntários) e das diversas insatisfações que esse ritual suscitava, especialmente por parte de João Batista. Em segundo lugar, foi necessário reconstruir o contexto cultural da remissão, com base na concepção judaica do jubileu levítico ou nas concepções dos orientais ou dos gregos sobre o perdão das dívidas (usualmente praticado no início do reinado de um soberano). Enfim, foi necessário reconstruir alguns elementos fundamentais dos modelos que a cultura judaica prezava ou relacionava com a remissão dos pecados.

Tais padrões não são dedutíveis dos modelos das teorias antropológicas, mas são etnograficamente importantes.

Esse tipo de técnica reconstrutiva, como também simplesmente o enquadramento de quais fatos religiosos êmicos devam ser considerados como mais interessantes para a análise em comparação com outros, depende largamente da capacidade e da experiência de pesquisa, o que não é, porém, incomunicável e que não consiste em uma espécie de impressionismo metodológico. Pelo contrário, ela está baseada no contínuo exercício de técnicas de análise que se referem a metodologias sempre mais explicitamente formuladas.

Porque o objeto da análise é determinado pela própria análise, conclui-se que o fato religioso é construído por quem conduz a pesquisa. A exemplo de alguns textos sobre os núcleos domésticos, pouco analisamos sobre o clima conflitante interno (vejam-se as páginas dedicadas ao conflito entre dois membros de uma *household* contra outros três) que poderia ser um exemplo importante das lutas e das divisões. Procuramos, contudo, valorizar as relações menos evidentes, aquelas entre gerações e as com os itinerantes. Afirmar que os fatos religiosos são *construídos* pelos analistas, historiadores ou antropólogos que sejam não significa negar aspectos reais ao fato, nem condenar ao relativismo formas de pesquisa. Significa, pelo contrário, que cada texto se presta a muitas possibilidades de análise e, sobretudo, que todos os aspectos podem ser considerados usando-se o mesmo procedimento.

2. Este livro tem sua origem no desejo de descobrir o que está escondido por detrás dos testemunhos mais antigos que nos falam sobre a maneira como Jesus e seus primeiros seguidores depois de sua morte se comportaram para estabelecer um determinado tipo de viver no mundo. O que suscitou em nós o desejo de pesquisar foram as formas culturais que Jesus e os grupos dos primeiros cristãos escolheram para realizar seus projetos religiosos. As formas culturais por nós escolhidas são as

associações societárias ou comunitárias, adotadas por Jesus, por Paulo e pelos grupos de João (capítulos primeiro a terceiro). Dirigimos, posteriormente, nossa atenção para as formas culturais que julgamos aptas para criar um correto relacionamento com a divindade, principalmente os sacrifícios e, em seguida, os rituais e os mecanismos para a remissão dos pecados (capítulos quarto e quinto). Finalmente, levamos em consideração algumas formas do conflito religioso (capítulo sexto).

Compreender quais tenham sido as formas agregativas adotadas pelo cristianismo primitivo é de suma importância para se perceber sua natureza e dinâmica cultural. Jesus e seus discípulos escolheram formas organizacionais diferentes tanto das dos antepassados quanto daquelas representadas pelas principais instituições religiosas (a sinagoga e o templo de Jerusalém). Para definir o grupo de Jesus, a *ecclesia* paulina, as comunidades ligadas a João, Tiago e Tomé usaram conceitos religiosos diversos: movimento (Bewegung, na conceituação de Weber), seita, facção, associação voluntária, e assim por diante. Mas, se quisermos definir, permanece o fato de que Jesus escolheu uma forma de reunir discípulos que ocupa um espaço intermediário e está numa relação dialética, mais ou menos radical tanto com o núcleo doméstico ou família como com as instituições religiosas do tempo. Com a escolha de organizar formas agregativas independentes do núcleo doméstico, das sinagogas e do templo, e que, porém, são parte da sociedade, Jesus cria uma dialética e uma dinâmica social que exprimem seu projeto de alteridade e de transformação. Não obstante as profundas diferenças, também a *ecclesia* paulina mantém esse posicionamento. Parece-nos ser esse um caráter fundamental do cristianismo nascente, que talvez jamais tenha desaparecido completamente das diversas formas do cristianismo posterior.

Essa não é uma característica exclusiva do cristianismo. J. Z. Smith (2004) coloca como hipótese que ela seja um elemento que se faz presente e marca uma vasta série de propostas religiosas na idade antiga. Tratam-se das religiões que ele, com uma feliz generalização, definiu usando o termo *anywhere* porque colocam seu centro dinâmico não no *aqui* do núcleo doméstico ou no *lá* do templo, mas em outro lugar qualquer. A principal forma agregativa usada por Jesus é justamente um grupo de discípulos itinerantes que deixaram sua profissão, sua casa e suas posses. A segunda característica dessas religiões é que elas estão, necessariamente, sempre numa relação dinâmica e confrontante com as religiões do *aqui* e do *lá*, isto é, com o núcleo doméstico e com o templo. E parece que podemos acrescentar que elas deixam de ser assim, isto é, perdem sua característica inicial, quando se transformam em religiões domésticas ou em religiões do templo. Talvez o cristianismo, por muitas vezes, tenha passado por essas transformações e perdido a característica inicial que lhe fora dada por Jesus. Precisamente esse aspecto intersticial das formas agregativas adotadas por Jesus e pelas protocristãs pode ser a explicação de como elas são profundamente permeáveis, tanto aos caracteres das agregações parentais como aos da sinagoga e do templo. Essa permeabilidade se mantém no ambiente greco-romano, onde a experiência religiosa protocristã tem grande capacidade de assumir características da religiosidade do ambiente. A forma agregativa assumida por Jesus e as formas protocristãs não têm a pretensão de organizar todos os aspectos institucionais da sociedade, não propõem um projeto renovador total, mas insistem somente sobre alguns pontos dinâmicos tidos como prioritários e centrais. Desse ponto de vista, os estudos que insistem muito sobre a função do ambiente das famílias e dos núcleos domésticos *(households)* na formação do cristianismo primitivo contribuem para esclarecer um dos fatores pelos quais ele é continuamente avaliado e mais ou menos influenciado. Correm, contudo, o perigo de não entenderem a natureza do movimento de Jesus e dos grupos religiosos protocristãos, que não se radicam primariamente na família e na *household*, mas – no que se refere a Jesus – na estrutura do grupo dos discípulos que, por sua natureza social, é uma associação voluntária, e não um núcleo doméstico com um sistema de pertença já bem definido.

3. Nosso trabalho surge da consciência de que o cristianismo originário construiu sua identidade no interior de culturas como a judaica, greco-romana ou do meio oriente antigo, que diferem profundamente da cultura dos exegetas, dos teólogos ou dos antropólogos de hoje. Toda a linha de nosso trabalho é permeada pela atenção no compreender as práticas e as concepções implícitas ou explícitas que se fazem presentes nos textos que expõem as práticas e as concepções da cultura da qual são manifestações. Nossa atenção constante foi a de evitar a projeção no passado de elementos, conceitos, palavras e práticas da cultura e da teologia de hoje.

Alguns exemplos, talvez, possam esclarecer esse comportamento. Evitamos sempre traduzir a palavra grega *ecclesia* com o termo vernáculo *igreja* e preferimos repetir o termo grego transliterado. *Igreja*, em nossa língua, tem um significado religioso que empobrece a complexa ressonância do termo amplamente usado no grego profano e também político. Em segundo lugar, o termo *Igreja*, de fato, sugere aos leitores de hoje uma continuidade de significação entre as *ecclesiais* paulinas e as igrejas das diversas confissões cristãs dos séculos passados e de nossos dias. Ora, a *ecclesia* paulina muito pouco tem em comum com a igreja paroquial, com a igreja diocesana, com a igreja católica ou a protestante, ou a ortodoxa, ou a copta, ou a armênia, e assim por diante. A transliteração convida o leitor a criar entre si e o texto paulino a necessária distância, a se interrogar sobre a natureza das *ecclesiai* e a diferenciá-la das igrejas presentes no *hoje* dos exegetas. Também o termo *religião* é hoje (a partir do fim do século XVIII) conotado de tal modo que não mais reproduz a fisionomia cultural dos fenômenos do mundo antigo que hoje chamamos de *religiões*. Por esse motivo procuramos evitar esse substantivo que corresponde, no máximo, ao latim *religio*, um termo que tem um significado totalmente diverso daquele expresso pelo termo *religião* nas línguas modernas. *Religião* não corresponde a nenhum dos substantivos hebraicos, gregos ou latinos que definem aspectos significativos daquilo que hoje denominamos religião. Foi por isso que procuramos evitar ao máximo o uso desse substantivo que, no muito, corresponde ao latim *religio,* um termo que, contudo, possui um significado completamente diferente do que se entende por ele nas línguas modernas. *Religião* não corresponde a nenhum dos substantivos hebraicos, gregos ou latinos que definem os aspectos significativos de então, se comparados aos que hoje compõem o que denominamos de religião. É certo que é muito difícil libertar-se dos conceitos que hoje usamos, motivo pelo qual às vezes tivemos de recorrer ao uso desse substantivo e seus adjetivos relacionados. Mas nesses casos é preciso sempre entender não a palavra *religião,* mas "aquilo que hoje nós chamamos de *religião".* Preferimos o conceito *sistema religioso,* por definir um sistema social composto pelo menos por três elementos fundamentais (um grupo de pessoas, práticas compartilhadas e concepções relativas a elas). Também procuramos evitar sistematicamente o termo *cristão* ou *cristianismo* para definir fenômenos, práticas e concepções de uma época em que o termo ainda não existia. Muitas vezes fala-se de Paulo como um *cristão* ou de suas concepções como *cristãs,* suscitando-se um grande problema, porque esses termos nunca são usados em suas cartas. O uso desses termos passa uma falsa impressão de continuidade entre o cristianismo do terceiro ou do quarto séculos e as formas religiosas dos primeiros seguidores de Jesus nos anos cinquenta do primeiro século, mas isso não é correto metodológica e historicamente. A palavra *cristianismo* começa a ser usada somente no início do segundo século (a exemplo de Santo Inácio de Antioquia).[1]

---

[1] E também os termos abstratos que terminam em *ismo,* que hoje nós usamos, parecem não ter os mesmos significados daqueles com a mesma terminação grega no primeiro século. Por exemplo, só a partir do século XVII aparecem termos como *monoteísmo.*

Introdução

4. A análise antropológica por muito tempo se dedicou à crítica das religiões das "outras" sociedades. Perante o cristianismo e o judaísmo, porém, hesitou em adotar o mesmo comportamento. Aos motivos dessa hesitação não é estranho o fato de que muitos antropólogos reservaram um tratamento especial à própria religião, por eles considerada, muitas vezes, um campo específico, não comparável com os outros. O segundo motivo é que as grandes religiões do mundo construíram, através dos séculos, uma complexa carga conceitual de autodefinição, que constituiria uma alternativa quase que total à instrumentação conceitual antropológica e histórico-religiosa. Dedicar-se a um estudo antropológico do cristianismo significa substituir essa herança conceitual teológica tradicional pelas ciências sociais. Isso implica um delicado processo de confronto, ao qual, às vezes, os cultores das disciplinas teológicas opõem uma resistência quase que instintiva.

Toda análise antropológica implica, necessariamente, a comparação. Todo fenômeno religioso é visto como um fenômeno humano e, por isso, marcado por seu ambiente cultural. Os fenômenos cristãos e judaicos de *profecia*, por exemplo, apresentam-se, para o antropólogo ocidental, como uma espécie particular do gênero mais vasto do profetismo antigo ou – mais precisamente – daquelas práticas com as quais se pretende estabelecer um relacionamento de comunicação ou *revelação* com potências tidas como sobrenaturais. Isso vale para todos os aspectos da religião, não significa eliminar os caracteres específicos de cada fenômeno, mas, justamente pelo contrário, descobrir sua especificidade no conjunto dos fenômenos comuns. As teologias tradicionais, contudo, usam, se bem que nem sempre, para cada fenômeno da própria religião, um termo que só pode ser utilizado no quadro referencial próprio dela, e por isso tendem a considerar o fenômeno relativo como um fato único. Por exemplo, a teologia cristã usa o termo *eucaristia*, e não *refeição sagrada ou ceia comunitária* para definir o rito que, de acordo com os Evangelhos sinóticos e a *Primeira carta aos Coríntios*, Jesus realizou na Última

Ceia. A teologia cristã fala de *batismo,* e não de *rito de imersão,* de *crisma,* de rito da passagem para a puberdade. E assim por diante. Os conceitos antropológicos possuem, deste ponto de vista, uma universalidade maior do que os teológicos, próprios de cada religião.

A antropologia das religiões, por isso, tem uma tarefa irrenunciável dentro da organização do saber. Garante a comunicabilidade do discurso sobre as religiões na comunidade civil, que, por sua vez, tem o direito e o dever de garantir a comunicabilidade entre os grupos religiosos e os grupos dos que não aderem a nenhuma religião, por meio de um instrumento de análise que respeite a diversidade mas permita a possibilidade de uma análise racional dos fatos religiosos.

1

A Pluralidade das Formas Agregativas
e o Discipulado Iniciático Joanino

O cristianismo nascente faz parte das religiões em que a função de um renovador, fundador ou reformador exerce um papel decisivo na organização dos grupos ou agrupamentos de pessoas. Todo líder religioso, de acordo com esse modelo, constrói uma visão alternativa do mundo circunstante e destaca nela alguns elementos essenciais sobre os quais pretende intervir, para mudar sua finalidade e seus fundamentos. Ele se coloca o objetivo de adequar às suas próprias convicções ou aspirações os modelos de vida agregada em que vive e que quer reformular ou então condenar à extinção. Nessas circunstâncias, os grupos ou associações que se reúnem em torno do fundador-líder desse tipo distinguem-se por sua estratégia e assumem assim modos particulares e caracteres próprios, às vezes diversificados, mesmo que, como veremos mais adiante, as dinâmicas que orientam seus seguidores contribuam não pouco para determinar a natureza dos agrupamentos. Uma reflexão muito importante que deve servir como ponto de partida é, portanto, que o cristianismo das origens faz parte daqueles casos em que as formas religiosas associativas não são espontâneas ou acéfalas, mas, pelo contrário, são orientadas por fortes personalidades.

Dos líderes que encabeçam os movimentos é inevitável que se conheçam apenas algumas dimensões interpretadas numa dimensão idealizada ou que corresponda apenas a alguns aspectos de sua visão e de seu agir. Quando se fala dos caracteres sociais de um grupo religioso é preciso sempre distinguir acuradamente a realidade social daquela que foi proposta. O fato é que o imaginário do líder, dos membros, dos simpatizantes, como também as visões de quantos permanecem fora do grupo ou lhe são opostos, crescem por sobre as características reais e socialmente relevantes dos grupos religiosos. O mundo que gira ao redor de um líder religioso é uma criação, é de algum modo *imaginário*. Existe sempre, portanto, uma defasagem entre os caracteres *objetivos* do grupo religioso e a imagem projetada ou ideal buscada, entre representação favorável dos aliados e imagem crítica dos adversários. É próprio da personalidade dos inovadores suscitar reações concretas e unilaterais, assim como provocar idealizações e entusiasmos universalizantes, além dos efeitos transformadores. Essa parcialidade da informação requer, necessariamente, cautela ao ser feita sua reconstrução. Por outro lado, é preciso lembrar que, quando se pretende reconstruir a fisionomia histórica de um líder e de seus seguidores ou algo que presumivelmente existia em seu ambiente, as aproximações devem ser levadas em conta.

Nos dois próximos parágrafos vamos apresentar as características gerais do modelo antigo daquele agrupamento religioso particular que é o discipulado. No terceiro, vamos mostrar o modo particular com que o *Evangelho de João* fez uso dele e descreveremos como as formas associativas joaninas concretizaram alguns elementos do sistema discipular. No último, vamos apresentar sinteticamente aquilo que a nós parecem ser os significados ou o êxito complexivo do modelo joanino. Isto permitirá também melhor compreensão nos capítulos subsequentes de outras formas agregativas posteriores ao primeiro século.

1. A pluralidade das formas religiosas agregativas

1. A pesquisa recente trouxe à luz uma pluralidade de grupos no judaísmo dos primeiros séculos da Era Comum, entre os quais se situam também o movimento e a organização dos grupos que se formaram em torno de Jesus. Tornou-se claro também que os próprios seguidores de Jesus, nos dois primeiros séculos, criaram uma variedade de formas sociorreligiosas diferentes, não só entre si, mas também diferentes do grupo original por ele criado (Stegemann-Stegemann, 1998). O problema principal que se coloca, conforme nossa opinião, é o de compreender essas diferenças e de esclarecer a característica própria de cada uma daquelas formas associativas. Um modo, talvez, de se alcançar esse escopo, consiste em se interrogar o que cada comunidade buscava, quais objetivos se propunha ou em quais situações bem determinadas tinha seu ponto de partida. Um breve panorama das diversas formas agregativas do judaísmo do primeiro século poderá ser útil. Começaremos por alguns grupos, distinguindo-os, nesta primeira e rápida fase da discussão, focalizando seu líder e fundador. Insistimos na pluralidade, considerando que a adoção de uma forma associativa leva a determinadas expectativas e, sobretudo devido à finalidade proposta pelo líder, a um perfil característico da identidade. Descobrir a existência de uma variada pluralidade de formas, definíveis pela experiência de objetivos predeterminados e tipos de relacionamentos internos, significa aplicar instrumentos teóricos sempre mais apropriados aos indícios culturais contidos nos textos.

Vamos começar pelo grupo criado por um pregador judeu do primeiro século, João Batista (aquele que batiza, é esse o significado do epíteto *baptistés* que encontramos tanto nos Evangelhos Canônicos como em Flávio Josefo). João organiza um grupo de seguidores que prega uma prática de imersão em água (batismo) para toda a população judaica da terra de Israel. De modo muito simplificado, poder-se-ia dizer que o quadro ideológico do Batista tinha sido determinado pela convicção da proximidade do juízo universal e do iminente advento do reino de Deus. Na espera da realização desses eventos todo judeu estava convidado a se converter a Deus mediante a realização de atos de *justiça* e a reparação das injustiças cometidas. Feito isso, era preciso obter a pureza do corpo por meio da imersão na água, para se colocar em um estado de absoluta descontaminação. Uma vez que a condição da pureza corporal é sempre buscada em razão do acesso a uma situação ou a um ambiente de natureza sagrada, é forçoso perguntar-se qual era, para João, essa condição. A essa pergunta não podemos responder com certeza. Tratava-se do juízo universal iminente? Do reino de Deus que talvez ele acreditasse estar próximo? Ou de um contato com o Espírito Santo como aconteceu com Jesus logo depois de ser batizado? Qualquer um desses três eventos poderia levar o Batista a pensar que uma condição de pureza absoluta se fizesse necessária.

Jesus também organiza um grupo de seguidores. Trata-se de adeptos itinerantes que o seguem em sua pregação dirigida a todos os judeus. Pode-se dizer que o escopo final de sua atividade não teria sido o de fundar uma comunidade particular, na medida em que o grupo de discípulos que ele organizou existia em função da conversão de todo o povo. Isso significa que, do ponto de vista da análise sociológica, devemos pensar em uma dupla organização de seguidores: aqueles intimamente ligados a ele e os que foram denominados de simpatizantes e que não o seguiam em suas caminhadas e não viviam o rigor das exigências que ele impunha a seus discípulos mais próximos. O objetivo comunitário do grupo de Jesus era, por isso, o *reino de Deus,* que devia realizar-se em toda a sociedade dos judeus. Como pretendemos mostrar no capítulo quinto, o objetivo intermédio e imediato era o da prática do ideal de igualdade social, de justiça e de liberdade, tal como proposto pelo Jubileu (Lv 25,8-55). O grupo mais próximo dos seguidores caracterizava-se, contudo, pela vida igualitária inspirada pela condição dos pobres sem teto e sem trabalho (os *ptôchoi*) na busca de experiências sobrenaturais (Destro-Pesce, 2005b) e também por causa da escuta e da reflexão das palavras do líder.

A Pluralidade das Formas Agregativas e o Discipulado Iniciático Joanino

Por sua vez, nos anos cinquenta do primeiro século, Paulo, um seguidor de Jesus que não havia conhecido pessoalmente o mestre, organizava grupos que se reuniam em assembleias e para o culto *ecclesiai*, que possuíam outra finalidade associativa. Isso representa uma diversidade e uma descontinuidade se comparado ao modelo organizativo adotado por Jesus. A *ecclesia* paulina não está dirigida para uma sociedade mais ampla, como tinha sido a esfera de ação própria daqueles que eram itinerantes com Jesus. Paulo não tinha em mente e nem organizava um duplo tipo de seguidores, os itinerantes e os sedentários. Não obstante a marcada diferença entre *os de dentro* e *os de fora* (1Cor 5,12-13), ele tem para si que a assembleia dos membros da *ecclesia* deve manifestar-se na assembleia cultual, e não em outras formas associativas visíveis. Paulo define a *ecclesia* como algo "de Deus" (1Ts 2,14; 1Cor 1,2; 10,32; 11,16.22; 15,9; 2Cor 1,1; Gl 1,13) no sentido de que na reunião de culto os seguidores podem experimentar uma presença toda particular da divindade.

O enquadramento ideológico de Paulo é o mesmo de Jesus, isto é, a expectativa do iminente fim deste mundo (1Ts 4,13-17; Rm 13,11-12). Mas ele ressalta, sobretudo, a chegada da ressurreição geral dos corpos (1Cor 15,23-26) ligada ao início do novo futuro mundo. O escopo religioso fundamental desse tipo de comunidade é que cada um receba a força *santificante* daquele que Paulo, como todo judeu, chamava de Espírito Santo. Tal objetivo é alcançado na *ecclesia* porque ela permite a inserção experimental em Jesus, que agora se tornou um ser celestial chamado *Senhor* (kyrios). Se, portanto, o objetivo é estar agora *em Cristo*, como Paulo repete muitas vezes, não menos importante é não perder de vista o objetivo final: a esperança da ressurreição iminente. A força unitiva seria, portanto, o fato de que todos os seguidores participam de ritos que permitem a inserção, que se realiza além deste mundo sensível, num *kyrios* que possui as qualidades ultraterrenas necessárias para garantir a salvação, como veremos no capítulo segundo. Paulo expõe seu ideal comunitário com categorias herdadas de sua experiência religiosa judaica, particularmente oriunda dos fariseus, tais como as categorias de *santificação* e de *impureza*, além de *Espírito Santo* e *ressurreição*. Os fundamentos dessa comunidade, como no farisaísmo, estão ancorados na santidade e na impureza, se bem que entendidas de modo bastante diferente. O tipo de experiência intra-comunitária fica definido ainda pelo relacionamento de fraternidade, que não é, contudo, entendido num sentido puramente de igualdade, mas se qualifica como um vínculo que se impõe aos membros da comunidade como uma força sobrenatural que vem de fora.

Pelos fins do primeiro século existia, entre outros de que aqui não falamos, outro tipo de comunidade de seguidores de Jesus, que chamamos os discípulos de João, porque podem ser conhecidos através do *Evangelho de João*. No caso de João Batista e de Jesus, é a chefia do líder que, indubitavelmente, dá fisionomia às formas associativas. Isso é verdadeiro no caso de Paulo, que não só funda as *ecclesiai* mas continua a dirigi-las com intervenções pessoais, mediante seus colaboradores e com suas cartas. Esse aspecto é menos claro para as comunidades joaninas, nas quais o fundador não mais está presente e a liderança é exercida por personagens diferentes nos vários casos: o redator da primeira carta de João, o presbítero da terceira, Diótrefes e Gaio na mesma carta (Destro e Pesce, 2003c), o vidente do Apocalipse que envia cartas às sete igrejas com autoridade profética. É bastante provável que nessas comunidades existisse uma liderança profética e também formas de liderança do tipo profético-teológica. As comunidades joaninas, assim como as paulinas, poderiam ser definidas, não obstante profundas e documentadas diferenças, como *comunidades do Espírito*. Um de seus escopos principais era, de fato, o de permitir aos próprios membros um contato, uma relação direta, quase física, com o Espírito Santo. Pode-se entrar em contato direto com Deus por meio dos ritos e experiências de iniciação que garantem a inserção, graças ao Espírito Santo, na realidade ultraterrena do *Filho de Deus*. Essa convicção de um contato direto com a realidade divina nos parece essencial para que possamos definir a comunidade joanina. Trata-se de um contato semelhante ao do ramo que permanece vivo enquanto está ligado à videira, para usar a metáfora cara ao *Evangelho de João* (15,1-7). O quadro ideológico e as necessidades religiosas não são, contudo, os da expectativa de um fim iminente. A principal finalidade religiosa que se procura na comunidade é o *renascer*, o nascer *do alto* (uma forma renovada de vida, graças à presença de uma força sobrenatural, o espírito), e não a santificação como nas comunidades paulinas. As comunidades joaninas não se apoiam sobre dois pontos, como as do Batista e as de Jesus. O relacionamento intracomunitário parece definido por uma relação de amizade (os membros do grupo talvez até se chamassem de *filoi*, amigos) em que parecem projetados utopicamente os ideais de igualdade e do serviço recíproco. O relacionamento dos *filoi* consiste no compartilhamento do *conhecimento* total entre o mestre e os discípulos e entre os seguidores entre si. Os seguidores, na visão de João, não são *douloi*, escravos, justamente porque não são hierárquica nem ideologicamente distanciados do mestre e porque são, numa projeção, tão vizinhos dele que podem ser seus herdeiros e continuadores. A comunidade joanina parece, ao menos sob certos aspectos, estruturada a partir de uma sucessão que alcança os seguidores contemporâneos de Jesus. A continuidade, contudo, é garantida pela transmissão direta por parte do Espírito Santo. Não se trata de uma sucessão que é assegurada pela transmissão humana da doutrina e do poder.

Ao caracterizar os grupos ou as comunidades pela consideração de sua liderança não pode ser deixado de lado um dado essencial: ela é sempre fruto de negociações. Mesmo aqueles que os sociólogos conceituam como líderes carismáticos precisam, na prática, do consenso – serem submetidos à prova e à confirmação da adesão por parte dos seguidores. Por outro lado, as qualidades e os papéis do líder às vezes parecem cíclicos. No caso do líder carismático, sabe-se que profetas e reformadores, muitas vezes, no início de sua missão, eram "renovadores na continuidade" e só num segundo tempo, a partir de um conflito radical com as instituições religiosas *consolidadas,* é que estabeleceram uma "visão diferente do mundo" (Pace, 2003, p. 361). Além disso, a ênfase dada pelo líder a suas afirmações e a própria estruturação dos grupos ativos são influenciadas por fatores ambientais e históricos. As formas agregativas que por acaso surjam na Galileia ou na cidade de Éfeso podem ser muito diferentes entre si. Essas diferenças não só projetam luz sobre o pluralismo religioso do primeiro século, como também levantam discussão sobre prerrogativas distintas e escopos específicos das próprias agregações.

Nesse ponto de nosso estudo é oportuno, em síntese muito sucinta, demarcar a diferença essencial entre os grupos religiosos acima citados. Trata-se, sempre, de grupos religiosos para os quais o motivo de estarem reunidos é sustentado por uma relação, que não pode ser encontrada fora deles, com o Deus das tradições judaicas ou com suas manifestações. Esses grupos se diferenciam, porém, devido a pelo menos dois aspectos: a forma particular de agrupamento que assumem e a forma particular de experiência religiosa que propõem a seus adeptos. João Batista constrói ao redor de si um grupo seleto de discípulos, mas se dirige a toda a população. Seu escopo era restabelecer a observância dos preceitos de equidade da lei judaica tradicional por parte de todos e de cada um e colocá-los, depois, em condições de pureza corporal. Marca distinta desse grupo é a situação de expectativa de uma intervenção da divindade (o juízo final, o reino ou o Espírito Santo) para o qual era obrigação preparar-se de acordo com as exigências estabelecidas. Também Jesus tem um grupo particular de discípulos itinerantes e dirige-se a toda a população da terra de Israel. A expectativa de uma intervenção da divindade também é grande, mas ele ensinava a existência de mecanismos que permitiam, desde então, esse contato: experiências reveladoras, contato com o Espírito Santo, capacidades extraordinárias de fazer curas e atos prodigiosos. Uma das características distintivas desse movimento é a transformação radical do modo de vida que ele exige de seus discípulos mais próximos e a tendência de transformar o estilo de vida dos núcleos domésticos. Isso fazia com que fossem complementares os discípulos itinerantes e os que permaneciam em casa (veja o capítulo terceiro). Diverso era também o ideal de justiça perseguido e que assumia como ponto de referência a reintegração das categorias sociais mais baixas e marginalizadas. Talvez a experiência mais central proposta tenha sido a de uma reconciliação recíproca que deveria estender-se a toda a população (veja o capítulo quinto). A peculiaridade das comunidades paulinas, por sua vez, consiste, em sua forma social, no fato de que as *ecclesiai* não estavam voltadas para uma sociedade mais vasta para transformá-la, mas se caracterizavam como comunidades de culto. Ao adepto era oferecida a possibilidade de uma inserção, de tipo sobrenatural, *no kyrios* (o Senhor Jesus, considerado agora como um ser pertencente à esfera divina). O elemento expectativa de uma mudança radical ou o fim deste mundo estava, porém, ainda presente nas comunidades paulinas, considerando-se que a experiência religiosa fundamental era prevalentemente o culto e realçava de modo extraordinário a distância entre o mundo real e os acontecimentos futuros. A comunidade joanina, de forma semelhante, não buscava a transformação social dos ambientes em que se achava inserida; propunha a seus adeptos, como escopo fundamental, um rito de iniciação que tinha como objetivo a comunhão com o Espírito de Deus, quase que de modo corpóreo. A expectativa da transformação deste mundo já fora quase que completamente substituída pela certeza da possessão do Espírito. Tanto em Paulo como em João era possível a coexistência entre pertença comunitária e pertença a outras formas familiares e institucionais, coisa que era impossível para os discípulos itinerantes de Jesus, devido ao grau de compromisso radical que Jesus deles exigia. Diferente ainda dessas perspectivas paulinas e joaninas é o modelo de agregação que se encontra nos *Atos dos Apóstolos*. Neles, as comunidades dos seguidores de Jesus parecem propor-se uma integração nas cidades, e, ao mesmo tempo, é deixada de lado a expectativa da transformação iminente deste mundo e da separação entre o mundo e as comunidades (Destro-Pesce, 1995, p. 39-63).

2. Depois dessa breve panorâmica que teve o escopo de esclarecer a diversidade das formas sociorreligiosas e o forte valor indicativo de pluralismo, é necessário voltar a esclarecer um pouco mais qual é a natureza da organização dada por Jesus ao grupo de seus seguidores que tinham a obrigação de acompanhá-lo em sua pregação. Como caracterizar, com um grau de aproximação histórica bastante seguro, as formas sociais que Jesus efetivamente escolheu? Essa é uma pergunta cultural e histórica muito pertinente, já que o Evangelho transmite uma imagem e uma interpretação própria de Jesus e uma vez que toda representação é parcial ou condicionada de acordo com a visão de seu autor. Muitos dos Evangelhos que chegaram até nós são concordes em apresentar Jesus como um líder religioso itinerante que, por exemplo, não constrói uma *escola* em sentido estrito ou um *collegium*, ou uma *habura*, mas um tipo de organização religiosa que muitas vezes é descrita pelos estudiosos com o nome de *discipulado*, termo que, como veremos no item segundo – *Como explicar a estrutura do discipulado* –, não pode ser usado sem uma série de restrições críticas. Além dessa concordância, as diferentes narrativas evangélicas[2] reaparecem, porém, logo que se olha com atenção a imagem ou o tipo específico do *discipulado* organizado por Jesus que

---

[2] A literatura a respeito do tema é muito vasta, cf. Crossan, 1985, 1997; Koester, 1990; Lührmann, 2000; Penna, 1998; Riley, 1999. A opinião dos estudiosos divide-se entre os que mostram grande ceticismo sobre a possibilidade de uma reconstrução histórica e os que, pelo contrário, defendem sua necessidade e possibilidade. Isso não coincide sempre com uma posição teológica conservadora, no primeiro caso, e com uma posição teológica crítica, no segundo caso. Entre os muitos que acham possível reconstruir a fisionomia histórica de Jesus, lembramos aqui apenas Crossan, 1991, ao qual se seguiram outros livros do mesmo autor. Perrot, 1993; Theissen-Merz, 199; Borg, 2000; Moxnes, 2004.

A Pluralidade das Formas Agregativas e o Discipulado Iniciático Joanino

cada uma delas transmite, nas seções que o Evangelho de Lucas e o de Mateus têm em comum (e que talvez dependam da coleção das palavras de Jesus, hoje perdida, que os estudiosos costumam chamar de "Q"). Os seguidores que passam a pertencer ao discipulado são submetidos por Jesus a exigências radicais. Devem abandonar a família de origem, a casa, o trabalho e os bens próprios e seguir Jesus fisicamente, em suas caminhadas pelas terras de Israel. Devem assumir um estilo de vida precário, mantendo-se graças às ofertas e ao acolhimento que às vezes lhes é dado (cf. capítulo terceiro). Essa imagem é, em parte, confirmada pelo Evangelho de Marcos, pelo menos no que se refere a determinada categoria de seguidores.

Conforme já referimos acima, decorre também dos Evangelhos, e paralelamente, que existiam também discípulos que não acompanhavam Jesus em suas caminhadas e dos quais ele não exigia, com a mesma radicalidade, as opções de que já falamos. Eles formavam igualmente o grupo de Jesus, mas de modo diferente, por exemplo, hospedando pessoas em casa (cf. capítulo terceiro). Por outro lado, o cenário da atividade de Jesus é muitas vezes influenciado também pelas instituições ligadas às sinagogas ou ao templo de Jerusalém. Parece historicamente certo que Jesus e seus discípulos tenham frequentado seus núcleos domésticos (as *households*) e, se bem que de maneiras diferentes, os lugares de prática religiosa, como as sinagogas e o templo. Esses três recintos, com suas modalidades organizacionais próprias, perfilam-se como um indiscutível contexto da atividade de Jesus e de seus companheiros itinerantes. Do conjunto dos vários elementos que estão presentes nos Evangelhos pareceria que o *discipulado* de Jesus foi uma estrutura que, por sua natureza, destinava-se ao confronto com os vários ambientes sociais.

Nossa resposta à pergunta inicial será, portanto, que a forma social escolhida por Jesus para agrupar seus seguidores é um tipo de agregação complexa que implica vários relacionamentos contrastantes (mas, de algum modo, também complementares com diversos sujeitos, inclusive os institucionais). Trata-se de uma forma social intersticial entre o grupo doméstico (que inclui parentes e não parentes – cf. capítulo terceiro) de um lado, e as instituições políticas e religiosas (como, por exemplo, o templo e a sinagoga), de outro. Usamos o termo intersticial com um sentido não redutor, porque Jesus, exatamente porque propõe uma visão contrastante com diversos aspectos de sua sociedade, procura organizar não uma instituição alternativa, mas um mecanismo que permita encaixar suas propostas pessoais no conjunto das formas sociais já existentes. Também a mobilidade de seu grupo, isto é, o contínuo deslocamento por diversas povoações da terra de Israel, é, sob esse ponto de vista, estritamente funcional ao escopo de apresentar com força uma visão oposta ou alternativa no conjunto maior das situações sociais existentes.

Nosso estudo não quer reconstruir todas as formas sociais que os Evangelhos nos apresentam, nem distinguir, por exemplo, o discipulado de Jesus na interpretação do *Evangelho de Marcos*, de *Tomé*, de *Mateus*, de *Lucas* ou de *João*. Limitar-nos-emos a uma análise de apenas dois casos: neste capítulo, o *Evangelho de João* e no capítulo 3, o *Evangelho de Lucas*. Escolhemos essa ordem por razões temáticas, conscientes da inversão histórico-cronológica.

2. Como explicar a estrutura do discipulado

Para melhor compreender tanto a escolha de Jesus quanto as diferenças e as descontinuidades das diversas formas que posteriormente serão adotadas por seus seguidores, vamos fazer uma pequena descrição da forma sociorreligiosa do discipulado, uma forma de vida comum singular que se distingue de outras formas associativas religiosas.

O uso das palavras diversas vezes se torna muito condicionante. Seria verdadeiro definir o discipulado como o agrupamento religioso organizado por Jesus? E, não sendo assim, qual o termo ou a expressão que deveríamos usar? "Discipulado" é um termo que se tornou comum nos estudos sobre os Evangelhos Canônicos, e nós mesmos o temos empregado por diversas vezes (cf. Destro-Pesce, 2000, 2000b). Trata-se, contudo, de um termo insatisfatório sob certos aspectos. Ele define, principalmente, a agregação religiosa do ponto de vista de um dos dois polos que a constituem, o dos discípulos, mas não encerra referência explícita ao outro, o do mestre. Em segundo lugar, atribuem ao líder a função de um mestre e a seus seguidores a função de discípulos, como suas características fundamentais. Seria oportuno, contudo, usar categorias mais gerais, capazes de conter os diversos caracteres e funções de ambos os polos. O conceito de *escola* certamente é mais conveniente do que o de *discipulado*, por encerrar em si as muitas funções que se dão em uma organização religiosa desse tipo, mas reduz o trato entre os dois polos ao ensino-aprendizagem, omitindo, também, inteiramente, o relacionamento dinâmico que esse tipo de organização social possui com o restante da sociedade. A mesma coisa pode ser afirmada a respeito de expressões como *relacionamento entre mestre e discípulo*, ou *direção espiritual*. Os conceitos de líder e seguidores parecem-nos os mais próprios porque podem conter também as funções de mestre e de discípulo, mas não se limitam a elas porque colocam em primeiro plano a função dinâmica que o relacionamento entre um líder e seus seguidores exerce no contexto social. Na verdade, o motivo fundamental pelo qual um líder consegue reunir seguidores a seu redor reside no fato de que ele é capaz de tornar concretas estratégias para a satisfação de expectativas e necessidades não satisfeitas pelas instituições da sociedade em que vive e que, contudo, são percebidas como fundamentais.

O grupo criado por Jesus provavelmente deve ser enquadrado na categoria dos movimentos marginais ou de oposição. Eles se caracterizam, acreditamos, pelo menos por dois elementos: pelo fato de agirem criticamente em relação às "premissas institucionais básicas das sociedades em que se desenvolvem (Eisenstadt-Roninger, 1984, p. 285) e pelo fato de se desenvolverem nos "espaços intermédios entre os ambientes parentais e as esferas funcionais mais amplas, especialmente as econômicas e as políticas" (id., ibid., p. 277).

Esses tipos de movimentos algumas vezes podem estar de acordo com a sociedade de que fazem parte e outras vezes podem assumir um comportamento de oposição parcial e, em casos extremos, podem apresentar-se como contestação radical e contrária ao sistema e, às vezes até, abandonar o sistema religioso de origem. Tais movimentos, portanto, "diferem entre si em grau de oposição às premissas institucionais básicas da sociedade". Além do que, quanto maior é "o grau de envolvimento pessoal exigido dos membros" (Eisenstadt-Roniger, 1984, p. 285)[3], tanto maior é a tensão que se cria, de um lado, com as estruturas parentais e, do outro, com as instituições sociais e religiosas. O relacionamento entre o líder e seus seguidores é modulado pela dinâmica do relacionamento entre necessidades insatisfeitas e estratégias elaboradas pelo líder com o fito de satisfazê-las. Tenha-se presente, também, que o relacionamento com os vários níveis institucionais pode ser expresso nos termos do crédito concedido ou negado, como também nas ações de confiança que se dá ou de isolamento que se assume. Isso significa que esses movimentos intersticiais contradizem o modo com que usualmente uma sociedade confia o próprio destino a determinados níveis institucionais ou aos princípios ideológicos dominantes. Tudo depende do modo como se obtém o consenso e de como é dado o voto de confiança às instituições situadas no topo da vida sociorreligiosa. Se se perde de vista o relacionamento estrutural com a sociedade e sua transformação, que é o foco principal desses agrupamentos sociorreligiosos, não se pode compreender sua natureza. Reduzir o relacionamento entre os dois polos a somente o relacionamento mestre-discípulos é um dos modos mais fáceis de fugir à sua compreensão. Se, contudo, falando do discipulado, leva-se em consideração a dinâmica social de que até

---

[3] Veja também Boissevain, 1974; Eliott, 1995.

agora temos falado, então poder-se-á continuar a usar este termo, com a condição de que não perca o conteúdo que a ele atribuímos.

1. A estrutura do discipulado, como já vimos, gira em torno de um relacionamento complexo e dinâmico entre um líder e seus seguidores (Destro-Pesce, 2000, p. 32-39; 112-118). Estrutura essa que implica uma condição existencial bastante conhecida no primeiro século. É uma forma de vida em grupo, em que vários indivíduos, sob a direção de uma pessoa em quem eles reconhecem autoridade, vivem dentro de um sistema de relacionamentos variados, que às vezes assumem uma forma hierárquica, igualitária ou de outra natureza. A base etnográfica que permite essa definição preliminar nos é dada por vários modelos de discipulado do judaísmo da idade greco-romana (qumramitas, essênios, terapeutas, batistas, jesuanos, fariseus etc.) e por várias formas de relação mestre-seguidor, características das escolas filosóficas do mundo greco-romano.[4] Por exemplo, pode-se falar de relacionamento de discípulos no estoicismo e no epicurismo, no hermetismo, no neopitagorismo, no monaquismo cristão dos primórdios.[5] O que, em nossa opinião, é importante nesses grupos não é tanto o relacionamento de ensino-aprendizagem que se dá internamente ao grupo, mas o fato de que o grupo, enquanto tal, representa um fator de dinâmica social de maior ou menor renovação com respeito à sociedade e às instituições admitidas como fundamentais. Também nas associações profissionais do mundo antigo ou nas práticas mágicas e alquímicas (veja Camplani, 2002) existe um relacionamento mestre-discípulo, mas que não constitui uma forma de oposição, marginal ou intersticial. Usando o critério etnográfico que

---

[4] A respeito de tudo isso cf. Filoramo (ed.), 2002.
[5] Veja em Filoramo, 2002, as contribuições de Sberveglieri, A. M.; Sfameni-Gasparro, G.; Filoramo G.; Pricoco, S.; Parrinello, R. M.; Bettiolo, P.

Formas Culturais do Cristianismo Nascente

antes expusemos, distinguimos os principais elementos de um modelo do discipulado antigo entendido como um grupo dotado de uma dinamicidade específica, no seio de uma sociedade determinada. Isso nos permitirá compreender o esquema racional implícito nos textos e levar em consideração a dialética necessária entre modelos elaborados pelos estudiosos de hoje e os modelos implícitos nos textos antigos.[6]

Pode-se perguntar se o discipulado constituía uma forma social por si própria no mundo antigo ou se, pelo contrário, era concebido como uma espécie de gênero mais amplo. Acreditamos que se trata de uma das categorias que se colocam dentro do conceito de *associação voluntária*. Embora essa expressão não possa ser usada sem reservas, por *associação voluntária* entendemos uma forma de organização alternativa e não obrigatória que difere tanto das estruturas familiaresparentais como das formas sociais ligadas às instituições políticas e religiosas. Estamos conscientes de que o conceito de *voluntário* pode ser criticado porque parece corresponder a formas organizacionais típicas da sociedade contemporânea[7] ou porque, como é de nosso parecer, os motivos que impeliam o mundo antigo a aderir às formas sociais chamadas de *espontâneas*, muito mais do que *voluntárias,* aparecem como, não raro, determinadas por pressões sociais e por tradições locais. Em um volume sobre temas variados, organizado em 1996 por J. S. Kloppenborg e S. G. Wilson,[8] sobre as associações voluntárias no mundo

---

[6] "L'éthnologue ne réfléchit à sa compréhension des autres cultures que par le principe de différenciation épistémologique, à savoir selon l'oscillation pendulaire des comparaisons, différences et contrastes, entre elles et avec la sienne" (Affergan, 1997, p. 61). Sobre os modelos e a interpretação dos textos protocristãos, veja Destro-Pesce, 2000, p. XII-XIV, 112-136; Burke, 1995, p. 43-48; Affergan, 1997, p. 17-61; Malina, 2001; FabiettI, 1999, p. 158-187.

[7] Veja WILSON, S. G., *Voluntary Associations. An Overview*, in: Kloppenborg-Wilson (ed.), 1996, p. 1-2.

[8] Veja Kloppenborg-Wilson (ed.), 1996.

A Pluralidade das Formas Agregativas e o Discipulado Iniciático Joanino

antigo, foram classificados nessa categoria vários tipos de *collegia*, os *thiasoi*, as escolas filosóficas, as *ecclesiai* protocristãs, as sinagogas, os mistérios de Mitra, as comunidades de Qumram. O aspecto dessa definição conceitual, que a nosso ver é positivo, está no fato de que em toda sociedade existem formas agregativas, principalmente as institucionais por tradição, das quais não se pode escolher fazer parte ou não, porque, pelo fato mesmo de viver naquela sociedade, necessariamente o indivíduo pertence a alguma delas. Nesses casos trata-se de formas agregativas inevitáveis. Por outro lado, existem outras formas que podem ser atuadas, mas que não são necessárias. Já houve a proposta de se mudar o nome de *voluntária* para *opcional* ou *eletiva*.[9] Talvez se pudesse falar do aspecto da não-obrigatoriedade e não-coercibilidade da agremiação, dos vínculos e das consequências que tais associações comportam. Na verdade, quem adere a essas formas associativas submete-se a normas que, em alguns casos, são extremamente coercitivas, mas tal obrigação é válida somente para os membros internos. Trata-se de vínculos não impostos, não percebidos como obrigatórios para o restante da população. A obrigatoriedade deve ser examinada caso a caso. Parece-nos muito importante a característica da não-institucionalização. Por definição, as instituições são reconhecidas como normativas e necessárias para um grupo social, ao passo que, dentro de uma sociedade, as associações *opcionais* ou *não obrigatórias* correspondem a escolhas e necessidades percebidas apenas por alguns setores ou ambientes. Algumas agem em comum e se propõem satisfazer necessidades não percebidas, ou percebidas de maneiras diferentes, pelo restante da população. Isso se dá quando as instituições públicas ou os núcleos parentais não são suficientes para estabelecer indicadores implícitos ou para satisfazer necessidades manifestas. Deve ser levado em con-

---

[9] Veja Malina, 2001, p. 45; veja adiante a nota 11.

sideração, ainda, que essas associações *opcionais* não são de todo livres ou sujeitas a fluxos incontroláveis. Existe, de fato, certo número de ligações emotivas e afetivas e de contingências que lhes fornecem uma base normativa. Muitas vezes esses grupos associativos, na medida em que se situam como oposição, tendem a estabelecer como fundamento de sua própria existência os valores tidos como básicos e originários da sociedade maior de que fazem parte, com o fito de realizá-lo de um modo mais autêntico e radical e de propor um reforço da ordem social ou para buscar uma alternativa (Eisenstadt-Roniger, 1984, p. 288).

2. A insurgência de uma organização religiosa e, igualmente, do discipulado pode ser explicada como resposta às insatisfações e tentativas de renovação que possuem suas causas fundantes nas carências do contexto social e situacional. Sustentar essa ligação, obviamente, não significa negar que os fenômenos religiosos tenham a capacidade de transformação social ou de criação de novas necessidades, nem significa reduzir a origem dos fenômenos religiosos a fatores que, normalmente, são tidos como estritamente sociais. Significa, sim, acentuar que a forma organizacional de novo discipulado cria, necessariamente, mecanismos de relacionamentos, diferenciações, às vezes de antagonismo, outras de fértil colaboração com formas sociais que lhes são externas, de natureza institucional.

Já se afirmou que o fato de se reduzir o discipulado à categoria mais geral de associação voluntária[10] não significa negar a oportunidade de se recorrer a outras classificações sociológicas. Nesse sentido, como é sabido, o grupo constituído por Jesus e seus discípulos foi, algumas vezes,

---

[10] Já em 1995, D. Duling havia usado o conceito de "associação voluntária" para compreender a organização da comunidade do *Evangelho de Mateus*.

A Pluralidade das Formas Agregativas e o Discipulado Iniciático Joanino

concebido de acordo com os esquemas de *movimento* (Theissen, 1979), ou *seita*, ou *facção* (Elliott, 1995).[11] Mencionar agrupamentos voluntários não significa também deixar de lado uma perspectiva de comparação, o que impossibilitaria perguntar-se, por exemplo, se o discipulado jesuano (ou uma das diversas formas protocristãs do discipulado de Jesus) possa ser cotejado com o modelo da escola filosófica.[12]

O fato de a relação entre a liderança e os seguidores se estruturar com a finalidade de obter objetivos comuns que se refiram ao "nós" (nos quais está mais ou menos explícita a visão da situação contemporânea da sociedade) implica uma série de estratégias cuja maneira de concretização diferencia os diversos modos de se organizarem. A partir dessa observação queremos notar que preferimos falar de *formas organizacionais*[13] porque esse conceito é mais apto para explicitar os princípios dinâmicos e evolutivos, como também os dissociativos, implícitos nos grupos, bem mais do que o próprio conceito de grupo. Entre esses princípios ocupam lugar importante, como desde o início já afirmamos, o tipo de *liderança*, como também qualquer outra for-

---

[11] Na opinião de J. H. Elliott, o grupo de Jesus foi, em suas origens, uma "Jewish faction", depois da morte de Jesus "gradually dissociated from the parent ideologically and then socially and gradually assumed the attitude and actions of a sect" (Elliott, 1995, p. 89-90). E para B. J. Malina, "The Jesus movement was a faction [...] Subsequent Christian groups were not social movement groups at all, but rather Mediterranean voluntary associations" (1995, p. 110). Malina, contudo, criticou amplamente o conceito *associação voluntária* e optou pelo conceito *optional grouping* porque, a seu ver, "Mediterranean as a rule do not volunteer for anything outside their naturale grouping" (2001, p. 45). Na edição anterior de seu livro havia usado o conceito "elective groupings" (1993, p. 47).

[12] Veja Sachot, 1999, p. 111-137; S. Stowers, 2001.

[13] A respeito da sociologia de grupos e seus caracteres distintivos tendo em vista a compreensão do cristianismo primitivo, veja Malina, 1995; Elliott, 1995; Barclay, 1995; Taylor, 1995; Stegemann-Stegemann, 1998, p. 258-79; 479-90.

ma de influência e de contribuição de cada membro do grupo e do ambiente, os contatos pessoais, a negação e a distribuição dos papéis. Fica, então, entendido que a forma organizacional do discipulado, em sua dimensão hierárquica ou vertical, dotada de autoridade e investida da função de guia, é caracterizada pelo ensino ou pela transmissão do conhecimento. Em sua dimensão horizontal, que é a menos evidenciada pelo termo *discipulado*, os sujeitos reunidos ao redor de um mestre são dominados por relacionamentos e trocas mútuas. Mesmo sendo de proveniência, afiliação ou pertença social não homogêneas, esses sujeitos estão unidos por alguns princípios compartilhados, que harmonizam, mais ou menos equilibradamente, seus relacionamentos. No interior da organização discipular eles estão, de fato, inseridos em um sistema de correspondências e de reciprocidades que os definem como grupo operativo e funcional em vista de determinados objetivos.

3. Um dado essencial que deve ser colocado em evidência é que, em geral, para se estabelecer a autoridade de um líder ou mestre, faz-se necessária a aceitação dos seguidores ou dos subordinados. O reconhecimento do fundador-líder, por parte deles, constitui, se bem que nem sempre, a base da legitimidade do líder e condiciona sua capacidade de agir e seu poder de influenciar e dirigir a todos. O chefe não age sem seu grupo e é sempre sustentado pelo grupo em seu agir. Nesse sentido, poder-se-ia dizer que a direção, para conseguir o que quer, tem necessidade dos seus seguidores. Se tomarmos um exemplo do *Evangelho de João*, quando a maioria dos discípulos abandona Jesus (Jo 6,68) e o grupo fica enfraquecido devido a essa debandada, Jesus procura saber o que aqueles que se retiraram tinham em mente. Então ele se vê constrangido a refletir sobre seu próprio relacionamento com seus seguidores, do que depende o êxito de sua estratégia e a possibilidade de alcançar o escopo que era proposto. À importância da associação acrescente-se que sua falta total costuma levar à falência a estratégia do líder, embora nem sempre leve à

impossibilidade total do alcance da finalidade. Quando uma liderança é abandonada ela pode recomeçar sua batalha com métodos e seguidores diferentes. A redução do grupo, pelo contrário, não tem um efeito tão negativo. Pode apenas fazer mudar a estratégia, sem deixar de alcançar o objetivo final que se havia proposto. Se a redução do grupo coincide com uma seleção, em que somente os melhores seguidores permanecem, às vezes isso pode significar uma verdadeira potencialização do projeto do mestre. E esse é o caso que emerge do *Evangelho de João*. Esse Evangelho nos permite observar não somente a reação do mestre ou dirigente diante do abandono da maioria dos seguidores, mas também a resposta dos discípulos/seguidores mais próximos.

Guia e seguidor, mestre e discípulo estão, sempre, em estreita correspondência. Seus relacionamentos determinam alguns limites do espaço intelectual/ideológico do próprio líder. Em particular o comportamento do docente é, em boa medida, influenciado pelo reconhecimento e pela legitimação que provêm de quem escuta e aceita seu ensinamento, sua proposta. O discente não é o ocupante de um papel ou de uma posição fixa e de um espaço vazio. O saber pessoal e distintivo do docente está conectado, como se verá por um exemplo do *Evangelho de João*, ao saber, se bem que de nível diferente e até inferior, do discente. Os ganhos da instrução e da construção dos discípulos são estabelecidos por essa conexão, pela troca que se instaura entre os dois níveis.

Precisamente porque o discipulado envolve um processo social que implica o relacionamento de correspondência entre necessidades sociorreligiosas dos seguidores e estratégias[14], mecanismos de transformações e escopos propostos pelo líder, ele se estabelece como um sistema orgânico em que os dois polos não podem subsistir um sem o outro. O mestre pode alcançar seu escopo apenas à medida que é aceito,

---

[14] A respeito da diferença entre *status* ou papéis e estratégias, veja Barth, 1966.

compreendido e seguido pelos discípulos. Ele pode ser definido pelos parâmetros da prudência ou da sabedoria e também como portador de uma cultura compartilhada e dotado da capacidade de realizar projetos e ações estratégicas. A identidade dos dois polos define-se, naturalmente, pela relação recíproca – em outras palavras, o indivíduo que escolhe abraçar o discipulado é uma pessoa cuja identidade não está centrada sobre si mesma, nem definitiva, nem formada a partir de um processo definitório em evolução. Ela é intimamente ligada à forma e capacidade do outro polo e às negociações que acontecem entre os polos. O mestre, definitivamente, não faz sozinho suas escolhas. Não subsiste por si mesmo. Seguidores e discípulos são parte integrante de sua condição de agir e até mesmo de sua identidade.[15]

4. Mais uma consideração. Afirmou-se que o discipulado é, geralmente, um mecanismo de transformação endereçado à sociedade em que se produz e que guarda em si vários aspectos. Surge e opera para a satisfação de necessidades que surgem ou amadurecem lentamente, às quais as instituições ou mecanismos sociais e espirituais institucionalizados não conseguem satisfazer, ou que estão intimamente ligadas às situações mais críticas da existência humana (e que, portanto, vão desde a necessidade de reconquistar a pureza ritual à necessidade de obter o perdão de Deus ou restabelecer a igualdade na sociedade, por exemplo). É essa característica essencialmente inovadora do relacionamento mestre-seguidores que explica as diversas formas de relacionamento criadas na sociedade circundante (adaptação, reforma ou revolução) e as dife-

---

[15] Não obstante a diferença notada por Stroumsa, 2005, entre cristianismo e paganismo na idade antiga a respeito do relacionamento mestre-discípulo, parece-nos que essa estrutura sistêmica está presente em qualquer forma de discipulado. Também a maior parte das contribuições publicadas em Filoramo (ed.), 2002, renuncia a compreensão da forma social subjacente ao relacionamento histórico entre mestre e discípulos.

rentes reações da sociedade perante o fenômeno (aceitação, oposição, expulsão e condenação como heresia).

Dizer que a forma social do discipulado é um mecanismo de transformação social pode parecer uma afirmação genérica, se não for especificado qual o tipo de transformação que ela encarna. Ora, sua especificidade está no fato de que o discipulado, como já se afirmou, concretiza as mobilizações externamente aos mecanismos institucionais, pelo menos em sua fase inicial. Não influencia a parentela, como aconteceria no caso, por exemplo, do deslocamento de uma porção da família de um alinhamento social para outro, não influencia a conquista do poder no interior de uma instituição particular, como não influencia uma intervenção modificadora desse mesmo poder (por exemplo, não intervém no sistema do sacerdócio, do Sanhedrim, das atividades recorrentes). Ele cria, pelo contrário, um novo polo de agregação que se condensa ao redor de um mestre. Organiza-se em espaços alternativos e com modalidades temporais autônomas. Disso surge a dialética necessária entre a forma social do discipulado e as formas sociais estabilizadas e institucionalizadas.

5. A força do líder mostra-se de maneira explícita em sua maneira de agir e na disponibilização de novos recursos. O chefe é o que tem competência e conhecimentos específicos (nem sempre baseados em um código rígido e definido) que ele transmite aos membros do grupo. Na configuração do relacionamento guia-seguidores surgem, então, trajetórias que passam pelo ensinamento de doutrinas, pela criação de rituais, novas formas de comportamento, pela queda de proibições e criação de normas.

No discipulado dá-se uma formação que é, ao mesmo tempo, de conhecimento e de experiência. Não se trata apenas de conhecer, mas também de experimentar formas alternativas de vida. Existe, então, uma multidimensionalidade, ou multidirecionalidade, que se torna característica do discipulado. Como o mostrou P. Hadot (1988, p. 11-28) no que diz respeito à filosofia grega, o mestre transmite conhecimentos que significam uma introdução em uma forma sábia ou superior de vida. É como dizer que o efeito do empreendimento é também a assunção de um estilo complexivo de vida.

E assim as diversas formas de discipulado, no mundo antigo, diferenciam-se entre si ao menos pela diversa maneira de entender o relacionamento entre o conhecimento e a prática ou pelo diverso grau com que o mestre se propõe não apenas a transformação da vida individual de seus discípulos, mas, mais ou menos diretamente, a da sociedade em geral. Podem existir organizações discipulares em que o objetivo é quase que exclusivamente o de transmitir uma doutrina; em outras, porém, é prevalente a doutrinação sobre um modo de vida ou a comunicação de uma experiência por meio de ritos iniciáticos. Em alguns grupos é essencial a aquisição da capacidade de exercer alguma função na sociedade, como, por exemplo, a de exorcista ou a de juiz. Em outros, pelo contrário, as funções adquiridas com a instrução desaparecem dentro do próprio grupo de discípulos. É claro que, em todos esses casos, o grau de oposição à sociedade circundante é extremamente variável. De qualquer modo, não se pode pensar que a existência e o expandir-se de um grupo não tenham efeitos que possam ser documentados ou influências renovadoras sobre os modos de vida dos membros e, como consequência, sobre as relações sociais.

Dada a complexidade dos elementos até agora por nós indicados, parece-nos oportuno esquematizar em três pontos os relacionamentos que ocorrem entre guia e seguimento, ou mestre e discípulos. Mas é bom lembrar de novo que estamos conscientes de que os elementos essenciais desse relacionamento sistêmico têm relevante característica histórica e social e não são facilmente redutíveis a poucos pontos.

a) Em primeiro lugar, o discípulo vê nas propostas ou no comportamento do presumível mestre uma afinidade com suas próprias aspirações, mas também o mestre reconhece no possível discípulo uma afinidade ou uma disponibilidade cultural favorável aos próprios projetos e entrevê a possibilidade de realizá-los com sua ajuda. É o tipo de correspondência e de afinidade que determina o estilo de vida e a diferença entre os grupos discipulares. Isso explica como os grupos discipulares de uma mesma sociedade podem estar também em conflito entre si mesmos. É porque eles priorizam de maneira diferente insatisfações comuns, percebidas de modo diferente, propondo, portanto, soluções alternativas entre si. É igualmente importante ressaltar que a correspondência, a aliança ou as convergências entre mestre e discípulos não são sempre totais ou constantes. Podem ser dialéticas e seletivas. Podem, contudo, permitir revisões. É evidente, além disso, que a identidade de cada um dos componentes sistêmicos (que se define pela relação com outro componente) seja, ela mesma, condicionada e ainda em evolução. Isso explica o abandono ou a expulsão de membros. Explica conflitos e dinamismos basilares dos próprios grupos sempre em fase de redefinição e de aperfeiçoamento.

b) A relação líder-seguidores ou mestre-discípulos não pode ser concebida, pelo menos em suas fases mais amadurecidas, como parte de um sistema isolado e autossuficiente, porque tanto as necessidades do grupo como as estratégias, as técnicas e os objetivos do chefe estão relacionados com a sociedade em que se acham. Na definição das várias formas do discipulado é, portanto, essencial levar em consideração o relacionamento mais ou menos dialético, mais ou menos opositivo com a sociedade. Em outros termos, tenha-se presente que com o variar da intensidade dialética e opositiva varia também a natureza do discipulado. Um dos modelos de interpretação mais criativos, produzidos para explicar essa dinâmica, é o que foi elaborado por J. Z. Smith. Ele afirma que na antiguidade mais remota foram produzidos novos tipos de religião que se distinguem tanto das religiões domésticas (que ele define como religião do *here*) quanto das orientadas para um templo que está no centro de um sistema cultural (as religiões do *there*). Esse novo tipo de religião constrói comunidades e formas de culto que podem estar situadas em qualquer lugar (*anywhere)* de acordo com a dinâmica de deslocamentos, que variam de acordo com as circunstâncias (Smith, 2004, p. 323-339).

c) O relacionamento do discipulado permite aos indivíduos várias formas de pertença, contanto que se trate de grupos de natureza diversa. A pertença a um grupo discipular de per si não exclui, por exemplo, o ser membro de uma *household* e talvez nem mesmo a adesão a outros grupos religiosos não discipulares. Mas o grupo discipular enquanto tal parece exigir, tanto na cultura judaica como na grega, uma escolha exclusiva com respeito aos outros grupos do mesmo tipo. Desse ponto de vista configura-se como um relacionamento exclusivo (veja o capítulo terceiro).

3. As características do discipulado iniciático joanino

1. O modelo discipular por nós focalizado agora é o do *Evangelho de João*. O perfil de Jesus *em João* como guia de seus discípulos é formado por dois elementos que possuem extrema importância no plano cultural. Jesus é mestre e senhor. E é essa duplicação de funções que é expressa pela junção dos dois apelativos *kyrios* e *didaskalos* (ou *rabbi-rabbouni*).[16] *Kyrios*, no plano social, expressa o poder de que, como chefe de um grupo, ocupa a posição mais alta e, no caso de Jesus, é seu criador e instituidor.[17] A autoridade do *kyrios* se estende a tudo quando os discípulos creem e fazem. *Didaskalos*, por sua vez, é um termo reservado para quem instrui, para aquele que ensina e que transmite doutrinas e estilos de

---

[16] O redator, ao definir o mestre Jesus em seu relacionamento com os discípulos, não apenas usa os títulos de *kyrios* e *didaskalos*, mas apresenta Jesus, que afirma explicitamente: "vós me chamais *kyrios* e *didaskalos* e dizeis bem, porque o eu sou" (13,13). Cf. Destro-Pesce, 2000, p. 33-35; p. 57-59; Destro-Pesce, 2000b, p. 91.

[17] É sabido que a tradução dos Setenta usou o termo *kyrios* também para designar Deus. Mas em *Jo* 13,13 não se deve supor um uso "cristológico" do termo. De resto, qualquer concepção teológica para ter um significado deve referir-se também a instituições sociais bem determinadas.

vida (cf. Destro-Pesce, 2005, p. 33-35). Jesus, como Mestre, tem o poder de dispensar ensinamentos. Enquanto Senhor tem a faculdade de guiar e impor preceitos. O poder de *ensinar* e o de *comandar* estão intimamente unidos. Sua palavra não é um simples *discurso*, mas é, muitas vezes, um ato instituidor (também no sentido ritual).[18] Realiza uma transformação de ordem doutrinal e, ao mesmo tempo, de tipo existencial. "Purifica", para usar a linguagem de João (15,3), no que se refere à concretude da vida de quem a escuta. Concluindo, seria um erro reduzir a função do chefe do grupo dos seguidores de Jesus simplesmente à de mestre. Jesus é também um líder que cria novas possibilidades de vida na sociedade de seu tempo.

No caso de *João*, vale a regra de que, em geral, o mestre *inscreve* sua ação formadora na ação de outros mestres que o precederam e dos quais, por sua vez, ele foi discípulo. A construção de seu saber desenvolve-se de acordo com orientações e esquemas, em sua maioria prefixados e levados à prática, que se repetirão. Nesse Evangelho a posição cultural do discípulo pode ser inscrita na do mestre, em vista dos caracteres de continuidade dessa cadeia em que o mestre Jesus está inserido e da qual depende, como se verá melhor no capítulo quinto, sobre a tradição do batista.

2. O *Evangelho de João* talvez tenha sido escrito cerca de setenta anos depois da morte de Jesus, em contextos sociais e geográficos muito distantes daquele em que ele viveu, embora o redator do *Evangelho*, certamente, tenha-se valido de um conjunto de tradições bem mais antigas. Provavelmente essas tradições tenham sido repassadas por grupos de discípulos que podem ter tido relações com um dos principais discípulos históricos de Jesus (Jo 21,24).

---

[18] Sobre os mecanismos linguísticos a propósito do poder das palavras, cf. Tambiah, 1995, p. 41-86. "Dizer alguma coisa é também fazer alguma coisa" (p. 151). Para uma leitura crítica da *performance* e das consequências de sua aplicação, cf. Bell, 1992, p. 37-46.

O que diferencia substancialmente o discipulado do *Evangelho de João* dos discípulos de Jesus são dois fatores fundamentais. Primeiramente, no discipulado joanino estão completamente ausentes as exigências radicais, típicas dos evangelhos sinóticos, que Jesus impunha a seus discípulos itinerantes (abandonar a casa, a família, o trabalho e a posse de bens). Se tivesse restado como única fonte para se conhecer Jesus o *Evangelho de João* e aqueles que se tornaram seus admiradores, não saberíamos absolutamente nada sobre a radicalidade de vida que parece ter sido abraçada pelo grupo de Jesus. O discípulo de Jesus no *Evangelho de João* caracteriza-se primeiramente pela necessidade da adesão ao mestre e pela fidelidade a sua palavra. Trata-se, porém, de uma palavra que não exige o abandono da família, do trabalho e das posses, como acontece principalmente no *Evangelho de Lucas* e no de *Mateus*. Em segundo lugar, já fazendo então tempo que Jesus havia se ausentado, o relacionamento histórico com o mestre foi substituído por um relacionamento sobrenatural. Agora Jesus é concebido como um ser que está na casa divina (por sobre os céus que estão sobre a terra), com o qual se comunica mediante o espírito. Esses dois aspectos fazem o discipulado joanino próximo a formas religiosas comuns, às religiões de mistério e a seus variados aspectos iniciáticos (Destro-Pesce, 2000, p. 98-109). Aqui, a fidelidade à forma sociorreligiosa do discipulado conjuga-se com a necessidade de utilizar, mesmo transformadas, outras formas de associacionismo religioso do tempo, desembocando assim em certa descontinuidade com respeito aos caracteres do discipulado jesuano.

Uma prova da importância do discipulado em *João* vem do fato de que os discípulos são mencionados ao lado de Jesus desde o primeiro instante de sua vida apostólica, se bem que sua formação é aperfeiçoada somente depois do capítulo doze. Tanto é que Jesus dirá de seus discípulos: "Estais comigo desde o começo" (15,27). O grupo dos discípulos é apresentado como uma realidade que nasce com Jesus, e sua forma de organização parece surgir ou se concretizar com o início de sua atividade pública.

A Pluralidade das Formas Agregativas e o Discipulado Iniciático Joanino

João não explicita um conceito abstrato a respeito do discipulado. Mostra, contudo, conhecer bem essa forma de agrupamento, a partir da terminologia que usa. Como se deduz daquilo que afirmamos em outro lugar (Destro-Pesce, 2000, p. 32-35), aqueles que aprendem, os discentes ou discípulos, são chamados, em seu conjunto, *mathetai*. Os termos aparentados com o verbo *manthano* (ao qual está ligada a palavra *mathetes*) exprimem tanto a apreensão intelectual como a prática.[19] Isso aproxima a concepção joanina de uma característica, à qual já aludimos, de muitos grupos discipulares e também das escolas filosóficas gregas. O *Evangelho de João*, contudo, transforma o modelo de discipulado usado por Jesus acentuando de modo particular seus aspectos iniciáticos. Em *João*, de fato, Jesus exerce sua função de mestre diante dos discípulos de acordo com uma sucessão de tempos e modos que parece pressupor o uso consciente de um modelo iniciático. *João* está convencido de que o mecanismo mais apto para difundir a nova forma religiosa que ele apresenta deva ser a criação de *pequenos grupos*, por meio de distintos processos de criação, de preparação ou maturação iniciática (Destro-Pesce, 2000, VII-VIII, p. 25-28; 135-138). Com isso ele escolhe apenas uma entre as diversas formas de difusão de um movimento que estavam à disposição no século primeiro. Poderia apresentar a formação do novo grupo como o efeito de uma pregação pública ou de uma campanha de divulgação doutrinal ou de fenômenos sobrenaturais ostensivos ligados à pregação. Esses tipos de apresentação ou de esquemas interpretativos encontram-se, por exemplo, nos *Atos dos Apóstolos*.[20] A pregação pública e os milagres, contudo, em *João*, no fim são descritos como acontecimentos exitosos (cf. 12,37: "Embora tivesse feito tantos milagres na presença deles, não acreditavam nele"). Ele, diferentemente dos evangelhos

---

[19] O uso desses termos é amplamente difundido nas escolas filosóficas. Cf. K. H. Rengstorf, *Manthano, katamanthano, mathetes, summathetes, mathetria, matheteuo*, in: ThWb Novo Testamento IV, p. 3392-3465 (GLNT, VI, 11053-1238); Pesce, 1982; veja também o uso da terminologia em Diogene Laerzio, como o demonstra o artigo de P. Hofmann, *La relation entre maitre et disciples dans les écoles néoplatoniciennes de la fin de l'Antiquité* (inédito).

[20] Cf. Murphy, James, 1993, p. 90-99; Destro-Pesce, 1995, p. 39-64.

sinóticos, coloca em evidência que os acontecimentos dramáticos (o não-acolhimento por parte da maioria e acolhimento por poucos), de acordo com o prólogo do *Evangelho* (1,11-12), é que vão marcar toda a atividade apostólica de Jesus. Depois de ter vivido a dramática experiência de perigos e insucessos e depois de um período de desorientação e fraqueza, os seguidores de Jesus e os discípulos de João unem-se por meio de um mecanismo de tipo iniciático. É essa forma iniciática de discipulado que pode, de acordo com *João*, sustentar o nascimento dos grupos de seguidores de Jesus que nós chamamos de joaninos.

4. O modelo iniciático do Evangelho de João

4.1. Fases da iniciação

Para obter uma formação específica e um determinado grau de competência e de especialização em ambientes bem determinados (ações rituais, atos mágicos, êxtase, interpretações esotéricas, ritos de sacrifício etc.), é necessário submeter-se à orientação de um ou mais mestres. A qualificação religiosa, no sentido formal, não implica somente a assunção de funções ou prerrogativas particulares ou institucionais (a sacerdotal, por exemplo), mas também a aquisição de tudo aquilo que é o resultado da conquista de um patrimônio tido como sagrado. É isso o que pode ser definido como um processo iniciático.[21]

Quando se fala de iniciação é oportuno distinguir os procedimentos que se propõem a apenas introduzir o indivíduo em um grupo minoritário ou emergente dentro de uma sociedade (da qual apenas parcialmente, ou mesmo de maneira alguma condivide os pressupostos) daqueles que, pelo contrário,

---

[21] Sobre iniciação veja Van Gennep, 1909; Turner, 2001; Barth, 1975; La Fontaine, 1985; Eliade, M. *Initiations, rites, sociétés secrètes, naissances mistiques*, Gallimard, Paris, 1959; Bourdieu, 1982a, 1982b; Paige-Paige, 1981.

A Pluralidade das Formas Agregativas e o Discipulado Iniciático Joanino

têm como proposta fazê-lo passar de um nível a outro no todo social e em suas instituições (Destro-Pesce, 2000, p. 108-109). O primeiro tipo de procedimento é caracterizado por dois escopos. Primeiro, a proposta é um projeto que a sociedade, em sua maioria, desconhece, ou pior, não aceita. O segundo tem em vista uma instrução ou preparação aprofundada e introversa, uma vez que somente essa pode oferecer o instrumento apto para essa finalidade. O primeiro tipo de procedimento nos interessa aqui porque, como se verá em seguida, é o que caracteriza a natureza das comunidades joaninas que se propõem como grupos minoritários no interior de uma sociedade estranha.

Nossa tese interpretativa é que o redator do *Evangelho* representa Jesus como um guia que prepara seus próprios discípulos por um período inicial bastante longo (que na narrativa vai do capítulo primeiro ao capítulo doze) para depois submetê-los a um rito específico de iniciação que se completa em uma única noite (veja os capítulos treze a dezessete). Tudo isso para que possam entrar nas duas fases finais da formação do discípulo: a da *prova fundamental* e a do *re-nascer*, ou "nascer do alto", como diz o *Evangelho de João* (3,3-8), na qual o espírito provoca no indivíduo uma nova identidade. As diversas fases desse complexo processo vão sintetizadas nos pontos que seguem.

(1) O primeiro momento é o da escolha dos discípulos (1,3-51). Referimo-nos aqui a essa fase apenas para sublinhar que, já no momento inicial, tanto os discípulos como o mestre, de acordo com a dinâmica discipular usual, mostram um comportamento ativo e de recíproco interesse e atenção. É verdade que as atitudes de ambas as partes são bastante diferenciadas e que a função de guia pertence exclusivamente ao mestre e que a aceitação somente dele depende. Contudo, são os primeiros dois discípulos (o "sem nome" e André) que tomam a iniciativa de seguir Jesus e que estão à procura de algo (cf. 1,37-38) ainda antes de Jesus se dirigir a eles. Também Simão é convidado a "seguir" Jesus por seu irmão André e sai a sua procura por própria iniciativa. A insistência excessiva de alguns estudiosos sobre o fato de ser apenas Jesus quem escolhe os discípulos (cf. Jo 15,16) é, na verdade, um posicionamento unilateral que desconhece a dinâmica social do discipulado

que, pelo contrário, é bastante evidenciada pelo redator do *Evangelho*. De resto, o fato de que diz respeito ao mestre a decisão de aceitar ou não no próprio séquito é uma característica que Jesus compartilha com muitos mestres da antiguidade (Destro-Pesce, 2000, p. 104). Aqui, como em outros lugares, vê-se que uma análise das situações internas do discipulado livra das limitações de uma interpretação que procura mostrar o discipulado de Jesus como novidade fictícia ou irrepetível. O que é "novo" e original não se caracteriza como um distanciamento da cultura judaica ou grega. No caso, o modo de acesso ao grupo se dá nas costumeiras formas judaicas ou gregas.

(2) Vem, depois, um longo período em que os discípulos testemunham tudo o que o mestre faz (suas ações e seus sinais portentosos) e suas pregações públicas sem exercer nenhum papel ativo. Isso não impede que eles recebam alguns ensinamentos à parte, sem a presença das multidões (4,31.38; 6,3; 11,20-27; 11,54). Em Caná, estão apenas presentes e acreditam nele; durante a ação no templo nada fazem e somente depois de sua morte compreendem o significado de suas palavras Nicodemos, que é um discípulo clandestino, limita-se a fazer-lhe perguntas, tentando compreender melhor; no episódio da samaritana os discípulos não intervêm no diálogo com a mulher; vão comprar a comida e convidam Jesus para comer, e isso lhe fornece a ocasião para instruí-los (4,31-38); durante o realizar-se dos prodígios efetivados por Jesus os discípulos simplesmente assistem a eles, dificilmente aparece algum comentário (6,13); no final do capítulo sexto alguns o abandonam, ao passo que Simão Pedro e os doze confirmam sua adesão (6,67-70). De vez em quando exercem alguma função de intermediação com o povo, os não-discípulos, e Jesus aparece no capítulo sexto, antes da multiplicação dos pães e dos peixes e quando alguns gregos pedem a Filipe para ver Jesus (12,30-32).

Essa fase, como já foi notado, desenvolve-se do capítulo primeiro ao doze, inclusive. Poderia ser chamada fase da formação geral. Os discípulos aí estão apenas como ouvintes, testemunhos de boa vontade. Mais tecnicamente poderia a fase ser definida como de "purificação" mediante a palavra de Jesus, porque o próprio Jesus, no capítulo 13,10, afirma que os seus dis-

A Pluralidade das Formas Agregativas e o Discipulado Iniciático Joanino

cípulos são "puros" – no sentido de que eles foram submetidos a processos que os livraram de tudo aquilo que é inaceitável, nocivo ou que deva ser deixado de lado e que essa purificação aconteceu graças a sua palavra (15,3). Os discípulos, portanto, já estão "puros" antes de entrarem no edifício onde se dá a ceia que antecede a prisão de Jesus. Portanto, é preciso concluir que essa particularíssima "purificação" aconteceu durante o período em que os discípulos escutaram tanto a pregação pública de Jesus como aquela que ele destinou somente a eles. O redator de *João*, com essa longa fase de preparação durante a qual os discípulos são instruídos e moldados, parece considerar que a palavra de Jesus tenha uma força singular de purificação. De resto, segundo Jo 1,1-18, Jesus é o *logos*, ao qual é atribuída a criação do mundo. O termo *logos* significa "palavra" e equivale ao hebraico *dabar*. Parece que esse *logos*/palavra de Deus tinha na mente do redator do *Evangelho* um poder que se manifesta quando fala, tanto por sua capacidade de criar como pela capacidade de transformar e aperfeiçoar a natureza do homem.

A purificação faz parte de um processo de *separação* ou afastamento do mundo em geral (genericamente corrompido ou impuro), que possibilita a admissão aos ritos fundamentais da iniciação. Isso é coerente com a estrutura de muitos processos antigos de iniciação, nos quais o iniciando deve primeiramente ser isolado da situação precedente para poder aproximar-se das sucessivas.[22] Em outros processos de iniciação da antiguidade existe uma período bastante longo de purificação dos discípulos antes do processo de iniciação, por meio do qual os discípulos se tornam membros da comunidade dos adeptos. Na *Regra da Comunidade* de Qumram estão previstos dois anos de descontaminação (1QS VI, 16-23). Na *Vita Pitagorica* de Giamblico, o período dura três anos (*Vita pitagorica*, XVII, 72; cf. Destro-Pesce, 2000, p. 100-105).

---

[22] Toda passagem, compreendida nesses termos, enquadra-se na teoria de van Gennep (1981). Teoria que foi enriquecida por observações e análises mais recentes sobre a construção da identidade.

A natureza e os efeitos desse isolamento variam de acordo com o grau mais ou menos radical do relacionamento com a sociedade circundante. No caso do *Evangelho de João,* a oposição entre o mundo ao qual originariamente o discípulo pertencia e o tipo de vida no qual pretende ingressar é radical. É expresso mediante a metáfora espacial *alto/baixo,* mundo aqui de baixo e mundo lá de cima, pertencer ou não ao mundo (cf. 3,31; 8,23; cf. Destro-Pesce, 2000, p. 126-127).

(3) O processo iniciático final divide-se em quatro seções: um rito inicial, uma pregação seguida de uma oração, um período em que os discípulos se dispersam, o rito final da comunicação do espírito.

A primeira parte consiste em um *rito convivial* durante o qual se dá o lava-pés, com a finalidade de inverter o costumeiro relacionamento mestre-discípulo, dando-se, assim, início ao modo de viver próprio do discipulado que, de acordo com João, distingue Jesus em comparação com qualquer outra forma de discipulado. *A entrega de uma nova doutrina* ("aonde eu vou vós não podeis ir", Jo 13,33) e de um *novo mandamento* ("amai-vos como eu vos amei", Jo 13,34). A este ato fundamental de entrega segue um longo diálogo de esclarecimento com os discípulos. Esse diálogo se desenvolve de acordo com as perguntas de quatro discípulos (Jo 13,36; 14,5; 14,8, 14,22), todas versando sobre a natureza da doutrina iniciática ("aonde eu vou vós não podeis ir").[23]

A segunda parte (Jo 15-17) é uma *pregação* seguida de uma oração (que acontece em local diferente do edifício) que tem a função de introduzir os discípulos no conhecimento máximo do destino de Jesus e de seus próprios destinos. Jesus, porém, não explica aos discípulos claramente que deve morrer, subir ao trono de Deus e de lá enviar o Espírito Santo, mas, de alguma maneira, oferece-lhes algumas indicações sobre como deverão se comportar em relação a esse acontecimento. Existe, então, uma espécie de segredo iniciático sobre a sorte do mestre e sobre

---

[23] Para uma visão global do rito convivial, cf. Destro-Pesce, 2000, p. 41-63.

o acontecimento central da iniciação que não pode ser revelado antes que aconteça. A única coisa clara sobre a qual Jesus insiste é que vai haver uma hostilidade por parte do mundo, um sofrimento depois do qual, porém, os discípulos receberão o Espírito Santo que lhes facultará a possessão de toda a verdade.

A terceira parte (Jo 18-19) corresponde ao momento do *fracasso*. É vivida pelos discípulos quando se retiram, depois da prisão de seu líder. É o período em que eles experimentam sua própria impotência e a derrota de suas aspirações. Eles não são capazes de defender Jesus, de compartilhar sua sorte, assistem a sua degradação e execução e ficam escondidos, com medo das reações que podem surgir contra eles.

A iniciação se conclui com o rito final do sopro do espírito (Jo 20,19-23). É nesse momento que os discípulos completam sua iniciação e assumem um novo *status*. Recebem não somente uma força sobrenatural (o espírito), mas também uma capacidade cognoscitiva que os leva ao conhecimento da verdade "plena". São enviados ao "mundo" com um mandato divino; adquirem o poder da remissão dos pecados, que molda as relações entre os homens e Deus.

Obviamente, o discipulado não se reduz a esse processo ou a cada um dos atos, porque, como dissemos, configura-se como um conjunto estruturado de relacionamentos sequenciais que unem, de modo vital, certo número de pessoas por um determinado período. Tentamos aqui trazer à luz apenas alguns elementos característicos de um procedimento que o *Evangelho de João* deixou transparecer em sua narrativa.[24]

---

[24] A análise comparativa da iniciação joanina com outras formas de iniciação religiosa do mundo antigo é particularmente útil (cf. Destro-Pesce, 2000, p. 98-109), seja para colocar em evidência semelhanças estruturais e diferenças, seja no que diz respeito à escolha dos discípulos, sua preparação inicial ou purificação, o processo ritual final da iniciação, a natureza do ensinamento iniciático, a experiência fundamental e o escopo final da iniciação.

4.2. Vivendo na oposição

Em *João*, o ensinamento do mestre tem como finalidade, sobretudo, a reformulação da vida do discípulo. Um ponto essencial da doutrina que é entregue ao discípulo se refere, ou melhor, é explicitado essencialmente por ações ou práticas, sintomaticamente impossíveis ao homem comum: "aonde eu vou vós não podeis ir" (13,33); "sem mim nada podeis fazer" (15,5). A formação do seguidor não pode alcançar sua finalidade, o "nascer de novo, do alto", se ele mesmo não experimentou concretamente que pode ir aonde foi o mestre e que nada pode fazer sem a força sobrenatural que somente o mestre pode proporcionar.[25]

No que diz respeito à sociedade (cuja transformação é um dos escopos essenciais de qualquer forma de discipulado, como já tentamos esclarecer anteriormente), é preciso notar que, conscientemente, o redator do *Evangelho de João* apresenta provas, conflitos, ou prenuncia graves ou iminentes dificuldades.[26] A *prova*, como se sabe, é estruturalmente parte do processo de seleção e de moldagem dos seguidores de Jesus. É sintoma não simplesmente da condição de cada um, mas também da frágil situação da comunidade dos discípulos comparada com o contexto mais vasto. Essa comunidade de caráter intermediário acha-se privada de bases socialmente sólidas e de limites bem determinados.[27] O que o modelo de *João* mostra é o difícil *relacionamento*

---

[25] A análise comparativa da iniciação joanina com outras formas de iniciação religiosa do mundo antigo é útil de modo especial (cf. Destro-Pesce, 2000, p. 98-109) tanto para ressaltar semelhanças estruturais e diferenças como para esclarecer como se deu a escolha dos discípulos, sua preparação inicial e purificação, o processo ritual final da iniciação, a natureza do ensino iniciático, a experiência fundamental e o escopo final da iniciação.

[26] Cf. a parábola do pastor em 10,1-18 e sua explicação, a partir desse ponto de vista, em Destro-Pesce, 2000, p. 34-35 e em 2000b, p. 100-101.

[27] Basta lembrar as várias tentativas de agressão a Jesus: 5,16-18; 7,1; 8,59; 10,31.39; 12,10. Hostilidades também para com os discípulos e provas a que são submetidos podem ser encontradas em 6,66-70; 7,2-8; 9,22-35; 11,53; 12,42-43.

dos discípulos de Jesus com o ambiente em que viviam. Isso dá origem ao problema sobre o qual tenha sido a conformação social da estrutura do discipulado se comparada com as comunidades judaicas firmemente construídas e inseridas na *polis* (no caso da Diáspora)[28] ou no contexto social amplo (no caso da Palestina, cf. Anderson, 1997). A comunidade joanina não é o lugar onde devam existir relações sociais institucionalmente resistentes e bem estruturadas. Por outra parte, é justamente o estado frágil ou não formal, ou que não se enquadra totalmente em uma situação estruturada, o que apresenta características intersticiais, mas que é dinâmico e que oferece maiores opções. Ele permite que se expresse a capacidade criativa dos discípulos. Uma tênue ou incerta ordem normativa garante espaço de inserção ou de dinamicidade. E é por isso que alguns ambientes ou agrupamentos são reacionários e dinâmicos. Mas é também nessa situação de indeterminação e debilidade que alguns seguidores não gostam de confessar publicamente sua própria adesão a Jesus, para não serem expulsos das sinagogas (12,42). A situação histórica existente nos tempos da última redação do *Evangelho de João* não é mais aquela dos tempos de Jesus, e parece que a comunidade joanina havia criado nela suas próprias sinagogas, diferentes das dos "judeus". De tal modo que o problema que é mostrado, juntamente com o perigo proveniente do ambiente social ou da adaptação que isso requer, é o que se propõem alguns seguidores contemporâneos de *João*: transitar das sinagogas frequentadas

---

[28] No campo social a definição de um limite é um ato, de acordo com Remotti, 1993, p. 28-29, "profundamente cultural e social e, portanto, convencional, variável, mutável, problemático, revogável". "Os limites são modos de regulamentação dos contatos e de se impedir que uma comunicação excessivamente intensa e trocas muito frequentes acabem por levantar dúvidas sobre a identidade social." Os limites, portanto, nascem da necessidade de ter sob controle os relacionamentos e as trocas entre entidades diferentes e existem em função da identidade individual e do grupo.

pela maioria para aquelas compostas por apenas seguidores de Jesus (cf. 9,35),[29] que haviam se tornado locais distintivos de uma minoria relativamente débil.

O modelo do discipulado joanino gira em torno de dois ideais opostos: a adesão à direção do mestre e a oposição ao "mundo". Trata-se de um esquema binário em que a relação opositiva dos dois polos é absolutamente inseparável. Quanto mais a adesão ao líder é forte, tanto mais aumenta o conflito com o mundo circunstante. O conflito surgido da relação opositiva é tanto mais forte quanto mais os ideais dos dois grupos contrapostos se mostram irrenunciáveis e marcantes.

É dentro desse esquema que o Jesus de *João* precisa de seguidores para atingir sua meta. Como se viu, tem necessidade de um relacionamento continuativo, intercambiável e confiável com seus próprios seguidores. Podemos perceber a intensidade dessa necessidade nas poucas palavras que *João* atribui a Jesus. Quando a maioria dos discípulos o abandonou, Jesus, de fato, pergunta aos doze: "Também vocês querem me abandonar?" (6,68). Depois de ter visto a dispersão de muitos, o mestre Jesus se vê constrangido a refletir sobre o sucesso de sua estratégia e sobre a possibilidade de alcançar os ideais que ele havia se prefixado. O Jesus do *Evangelho de João* enfrenta essa crise em seus relacionamentos interpessoais. Se essa é a reação crítica do mestre/guia ao abandono por parte da maioria de seus seguidores, a dos discípulos/seguidores mais próximos não é menos sintomática. Ela é expressa pela pergunta de Pedro: "Senhor, a quem iremos?"

---

[29] Cf. Destro-Pesce, 2000b. As teorias dos que pensam que a comunidade *joanina* era caracterizada pela ausência de estruturas hierárquicas e pela presença de uma igualdade absoluta entre os membros sofrem, na realidade, da carência de uma visão sociológica: com muita probabilidade a fraqueza e a precariedade da situação produzem a debilidade interna da instituição.

(6,68). Isso significa que os discípulos/seguidores vivem na condição de procurar um relacionamento com um mestre. Pedro confirma sua pertença a um grupo de pessoas que acreditam que o caminho para alcançar seus próprios objetivos é o de colocar-se na dependência de um mestre. Ele renova e reforça, nesse caso, sua situação de discípulo proclamando sua adesão ao objetivo final do discipulado jesuano, o de chegar à vida, isto é, o renascer: "Tu tens palavra de vida" (6,68; cf. Destro-Pesce, 2000, p. 112-118). Também o discípulo acredita que tem necessidade de se juntar ao mestre de modo contínuo e eficaz. Faz parte de seu objetivo permanecer junto ao líder, condividir sem incertezas sua existência. As duas exigências se correspondem e nesse ponto se mostram como sintoma do valor da dualidade ínsita no relacionamento do discipulado.

4.3. A relevância do posicionamento cultural dos seguidores

O conhecimento daquilo com que Jesus se defronta – como as cenas narradas por *João* – permite melhor compreensão da natureza do relacionamento discipular. Nós começamos pela convicção de que as características dos discípulos, seus costumes ou os ensinamentos que o ambiente lhes havia anteriormente mostrado influenciam a obra de instrução do mestre, bem como constituem seus pressupostos imprescindíveis.

O fato de que os discípulos de Jesus, em *João*, já antes de ingressarem no grupo tenham determinada fisionomia, uma bagagem de convicções e aspirações que os moviam em busca de uma nova forma de associação é devido a que alguns deles provinham do grupo de João Batista. Em um ambiente cultural em que a figura do *didaskalos* é imprecisa, possuindo, porém numerosos e diferentes modos de expressão (cf. Jo 1,35-39; 3,25; 4,1-2), pode acontecer que o mestre Jesus faça depender sua própria atividade formativa da atividade de outros mestres antecessores (dos quais, por sua vez, fora discípulo). A edificação de seu saber presumivelmente procede de acordo com esquemas e direcionamentos já prefixados em grande parte, colocados então em prática. A posição cultural do discípulo, substancialmente, pode inspirar-se na do mestre, compondo uma relativa continuidade, mesmo para esse tipo de experiência participada.

Como exemplo dessa característica estrutural da forma sociorreligiosa do discipulado aduzimos a parábola do capítulo quinze, sobre a videira e os ramos. Queremos chamar a atenção sobre um determinado fato que a parábola ilustra (e que em outro escrito já explicamos: cf. Destro-Pesce, 2000). A primeira frase que Jesus fala na sala de oração, onde haviam entrado após se retirarem do triclínio (14,16), é: "Eu sou a verdadeira videira, e o Pai é meu agricultor. Todo ramo em mim que não produz fruto ele o corta (*airei*), e todo o que produz fruto ele o poda (*kathairei*) para que produza mais fruto ainda" (15,1-2).

O que aparece como afirmação central dessas palavras é que elas estão exigindo uma reorientação radical da situação dos discípulos, pela continuada reformulação dos processos de formação e de iniciação presentes na cultura deles e dos quais possuem perfeito conhecimento. O Jesus de *João*, mesmo não se valendo das instituições iniciáticas "tradicionais", aproveita-se metaforicamente de seus significados e valores. A metáfora do vinhateiro, da videira e dos ramos serve, portanto, para fazer aflorar uma imagem exemplar e eloquente para um público de discípulos que pertencem à cultura judaica.[30]

---

[30] A cultura do Israel antigo muitas vezes reflete o mundo natural. Animais e campos, imagens dos homens. A grande metáfora da vida agrícola reúne pensamentos e conceitos que servem como fundamento da vida ritual-social dos israelitas. Cf. Schwarz, Eilberg, 1990, p. 122-126.

Substancialmente, *João* recorre à metáfora da videira[31] porque quer mostrar que ela é cuidada e podada pelo vinhateiro. Na cultura hebraica, a poda estava ligada a um simbolismo de caráter iniciático. Que a poda se refira à prática da circuncisão foi notado, entre outros, por H. Eilberg Schwarz (1990, p. 150-151). O corte do prepúcio seria o símbolo da maturidade reprodutora humana como a poda das árvores lembraria sua capacidade frutífera. "A árvore frutífera nos seus três primeiros anos deve ser vista como um macho durante seus primeiros oito dias, isto é, como um não consagrado [...]. Circuncidar o órgão masculino é algo semelhante à poda da árvore frutífera. Os dois atos implicam o cortar fora um crescimento não desejado de um ramo ou de um tronco e o escopo de ambos é semelhante. A circuncisão [...] é um corte simbólico que assegura a fertilidade humana" (1990, p. 149-150).[32] Tanto no Levítico como na Mishná (Tratado *Orlah*) é o corte-purificação do membro viril que fornece o modelo simbólico para se compreender o cuidado com as árvores frutíferas. É útil deixar claro, também, que o Levítico usa exatamente a terminologia da circuncisão ('rltm' rltw; Lv 19,23) para falar da podadura das plantas frutíferas.

A respeito de quanto foi dito é importante notar que o Jesus de *João*, quando recorre à metáfora da podadura, a qual simboliza a circuncisão, usa também a ideia da *purificação*. Emprega o verbo *kathairo*[33]. (Ele o poda, para que produza mais fruto ainda. "Vós já estais puros,

---

[31] A videira poderia ser o símbolo de Israel. Falar de "verdadeira" videira seria introduzir uma polêmica anti-institucional. O redator poderia também ter em mente Jr 2,21 onde Deus fala de Israel como uma "verdadeira" videira que produz frutos, cf. Schnackenburg, 1979, p. 109; Dietzfelbinger, 1997, p. 117-118; sobre a questão da origem da imagem em geral, cf. Brown, 1991, p. 807-811.

[32] Eilberg Schwarz (ibid. p. 151) acrescenta, ainda, que não existe uma analogia explícita entre a circuncisão e a podadura. Mas que a "obra sacerdotal" compara explicitamente a podadura e o corte dos cabelos no nazireato. As videiras não podadas para o ano jubilar são definidas no livro do Levítico (25,5-11) como sujeitas ao nazireato (proibição de cortar os cabelos e de beber vinho).

[33] Esse verbo significa tanto polir, cortar, como purificar.

por causa da palavra que vos fiz ouvir" 15,2-3). Analisada em um nível cultural mais profundo, essa linguagem faz crescer nos destinatários, nos discípulos, condições, transformações, fatos experimentais, não apenas imaginados, mas vividos na prática.

O esquema podar-circuncidar, relembrando o grande tema da fertilidade, é um dos elementos que provêm da formação cultural dos iniciandos; em outras palavras, Jesus diz o que diz por que aqueles que estão a sua frente trazem consigo valores culturais que, de alguma forma, exigem deles escolhas temáticas e de expressão. No ambiente cultural em que o redator dessa parte do *Evangelho de João* exerce sua atividade, a conexão entre podadura e circuncisão esparrama-se por todos os aspectos da produção humana e por sobre suas implicações sociais e religiosas. Tudo isso influi, portanto, sobre a natureza do relacionamento entre Jesus e seus discípulos, que *João* tenta descrever.

O ponto central é claro. O Jesus de *João* quer modificar a sociedade religiosa (visões, hábitos, funções) mediante a transformação dos discípulos que tem diante de si. Eles são seu único instrumento. Por isso ele deve insistir sobre as categorias fundamentais comuns a todos eles e à sociedade de onde vêm (e cujos ideais eles assimilaram) e sobre a qual terão influência no futuro, mesmo que de modo mais ou menos direto e inconsciente. Não se pode deixar de observar, porém, que o ensinamento do mestre, normalmente, não se resume ao ensino positivo e construtivo, mas pode ser também crítico e de demolição. Somente se o mestre demolir alguns pressupostos que ainda unem seus seguidores e discípulos a alguns aspectos da sociedade, que tem como negativos, poderá construir seu próprio projeto. A dinâmica social do discipulado implica, então, que o mestre, que quer criar espaços para responder às necessidades e ideais emergentes (surgidos ou não de outros grupos institucionais), deve necessariamente agir com decisão sobre seus discípulos. Ele mira eliminar neles todos aqueles pressupostos que impedem que uma nova orientação se manifeste e também os que ainda são dependentes das estruturas dominantes.

A Pluralidade das Formas Agregativas e o Discipulado Iniciático Joanino

Podemos concluir que, por meio de metáforas e pela ressignificação dos atos iniciáticos correlatos à podadura-circuncisão, Jesus transmite um dos principais conteúdos da iniciação joanina. De um lado, o discípulo deve estar unido, mediante uma ligação de tipo místico-sobrenatural, ao ser sobre-humano que é Jesus, "a videira verdadeira". De outro lado, eles devem ser podados por Deus, isto é, submetidos (como o mestre) a provas, sofrimentos e morte. Trata-se, contudo, de sofrimentos que não impedem que eles permaneçam na "vida" (5,24), que lhes é assegurada pela ligação sobrenatural como o ser sobre-humano.

4.4. O relacionamento entre o grupo dos discípulos e a sociedade

Chegado a este ponto é o momento de voltar ao fato de que, quando se fala de processo de iniciação, é oportuno distinguir bem os procedimentos iniciáticos que se propõem introduzir o sujeito em um grupo minoritário. A gradual preparação e a imissão dos discípulos em tal modelo de grupo são perceptíveis com clareza no *Evangelho de João*. Nossa tese é que o redator do *Evangelho* veja Jesus como o mestre que prepara seus próprios discípulos para pequenos grupos. Isto é, parece que a organização feita pelo Jesus joanino está baseada sobre grupos limitados e difusos, firmados sobre a própria experiência e que se consideram em oposição a um mundo externo, pelo qual se sentem repelidos, ou mesmo ao qual se veem totalmente estranhos.

Em resumo, o discipulado, em *João*, não se propõe direta ou explicitamente à modificação da sociedade judaica da época. Ele procura, substancialmente, a criação de grupos (orientados por objetivos precisos) compostos de pessoas que tenham feito a experiência do novo começo, da nova condição de vida, que o *Evangelho de João* chama de "nascer de novo" ou "nascer do alto". Por isso todo aspecto doutrinal ou organizacional que *João* nos transmite diz respeito somente à organização interna do grupo. É verdade que os discípulos, depois de já começada a iniciação, são enviados ao mundo (20,21), mas sua atividade missionária tem como finalidade a inclusão na comunidade de pessoas que, no caminho do processo iniciático, chegam à experiência do novo nascimento.

5. A construção definitiva do relacionamento mestre-discípulo em João

O relacionamento Jesus-discípulos alcança, em *João*, seu ponto máximo na conclusão do processo iniciático (20,19-23). É nesse momento que se mostram algumas concepções de *João* sobre a forma com que o discípulo "segue" o mestre-guia e sobre como vai acontecer a "sucessão".

O Jesus de *João* é um guia que potencializa sua função de liderança e capacidade de ensinar e que a pôs em prática desde o início, depois de ter passado por uma experiência singular de aversão e de "ódio" (cf. 15,23-25; 17,14) por parte do mundo. No decorrer da narração ele se mostra como um mestre que deve primeiramente percorrer uma estrada difícil e ser objeto de hostilidades. Ele deve ir antes para onde os discípulos "não podem ir" e depois repassar-lhes, por meio da prática iniciática fundamental, a força sobrenatural do espírito. É essa prática que vai permitir aos discípulos que o "sigam" pela mesma estrada. Particularmente, o mestre é o primeiro a sofrer uma espécie de aniquilamento esmagador. Ele experimenta o repúdio da maioria da população, repúdio que chega ao máximo no fim do capítulo doze.

Muitas vezes o repúdio faz parte da história daqueles que seguem um novo mestre e por esse são acolhidos e instruídos. O ensinamento de Jesus explicita a necessidade dessa experiência, mas interpreta esse esquema geral do repúdio à luz de uma concepção de oposição de natureza radical, de tipo cosmológico: "Se fôsseis do mundo, o mundo vos amaria como sendo seus. Como, porém, não sois do mundo (*kosmos*), mas do mundo vos escolhi, por isso o mundo vos odeia".

É nessa situação que o destino dos discípulos repete o do mestre: estar ou passar pelo mundo, mas ser e tornar-se alvo de hostilidade. A perseguição e a aparente derrota serão eliminadas, contudo, pela proteção de um poder sobrenatural, o espírito "consolador" que o mestre haverá de enviar: "Convém a vós que eu vá! Porque, se eu não for, o Paráclito não virá a vós; mas se eu for, vo-lo enviarei" (16,6).

Note-se que a lógica e a consequência do repúdio surgem desde a cena do rito de inversão durante a ceia (13,11-31; Destro-Pesce, 2000, p. 42-59), em que Jesus assume a figura do escravo e lava os pés dos discípulos durante a ceia. É esse, de fato, o ponto de partida da re-estruturação da estratégia que, como vimos, fez-se necessária depois da defecção de muitos, que caracteriza seu modo de ser mestre, mestre repudiado. A hostilidade leva o mestre a abandonar as técnicas tradicionais da pregação pública e da ostentação de prodígios para se valer de outro mecanismo, isto é, o da aceitação do aniquilamento. O ponto de transição do capítulo treze é sintomático: essa reviravolta há de ser, posteriormente, a experiência iniciática dos seus, de seu caminhar e de seu estilo de "seguir".

2. O significado da transmissão iniciática e sua eficácia, como demonstramos acima, estão ligados à condição do iniciando em termos de conhecimento e pressupostos espirituais. Acrescente-se ainda que muitas vezes a iniciação é particularmente eficaz quando o iniciando já passou por uma experiência anterior e oposta, da qual saiu derrotado ou mudado. Não fica excluído que essa derrota pode ser devida ao fato de que ele reconheceu a impossibilidade de chegar com suas próprias forças ao seguimento do mestre. O iniciando, em *João*, antes de chegar ao renascimento, deve passar por uma situação de degradação, falência ou aniquilamento. O rebaixamento o predispõe a uma fase em que experimenta a verdade da doutrina iniciática: "sem mim nada podeis fazer" (15,5). Esse elemento iniciático foi objeto de atenção por parte de estudiosos antropólogos.

Como afirma V. Turner, por exemplo, o rebaixamento torna-se a preparação para uma glorificação (renascimento) ideal. A experiência do fracasso é mostrada em *João* exatamente nos dois capítulos em que Jesus é preso, processado e condenado à morte (capítulos 18-19). É aí que começa e se desenrola a amarga experiência dos discípulos que se dispersam, fogem, tornam-se presa do medo e se escondem.

O que, de fato, acontece com os discípulos quando Jesus é aniquilado? As reações dos discípulos são diferentes, mas parecem traduzir desânimo e derrota. O que acontece com Jesus constitui, pois, a experiência que os representa, trazendo consigo a adesão, a dispersão e a negação, fragmentos da experiência de cada um deles. São arrastados pela morte do líder. O caráter problemático e a condição real do grupo emergem com maior evidência precisamente no drama que o atinge.

Essa experiência da decepção e do fracasso está ligada à visão do mundo que *João* desenvolve, centrada na contraposição espacial e cosmológica alto-baixo, mundo do aqui de baixo e de lá de cima (cf. 3,31; 8,23; Destro-Pesce, 2000, p. 125-127; 163-164). Somente se promovendo uma separação radical do iniciando em relação ao mundo de baixo e uma radical eliminação de toda a sua ligação com as aspirações enraizadas na sociedade de origem é possível o renascimento do alto (3,3-7). A experiência iniciática fundamental mostra-se, assim, estruturada pelo fracasso (abaixamento), mas logo em seguida pela comunicação de uma força extraordinária estranha ao mundo (elevação; 20,19-23), motivada pelo relacionamento dialético entre estratégias e escopos do mestre e que a sociedade circunstante radicaliza ao extremo (cf. Destro-Pesce, 2000).

3. A iniciação dos discípulos realiza-se definitivamente na cena da aparição de Jesus depois de sua morte. O fato significativo acontece a portas fechadas, com os discípulos reunidos (20,19-23). O isolamento do lugar é símbolo da especificidade do processo reservado aos discí-

pulos. O processo torna-se conhecido e é experimentado dentro de um ambiente totalmente reservado.

É nesse momento que os discípulos fazem a experiência do corpo ressuscitado do mestre que havia sido assassinado. É a experiência da ressurreição percebida nas aparições inesperadas, juntamente com a experiência da infusão ou do sopro do espírito, que opera o renascimento, a transformação, a passagem da morte para a vida. É a fase da qualificação final do grupo.

O ato físico do sopro marca o momento exato em que se inaugura concretamente o novo *status* do discípulo pela própria eficácia do ato realizado (cf. Destro-Pesce, 2000, p. 93-96). Ele, além de momento caracterizante de todo o processo iniciático, é também seu cumprimento. De agora em diante os discípulos são, na terminologia do redator, "filhos de Deus" ou "gerados por Deus", isto é, encarnam o ideal da regeração por obra divina (Jo 3,3-7). Ele se coloca como o ideal religioso do pensamento joanino (cf. 4,21-25) e como a marca desse tipo de discipulado.

Sem o sopro, os discípulos não teriam chegado à condição de verdadeiramente iniciados. No rito do sopro acontece uma transformação no relacionamento entre mestre e discípulos, uma inédita aproximação com o líder. A força que pertence ao mestre é transferida, literalmente infusa, sobre os discípulos (Destro-Pesce, 2000, p. 93-96). É a partir desse momento que os discípulos adquirem a capacidade de agir. Podem "seguir" o mestre, ir aos lugares em que ele os havia precedido (antes não podiam). O sopro é, portanto, o ato constitutivo e definitivo de uma união aperfeiçoada. Não se trata mais simplesmente de uma relação vertical com o mestre; é chegada a hora de uma nova integração.

Depois do sopro os discípulos não são apenas aqueles que aprendem e que seguem um guia, mas os que assumem e exercem uma função e um poder particular, independentemente da presença física do mestre. A força sobrenatural age neles à medida que liberam sua própria disponibilidade (a exemplo do caso de Tomé, que, não obstante sua incredulidade inicial, crê; cf. Jo 20,27-28) e agem motivados por terem adquirido um *status* que os torna capazes de realizar sua própria missão.

4. Contudo, com a morte de Jesus, o grupo de discípulos parece acéfalo, privado de seu mentor. Como já se viu, todos os discípulos se encontram numa situação de medo, de paralisia, por causa da hostilidade externa. Sobretudo porque estão privados de um mestre vivo e que pode ser tocado, ao qual possam referir-se concretamente. O drama é muito significativo. *João* atribui um significado especial a esse estado de coisas.

É a privação da presença física do mestre que transforma em comunhão permanente a comunidade dos discípulos que receberam o espírito mediante o sopro. Inaugura-se uma união indissolúvel e permanente com o líder, porque com ele teve início uma corrente de comunicação vital e não contingente. E ela é um dos elementos fundamentais e mais fortes de que o grupo pode dispor. De agora em diante o discípulo tem necessidade de manter contato com o mestre desaparecido, mas que está vivo junto de Deus. Essa procura de contato é uma das características significativas da história sucessiva dos discípulos que assumiram como próprias as funções do mestre.

Em outras palavras, as aparições têm uma função essencial para a definição do grupo. Depois da ressurreição, *João*, de fato, traz uma sequência das aparições de Jesus, que retornou à vida (a Maria Madalena, aos discípulos reunidos, a Tomé com outros discípulos, aos discípulos sobre o mar de Tiberíades). O redator quis mostrar com esses episódios a dimensão ou o cenário sobrenatural na vida do grupo. Reativando, dessa maneira bastante própria, a comunicação com o líder, as aparições têm a função de juntar e consolidar os discípulos para uma nova confiança e dedicação ao mestre. Se Jesus é vivente e aparece, como o faz muitas vezes, os discípulos percebem, aos poucos, que têm a garantia de um apoio constante e perene por parte do líder, mesmo que ele já não esteja continuamente com eles. Se a morte deixou acéfalo o grupo inicial dos discípulos, isso foi apenas um episódio momentâneo. A ressurreição restaura a situação de fraqueza; por meio das aparições de Jesus, retornado à vida, o grupo continua a subsistir como expressão e emanação de um núcleo central ativo e participante.

6. Observações para conclusão

O modelo iniciático do grupo de João facilita fazer com que os próprios grupos joaninos se liguem a Jesus. Jesus torna-se sobrenaturalmente presente por meio de um rito no qual ele transmite o espírito a todos os discípulos.

A distância entre o discipulado joanino e o Jesus histórico parece muito significativa. A convivência com Jesus durante sua vida não é o elemento essencial para que se tenha propriamente um grupo de discípulos. Eles têm necessidade de receber o espírito, e isto somente será possível depois da morte de Jesus. O que um discípulo podia compreender do mestre vendo suas ações e escutando diretamente suas palavras é uma compreensão bastante parcial, inferior à que pode ter alguém que jamais tivesse visto Jesus, graças à posse do espírito e a suas revelações. Se para seguir Jesus era necessária a separação da família, da profissão e da posse de bens, agora se faz necessária uma ligação de tipo sobrenatural com ele, mediante o espírito. O escopo da vida religiosa é uma experiência de uma vida nova que os discípulos de João denominam de renascer de novo, renascer do alto.

2

As Comunidades Paulinas dos Santos e Irmãos

1. A identidade das *ecclesiai* paulinas

As cartas de Paulo são os mais antigos escritos do cristianismo primitivo. Elas nos oferecem uma documentação sociocultural direta em sua grande parte, embora sempre do ponto de vista particular de seu autor – que nos possibilita conhecer algumas fases iniciais da construção de um sistema religioso (cf. Rappaport, 1999)[1] do mundo antigo. Elas constituem, primeiramente, uma ampla documentação sobre a pregação que Paulo desenvolvia. Sua atividade sempre foi dirigida, intencionalmente, para a fundação de formas particulares de grupos religiosos que ele chamava de igrejas (*ecclesiai*). A respeito da natureza social das comunidades paulinas, a respeito das possibilidades de confrontá-las com outras formas de grupos religiosos do tempo e de como avaliar sua originalidade foram levantados muitos questionamentos, pelo menos desde os tempos do livro fundamental de W. A. Meeks, *First Urban Christians* (1981).

---

[1] Cf. também Boyer, 2001.

Não podemos fugir de um questionamento: que tipo de projeto e de ideal Paulo faz incidir sobre as comunidades que ele funda?[2] Agora queremos refletir, baseados nos textos, não tanto sobre a realidade efetiva das comunidades fundadas por Paulo, mas sobre os caracteres ideais que ele pretendia que elas assumissem e sobre a identidade que ele lhes atribuía.

Os termos com os quais Paulo define a identidade dos membros das *ecclesiai* são principalmente dois: "os santos" (*hoi haghioi*) e "os irmãos" (*hoi adelfoi*). O primeiro parece pertencer a um âmbito de natureza extra-humana, porque implica, antes de tudo, uma noção que faz referência direta ao fato de que Deus é *haghios* (santo). Esse adjetivo, assim como seu equivalente hebraico *qadosh*, significa tanto a sacralidade como a santidade, que as línguas latinas distinguem.[3] O segundo termo ("os irmãos"), pelo contrário, chama a atenção, em primeiro lugar, para a realidade de ordem sociocultural. As características dos membros dos grupos ficam assim definidas de dois modos diferentes. O primeiro apelativo exprime uma qualidade (a santidade) que cada um recebe em si mesmo e parece dividir a humanidade em dois blocos contrapostos (os santos e aqueles que não o são). O segundo exprime a natureza e o caráter do relacionamento interno

---

[2] Paulo não se limitava a fundar comunidades, mas também se preocupava com sua consolidação e com sua adesão à doutrina, intervindo concretamente para modificar aquilo que considerava desvio do projeto ideal comunitário que ele se propusera.

[3] Sobre o conceito de sagrado, sobretudo em relação ao presente contexto, cf. Dupront, 1993. Eliade, 1973, Eliade, 1976, p. 3-4; Filoramo, 1993, p. 127-154; Jenson, 1992; Müller, 1982; Durkheim, 1990; O'Dea, 1968; Otto, 1976. Sem levar em conta várias recorrências de *haghios* enfocamos somente o uso do verbo *haghiaso* (Rm 15,6; 1Cor 1,2; 6,11; 7,14; 1Ts 5,23); *haghiasmos* (Rm 6,19.22; 1Cor 1,30; 1Ts 4,3.4,7); *haghiotes* (2Cor 1,12); *haghiosine* (Rm 1,4; 2Cor 7,1; 1Ts 3.13). Para os termos relativos à pureza, cf. 2Cor 7,1 (*katharizo*); Rm 1,24; 6,19; (katharos) 2Cor 7,11; 11,2; Fl 4,8 (*hagnos*), 2Cor 6,6; 11,3 (*hagnotes*). A respeito da impureza, encontramos em Paulo: *akatharsia* em Rm 1,24; 6,19; 2Cor 12,21; Gl 5,19; 1Ts 2,3; 4,7 e *akarthatos* em 1Cor 7,14; 2Cor 6,17 (incluída em uma citação bíblica).

da *ecclesia* e parece definir uma relação ou relacionamento intercorrente entre pessoas idealmente vizinhas e participantes de heranças comuns e de mútuos sentimentos, no sentido da partilha e da igualdade.[4] Na visão de Paulo, qual o sentido dessa distinção?

O fato de Paulo usar dois termos, "santos" e "irmãos", nos faz pensar que ele queira ressaltar, por meio dessa dualidade, um conjunto muito denso de categorias e de critérios. De resto, o modelo interpretativo da identidade que pressupomos não pode ser monolítico, mas plural. Os antigos estavam conscientes da possibilidade de uma possível pluralidade (no mesmo indivíduo) da identidade, como mostra, por exemplo, um texto do *De Officiis*, de Cícero (objeto do estudo, entre outros, de Hubert Cançik), que fala das quatro *personae* existentes em cada indivíduo.[5]

Por outro lado, os dois aspectos, santidade e fraternidade, não devem ser tomados de modo exclusivo e isoladamente de outros aspectos comunitários. Eles não exaurem o tema complexo da identidade dos membros da *ecclesia* e da forma com que ela se agrupa. Em trabalhos precedentes (Destro-Pesce, 1998a, 1998b), mostramos a coexistência da nova identidade ("o homem novo") com uma pluralidade de diversas pertenças e a

---

[4] Sobre o uso da terminologia familiar ("irmãos" e "irmãs") sabe-se que já era usado no mundo antigo para indicar ligações não sanguíneas. Cf. Arzt-Grabner, 2002.

[5] "É preciso entender que, naturalmente, somos dotados de duas personalidades. A primeira é possuída por todos, porque todos nós somos dotados de razão e daquela superioridade pela qual ocupamos o lugar mais alto entre os animais, superioridade da qual deriva qualquer sentimento de honestidade e de decência e da qual depende a faculdade de conceber algo como dever. A segunda, porém, é aquela que é atribuída a cada indivíduo em particular. Como no corpo estão presentes grandes diferenças [...] assim nos espíritos existem diferenças que são ainda maiores. (I, I,30). [...] a essas duas partes (personis), às quais acabamos de nos referir. Acrescente-se agora uma terceira que nos é imposta por circunstâncias especiais ou por acontecimentos especiais. Posteriormente soma-se uma quarta, que nós mesmos adaptamos para nós, escolhendo-a de acordo com nosso gosto (*quam nobismet ipsi iudicio nostro accomodamus* – I,I,32)". Cf. Cançik, 1996.

dialética, às vezes contraditória, entre identidade pessoal e identidade coletiva. Nesses estudos pareceu-nos que sempre a sacralidade exercesse um papel fundamental na construção da identidade. Por isso é que esta reflexão sobre a comunidade paulina se desenvolve sobre o fundo complexo da sacralidade, reflexão que não pretende ser exaustiva, abrangente de todos os aspectos da identidade social dessa maneira específica de comunidade.

2. Os "santos"

1. Na saudação inicial da *Carta aos Romanos*, da *Primeira* e da *Segunda Carta aos Coríntios* e da *Carta aos Filipenses,* Paulo dirige-se, por quatro vezes, aos membros das *ecclesiai* chamando-os "santos" (Rm 1,7; 1Cor 1,2; 2Cor 1,4; Fl 1,14). Sabe-se que os nomes e os apelativos valem como indicativos de realidades ricas e complexas (cf. Tambiah, 1995, p. 41-58). As expressões usadas nas saudações, nas invocações ou nos vocativos são formas rituais da linguagem. Às vezes algumas delas são cunhadas propositadamente para o uso religioso. Trata-se de expressões formalizadas, que por isso mesmo possuem uma inegável função estruturante e sinalética.

O fato de "os santos" ser o apelativo que aparece na saudação de abertura das cartas indica que para Paulo a "santidade" é uma qualidade distintiva primária da identidade de quem pertence à *ecclesia*. Ela é colocada em evidência e usada para definir, intencionalmente, os destinatários das cartas. É importante que em todos os quatro casos citados o substantivo "os santos" esteja precedido pelo particípio passado "chamados" (*kletoi*). "Chamado" é o mesmo particípio que, em outro lugar, sempre nas cartas de Paulo, precede o apelativo "apóstolo", que define a identidade do próprio Paulo. Resumindo, a forma fixa é a seguinte: "Paulo, chamado (ou eleito) (*kletos*) apóstolo aos chamados (ou eleitos) santos". Como a expressão "chamado apóstolo" indica que Paulo foi constituído em sua função mediante uma escolha e um ato de Deus, analogamente a "santidade" é divinamente comunicada aos fiéis. Já por esse modo de usar o termo vê-se que a santidade, segundo Paulo, parece

As Comunidades Paulinas dos Santos e Irmãos

definir uma condição recebida, que vem de fora graças a uma intervenção divina. Não se trata de uma qualidade produzida ou conquistada, efeito do comportamento moral do indivíduo.

Pelo fato de o termo "chamado" se referir tanto a Paulo quanto aos membros da assembleia, parece que se quer atribuir a essa última características e perspectivas especiais, entre as quais é determinante o conceito de participação em um único desígnio de unidade e de identidade compartilhada. Isto é, nela é valorizada tanto a homogeneidade do destino final quanto a necessidade da própria comunidade. Os "chamados" não são pessoas isoladas, e Paulo é "chamado" em função de uma unidade necessária entre todos os "chamados".

O termo "os santos" não pode ser entendido a partir de concepções atuais ou recentes do que é tido por santo ou do que seja a santidade. Para evitar qualquer equívoco talvez fosse melhor, pelo menos para começar, não se valer de traduções e usar somente os termos gregos *haghios, haghioi, haghiaso, haghiosine* etc. O termo *hoi haghioi* (os santos) é diferente em seu alcance daquele usado pelos cristãos dos séculos posteriores, pelo menos de acordo com dois aspectos fundamentais. Em primeiro lugar, ele é aplicado a todos os membros da *ecclesia*, o que significa que todos os membros são iguais sob esse ponto de vista, porque todos participam de uma condição compartilhada. No cristianismo dos séculos posteriores, pelo contrário, somente alguns serão considerados santos. Em segundo lugar, precisamente por causa dessa condição indiferenciada, ninguém possui características particulares ou prerrogativas no que se refere à divindade. Ser *haghios* não significa possuir alguma prerrogativa particular e muito menos ser objeto de veneração ou de culto por parte dos fiéis.[6] Significa ser parte de um "nós" coletivamente depositário de caracteres divinos que se tornam humanos, de qualidades sobrenaturais que se tornam "natureza".

---

[6] Cf. Filoramo, 1993, p. 149

Esses dois aspectos, isto é, que a santidade provém de Deus e que se trata de uma qualidade substancial e irrenunciável, são confirmados por todas as passagens do epistolário em que se afirma que a pessoa se "torna" santa, isto é, que é "santificada" (o verbo usado é *haghiaso*) "em Cristo Jesus" (1Cor 1,2; 1,30) e no Espírito Santo (*pneuma haghion;* Rm 15,16; 1Ts 4,8; cf. 2Ts 2,13). Em um desses trechos afirma-se que os fiéis foram "lavados", "santificados" e "justificados" (1Cor 6,11). A sucessão das fases – limpeza, santificação, justificação – põe em evidência (caso se pense que ser "justificado" implique uma conduta justa por parte do homem) como o aspecto moral, a participação da vontade do homem, que deve ser sempre o de maior relevo. Que esse trecho esteja falando de um aspecto essencial, fica claro devido àquelas passagens em que Paulo afirma que o *haghiasmos* (a santificação) dos fiéis é a vontade de Deus (1Cor 6,11).

Um trecho da Primeira Carta aos Tessalonicenses é fundamental sob esse ponto de vista:

> O próprio Deus da paz vos santificará (*haghiasai*) inteiramente, e estejam íntegros de modo irrepreensível para a vinda do Senhor Nosso Jesus Cristo, o vosso espírito (*pneuma*), a alma e o corpo. Aquele que vos chamou é fiel. Ele o fará (1Ts 4,4-7; cf. Rm 6,22).

Aqui, a santificação é atribuída claramente à fidelidade de Deus (1Ts 5,23; cf. também 1Ts 3,13),[7] e não ao trabalho do homem ("O próprio Deus vos santificará"), e é mostrada como o objetivo fundamental da vida religiosa. Parece, portanto, que o motivo pelo qual se formava a comunidade fundada por Paulo seja o de que se tornassem santos (*haghioi*). Portanto, essa comunidade, à qual se chega por desígnio e por chamado de Deus, assume um valor e uma forma excepcionalmente singulares.

---

[7] Cf. Filoramo, 1993, p. 147-148

As Comunidades Paulinas dos Santos e Irmãos

Ao propor a "santificação" – característica essencial de quem participa da *ecclesia* – como a finalidade ideal da vida religiosa, Paulo não faz outra coisa senão religar-se a um dos modelos religiosos mais clássicos do judaísmo bíblico. Na cultura judaica contemporânea ao desenvolvimento do primeiro cristianismo, era realmente muito difundida uma vigorosa concepção do que seja *qadosh* (Lv 11,44-45;[8] 19,2, 20,7; 20,26; cf. Dt 7,6; 14,2 e também Êx 19,6). A santidade, ou melhor, a santificação do povo funda-se exclusivamente sobre um relacionamento particular com Deus, única realidade que é sagrada. Isso significa que o vínculo comunitário vem de fora da comunidade. É idealmente imaginado como vindo por sobre a comunidade. Contudo, isso leva a consequências e efeitos que atingem a estrutura da sociedade, as prerrogativas concretas dos santos, a função mesma da vida cultural. Em outro lugar falamos das consequências sociais desses aspectos, a propósito daquela frase de Paulo em que ele, na Primeira Carta aos Coríntios, afirma que é um "espetáculo" para os de "fora":

> Porque, ao que parece, Deus nos tem posto a nós, apóstolos, na última classe dos homens, por assim dizer sentenciados à morte, visto que fomos entregues em espetáculo ao mundo, aos anjos e aos homens (1Cor 4,9).

Tudo o que Paulo faz é, na verdade, particular, mas acontece em público, é um espetáculo visível por todos. Manifesta-se em experiências vividas como, por exemplo, a difícil vida itinerante do apóstolo. Tudo o que o apóstolo faz deve ser mostrado ao mundo (Destro-Pesce,

---

[8] "Vós vos santificareis e sereis santos, porque eu sou santo (LXX: *haghiasthêseste kai haghioi esesthe, hoti haghios eimi egô kyrios ho theos hymôn*); Não vos contaminareis (ou *mianeite tas psychas hymôn*) com esses animais que se arrastam sobre a terra, porque eu sou o Senhor que vos tirou da terra do Egito para ser o vosso Deus. Sereis santos porque eu sou santo (LXX: *kai esesthe haghioi, hoti haghios eimi egô kyrios*)" (Lv 11,44-45).

1995, p. 31-33). E isso vale também para a vida concreta dos santos que se traduz por isso, necessariamente, em experiências sociais e fatos culturais.

2. Na história religiosa judaica a sacralidade é estreitamente ligada, e de modo exclusivo, ao povo judaico (*am'Israel;* veja-se o estreito paralelismo entre a santidade de Deus e a do povo nas passagens acima citadas do Levítico e do Deuteronômio). Por exemplo, em Dt 14,2, na versão dos LXX, afirma-se que somente Israel é o povo santo (*haghios*) em comparação com os outros povos (*ta etne*).[9] Na verdade, o "sagrado" pode manifestar-se de diversas maneiras e em diversos momentos da vida: nos progenitores, no templo, na Torá, na terra e sobretudo no próprio povo. A participação nesses diversos aspectos, como, por exemplo, o fato de serem descendentes de santos, cria uma religiosidade que pressupõe ou pretende a existência de um povo distinto e eleito (santo), cuja vida seja regulada por uma lei emanada da fonte divina. Isso vale ao menos para alguns dos principais movimentos do judaísmo, dado que as concepções relativas ao sagrado e a sua atribuição e localização variam de grupo para grupo. Contudo, o que não é colocado em discussão por nenhum movimento interno ao judaísmo é que o mundo externo, não judaico, esteja excluído da participação no sagrado pelo único motivo de não pertencer ao povo santo.

Portanto, o projeto paulino mantém a ideia típica de toda corrente judaica, de que existe uma única fonte do sagrado. Nunca é colocada em discussão a ideia de que o sagrado tem de ser único. Pouco importa que o lugar da transmissão seja o povo de Israel e seu templo ou o Cristo e a *ecclesia*. Nisso as cartas paulinas se distanciam nitidamente não do ju-

---

[9] "Porque és um povo consagrado ao Senhor, teu Deus, o qual te escolheu para ser um povo que lhe pertença de um modo exclusivo entre todas as outras nações da terra."

daísmo, mas da concepção greco-romana da pluralidade do sagrado, de sua difusão e manifestação em muitos lugares. Na religiosidade greco-romana o sagrado é aquilo que está presente nos objetos, nos fenômenos naturais, nas estátuas, nos templos e sempre em uma multiplicidade de lugares *que não se excluem*. Essa distinção entre judaísmo e o pensamento paulino de um lado e a religiosidade greco-romana de outro é absolutamente fundamental e assinala uma diversidade entre dois tipos de sistemas religiosos. Estabelece orientações de profundo alcance que são origens de tradições diferentes.

Se Paulo não coloca em discussão o princípio judaico que fundamenta a necessidade da relação com a única fonte do sagrado que é o Deus único ("sede santos, porque eu sou santo"; Lv 11,44-45; 19,2; 20,7; 20, 26), coloca, porém, em discussão os caminhos e os modos de se acessar o sagrado. O que santifica, o que torna possível a participação da santidade de Deus, é a união com o Senhor (*Kyrios*), isto é, com Jesus que, depois da morte, tornou-se um ser sobrenatural. Essa união está firmada na fidelidade/confiança nele.

Devido a essa concepção podemos interrogar-nos mais profundamente sobre o que significa os membros das *ecclesiai* paulinas serem chamados de *haghioi*. A resposta é que a condição de santidade permanece por causa de uma comunidade de santos que são ao mesmo tempo os "chamados". Aos que pertencem à *ecclesia* foi dirigido o convite essencialmente utópico de serem fiéis às condições da santidade. Isso poderia significar que lhes é imposto um modelo ou estilo de vida concreto e fixado normativamente ou então uma estrutura mental de renovação interior ou de reorientação tendo em vista objetivos morais específicos. É muito significativa a comparação de termos tais como "santos" e "chamados", ou seja, de pessoas que só podem ser consideradas a partir de sua participação nas condições da divindade ou por oposição a ela. A incumbência para os "santos" é apenas uma: conformar-se a um projeto e a um processo religioso que um pregador e líder como Paulo julga que é seu dever difundir. Paulo, contudo, não exige a subordinação a sua pessoa (e por isso não funda uma organização de tipo discipular), mas a um destino de santificação ao qual os membros da *ecclesia* foram chamados por Deus. A uniformidade dos santos, dentro da *ecclesia*, faz com que o grupo seja total e obrigatoriamente solidário, em vista dos fins comuns. Estamos diante de uma concepção cultural para a qual a santidade, como se disse, manifesta-se como força agregante da comunidade, como origem e fundamento do vínculo comunitário.

De fato, no entendimento paulino, o acesso àquilo que é *haghios* somente pode dar-se através de uma nova maneira de se associar, a "assembleia de Deus" (*ecclesia thou theou*).[10] O paulinismo tem a tendência de negar a existência de formas de acesso ao que é *haghios* em outros tipos de comunidade, por exemplo, na *polis*. A *ecclesia* não coincide com nenhuma outra forma de associação pré-existente, nem com a sociedade familiar, nem com a sociedade política (Destro-Pesce, 1995, p. 26-28). Precisamente por causa dessa concepção do sagrado como força de união na dimensão cultural coletiva,[11] na *ecclesia*, o paulinismo das origens, de maneira não diferente do judaísmo, não tem como escopo uma experiência religiosa exclusivamente individual. Tem em mira, antes, a dimensão fundamentalmente comunitária. A participação com a força proveniente do divino, comunicada na pregação, não é fundamento de um relacionamento meramente individual com Deus. Pela mesma razão de haver aderido, o neófito se insere em um ambiente ou comunidade, assumindo suas características e suas finalidades.

---

[10] Essa expressão é bastante notória no epistolário paulino (cf. 1Cor 1,2; 10,32; 11,16.22; 15,9; Gl 1,13; 1Ts 2,14). A respeito do conceito de exclusividade, além das observações que faremos em seguida, veja, por exemplo, 1Cor 14,24-25, onde a reunião da *ecclesia* é vista como o lugar em que se manifesta a conversão escatológica dos gentios para o único Deus (cf. Pesce, 1994, p. 163-218).

[11] Sobre o sagrado como força de união na dimensão coletivam, cf. Filoramo, 1994, p. 39-42.

3. Agora é oportuno levantar um questionamento sobre o modo pelo qual a transmissão daquilo que é *haghios* tenha responsabilidade na formação da *ecclesia*. De que modo essa forma comunitária permite o acesso à fonte do sagrado que de fato é o único Deus? Para Paulo, a transmissão daquilo que é *haghios* manifesta-se principalmente na pregação, ou seja, em uma *performance* oral, um "chamamento" ou "eleição" (de acordo com o significado que se queira atribuir à palavra *klesis* (1Cor 26-29). O chamamento é público e não é reservado a alguma categoria especial de pessoas. Trata-se de um *logos* (palavra), de um *kerygma* (anúncio), de uma transmissão, portanto, mediante a comunicação pessoal e verbal (2Cor 12,12). Isso que dizer que estamos diante de uma comunidade em que, por exemplo, as pessoas não se reúnem em torno de um texto sagrado ou de qualquer outro aparato ritual. Não se trata de comunidades "escriturísticas", mas de formas de associação que, juntamente a uma mensagem, têm a certeza de terem obtido um dom divino particular (que Paulo chama de "santificação"). É isso o que distingue o caráter desse modo de se associar e de se diferenciar do restante da coletividade, de outros núcleos ou grupos.

Contemporaneamente à pregação, às vezes a força criadora, primigênia e divina, comunica-se também de modo físico e corporal. Produz sinais prodigiosos (*semeia, dynamis*) na forma cultural de cura dos doentes ou do exorcismo sobre os possuídos por poderes negativos. A importância desses efeitos sobre o corpo é demonstrada pelo fato de que Paulo afirma que "sinais e atos portentosos" são prova da autenticidade de um verdadeiro "enviado" (apóstolo) para levar o anúncio (2Cor 12,12). Palavra e transformação corpórea parecem inseparáveis ou, pelo menos, estão estreitamente ligadas.

4. Na visão de Paulo, a aceitação da "vocação", que possibilita e condiciona a imissão na *ecclesia*, não pode ser entendida no sentido contemporâneo de uma escolha voluntária individual e intencional. Deve ser entendida como uma comunicação da "*doxa* de Deus" (2Cor 3,18). O termo grego *doxa* – na acepção assumida pela linguagem religiosa ju-

daica – é uma característica da substância divina que se manifesta através do esplendor. Trata-se de uma luz criadora que, graças à pregação, penetra até a interioridade do homem:

> Mas todos nós temos o rosto descoberto, refletimos como num espelho a glória (*doxa*) do Senhor e nos vemos transformados nesta mesma imagem, sempre mais resplandecentes, pela ação do Espírito do Senhor (2Cor 3,18).

O homem torna-se, pois, investido por uma emanação da substância divina. A interioridade da pessoa absorve essa força sagrada e por ela é transformada. Paulo afirma: "E nos vemos transformados nesta mesma imagem, sempre mais resplandecentes" (2Cor 3,18). Essa comunicação gradual e cumulativa acontece, de acordo com Paulo, graças ao espírito daquele que agora ele chama de *kyrios*.[12] A *ecclesia* no pensamento paulino não é, portanto, somente uma comunidade de orantes ou de praticantes, mas uma comunidade de quanto foram tornados participantes da *mesma força divina*, submetidos a um processo de participação exclusivamente naquilo que é *haghios*.[13]

---

[12] Em outras palavras, a força do sagrado revela e comunica ao indivíduo aquilo que ele é e deveria ser segundo o plano de Deus (isto é, sua imagem).

[13] A transformação do fiel por obra da força sagrada do espírito *haghios* acontece, conforme a concepção de Paulo, também no batismo (cf., por exemplo, 1Cor 12,13; 2Cor 1,21-22; Gl 4,6; Rm 7,6; 5,5; 8,9-11; 1Cor 3,16; 6,11-19). É o que ensina a exegese (cf. Penna, 1991, p. 651-654). Contudo, nós nos limitamos a ressaltar aqui que a força transformadora sagrada toma conta do homem já no momento em que acolhe o anúncio evangélico, o que é menos ressaltado pela exegese. Devido ao mesmo motivo, não nos dedicamos ao tema mais que central do corpo de Cristo (cf. Penna, 1991, p. 660-663) e também ao exame de todos os fenômenos pneumáticos nos quais se manifesta a força sagrada do *pneuma*. A respeito desse último tema, vê-se como é fecunda a colocação de O'Dea, 1968, p. 41-44, que relembra também a concepção de carisma juntamente com a de sagrado, sobre o fato de que os fenômenos pneumáticos exercem um papel fundamental nas comunidades paulinas (é central o trecho de 1Cor, 12-14. Cf. Pesce, 1944, p. 125-218). Também a ceia do Senhor poderia ser estudada sob o ponto de vista do conceito de sagrado – cf. Pesce, 1990.

Acrescente-se que a comunicação da *doxa*, porque é sobrenatural, permite aos membros da *ecclesia* – não eticamente perfeitos – sentirem-se garantidos perante a autoridade institucional e os demais escalões sociais de que participam. É por isso que o termo *haghioi*, como explicamos desde o início, é o termo técnico que define e dá identidade a todos os que participam da *ecclesia*. Desse ponto de vista pode-se verdadeiramente dizer que *haghios* é o que une com a mesma identidade o indivíduo à coletividade. A unidade e o valor do grupo religioso dependem da unidade e indivisibilidade dessa força divina.

5. Concluindo. É preciso questionar a natureza tanto da experiência comunitária paulina como sobre suas diferenças para com outros tipos de associação religiosa. Vimos que se trata de comunidades que procuram um contato direto com uma força ultra-humana que vem de fora ou aspiram a isso. O que as caracteriza não é um livro ou uma doutrina. Nesse aspecto, os agrupamentos dos indivíduos são informais, mas inspirados pela política da força compartilhada de uma energia criativa e comum. Dispõem de recursos que são sustento para grandes esforços humanos, eficazes no plano da realização de grandes inspirações religiosas. Do ponto de vista prático e comportamental, essas associações não podem ser julgadas pelo número de seus participantes ou pela atividade visível de seus adeptos ou admiradores. Devem ser julgadas com base em um conjunto de valores implícitos e ideais interiorizados que ajudam, individual ou coletivamente, tanto a autorregulamentação interna quanto a influência sobre o mundo circunvizinho. Quanto a isso é bom lembrar que é difícil determinar diretamente tais valores e ideais. Às vezes são apenas indícios que permitem eliminar alguns "limites" entre os grupos e as comunidades (cf. Barth, 1969; Remotti, 1996).

Para esclarecer em que medida esse ideal comunitário paulino se diferencia de outras propostas de vida e de participação comunitária, pode ser útil uma comparação, baseada em indícios indiretos. As experiências

Formas Culturais do Cristianismo Nascente

judaicas tinham seu centro na total concentração de "todas as forças" do homem em Deus. Tal ideal se encontra na oração judaica *Shemá*.[14] Tanto em Dt 6,4-5 como em suas interpretações rabínicas (Pesce, 1985, p. 31-32) existe uma tríplice repetição: que convida a amar a Deus "com todo o coração, com toda a alma, com todas as forças" e a adorá-lo com a "totalidade" do próprio ser. Essa dimensão de totalidade do empenho do homem em busca de Deus é aceita também por Paulo. Ele, de fato, insiste sobre a necessidade de que "*todo íntegro* o vosso *pneuma* e a alma e o corpo sejam guardados de modo irrepreensível" (1Ts 5,23). O empenho ou o compromisso total que Paulo tanto aconselha lança alguma luz sobre os deveres ou expectativas dos que pertencem a esse tipo de comunidade judaica. Parece-nos que a totalidade de que se fala produz um forte direcionamento para o interior, diferenciando-se do exterior. Para Paulo, essa orientação de todas as partes do homem para Deus realiza-se especialmente pela irrupção da força divina sobre os *haghioi*: "O próprio Deus da paz vos santificará (*haghiasai*) totalmente" (1Ts, 5,23).[15]

---

[14] A respeito da Shemá, cf. Elbogen, 1931, p. 16-26; Urbach, 1975, p. 25-21; Hoffman, 1979, p. 24-49; Pesce, 1985, p. 2914; a respeito de *Shemá* em Paulo, cf. Pesce, 1994, p. 98-101.

[15] Que a santificação se realiza por meio da pertença a Deus é mostrado também em outras passagens de Paulo. Em Rm 15,15-16, a santificação coincide com o ser oferecido a Deus, isto é, pertencer a ele "em virtude da graça que me foi dada por Deus, de ser o ministro de Jesus Cristo entre os pagãos, exercendo a função sagrada do Evangelho de Deus". Também na 1Cor 6,17-20 a santificação operada pela presença no corpo da força sagrada do espírito inclui claramente uma pertença a Deus: "Quem se une ao Senhor forma com ele um só espírito [...] Ou não sabeis que o vosso corpo é templo do Espírito Santo que está em vós e que possuis por parte de Deus, e que não pertenceis a vós mesmos? De fato, fostes comprados por um preço muito caro". Enquanto o Deuterônomio afirma que existe um só Deus, Paulo introduz uma modificação importante, acrescenta que existe também "um só Senhor Jesus Cristo, mediante o qual existem todas as coisas, e nós também" (1Cor 8,6). É a mediação de Cristo que torna possível a comunicação entre Deus e o homem, tanto de cima para baixo como de baixo para cima. É Cristo que torna possível a santificação. É verdade que Paulo afirma claramente que o verdadeiro culto é uma *loghikê latreia* que não consiste em ofertas de sacrifícios, mas

As Comunidades Paulinas dos Santos e Irmãos

Em resumo, as comunidades paulinas parecem inseridas no mundo cultural judaico, porque se baseiam nos ideais judaicos da total orientação moral do homem para Deus. A característica específica dessas agremiações judaicas paulinas consiste em que sua experiência comunitária possibilite uma santificação de tipo mais radical e intenso porque depende da comunicação da própria santidade de Deus que penetra o interior de cada pessoa, transformando-a tanto no *pneuma* como na *psyche* ou no *soma*.

Nossa pretensão não foi exaurir a grande variedade de significados do termo *haghioi*. Contudo, o esforço de determinar sua dimensão tem, pelo menos, a intenção de trazer à luz alguns de seus aspectos específicos, particularmente sua força sobre os fenômenos de agregação, que são, muitas vezes, deixados na penumbra pelas explanações tradicionais.

3. Os "irmãos"

1. É surpreendente que em Paulo apareça uma dualidade que às vezes parece até uma divergência entre o apelativo "santos" e o apelativo "irmãos". "Irmão" não é um conceito religioso no sentido estrito do termo e se relaciona mais com a terminologia socioparental[16] e com os círculos dos relacionamentos intrafamiliares primários. Para compreender seu sentido é preciso questionar-se por que Paulo, depois de ter chamado "santos" os membros da *ecclesia* (no início das cartas), sente depois a necessidade de definir ainda mais sua identidade. Por que não se limitou a usar somente o termo "os santos" ou somente o termo "os irmãos", se ele manifesta alguma preferência por um ou por outro?

---

na oferta de uma "vítima viva", que são "os corpos" (*sômata*) dos fiéis (Rm 12,1). Mas esses corpos devem ser santificados por Cristo, de tal modo que permaneça o objetivo da santificação, que é o de se tornarem sagrados como sagrado é Deus.

[16] Sobre o valor, as variações e o sentido da terminologia parental, cf., entre outros, Fox, 1977, p. 257-280; Harris, 1993, p. 167-169; Lévi-Strauss, 1969; Héritier, 1984.

Os apelativos duplos que definem os membros da *ecclesia* aparecem, sobretudo, nas passagens em que o ideal da "santificação" não é apresentado isoladamente. No capítulo quarto da Primeira Carta aos Tessalonicenses, Paulo lembra os preceitos que deixou à comunidade no momento da evangelização e enumera em primeiro lugar a necessidade de abster-se da *porneia* (4,3-8), e em segundo lugar solicita, como se verá mais adiante, o amor para com os irmãos (*filadélfia;* 4,9-10a).[17] O fato de as transgressões sexuais serem tratadas paralelamente ao preceito da coesão e da ajuda fraterna confirma a impressão de uma duplicidade ou presença simultânea (mas não de uma divergência). Juntos caracterizam um modo de viver. Definem, sobretudo, a maneira de participar na vida sociofamiliar, em níveis coletivos formais, e principalmente os que dizem respeito mais diretamente às potencialidades pessoais e interiores. Dirigem-se à reprodução das famílias, aos grupos de parentesco e à política relacional complexiva dos novos setores religiosos (que seriam os possíveis aliados ou os possíveis inimigos). Essas duas preferências normativas, assim, jogam implicitamente luz sobre os critérios matrimoniais e de reprodução, sobre os graus de integração familiar e comunitária dos seguidores de Jesus, em meio à sociedade mais ampla.

Para a linguagem sociológica os "irmãos" (*adelfoi*) são os que provêm de um único grupo familiar, mas não necessariamente de uma única mãe e de um único pai. O elemento que determina a condição de quem é irmão é, com certeza, uma origem convencionalmente compartilhada. Geralmente, os irmãos não são totalmente iguais entre si. O primogênito distingue-se dos outros e, em casos específicos, um irmão mais novo pode sobrepujar os outros e assumir a prioridade, mesmo causando

---

[17] É significativo que para explicar a necessidade de se abster dos pecados sexuais Paulo, embora se referindo explicitamente à necessidade de não se enganar os irmãos sobre esse ponto, apela para a necessidade de se obedecer à vontade de Deus, que deseja a santificação (*haghiasmos*) do fiel.

conflitos. No mundo antigo, como também em toda sociedade (mesmo as que possuem sistemas normativos e ideais diferentes), a relação entre irmãos não é uma relação de igualdade perfeita. Trata-se de uma relação em que entram muitos componentes estruturais ou intencionais. Em seu interior não se podem excluir profundas formas de aliança e de identidade, nem subordinações necessárias e aceitas, concorrências, tensões e rivalidades. Tudo isso faz da "comunidade dos irmãos" um grupo muito forte e solidamente estruturado entre os membros, mas não de forma igualitária, ou entre os que se organizaram hierarquicamente. A necessidade da solidez da relação fraterna é sentida pelos próprios irmãos, considerando que sua união não resulta de uma escolha eletiva ou voluntária entre pessoas separadas em sua origem. Trata-se de um fato que se impõe a eles por razões de nascimento. Isso significa, ao mesmo tempo, a aceitação por parte dos irmãos das diferenças particulares. A relação entre irmãos deve, porém, ser entendida como um relacionamento interpessoal em sentido estrito. Desenvolve-se entre os indivíduos como as modalidades usuais dos relacionamentos "face a face". De acordo com essa modalidade, os irmãos podem, potencialmente, ser escalonados em categorias. Na caracterização de um grupo de pessoas mediante o termo "irmãos", as diferentes identidades e potencialidades de cada um aparecem em primeiro lugar, e as diferentes identidades e potencialidades de cada indivíduo pesam na composição do relacionamento de fraternidade.

O relacionamento social entre irmãos (proveniente do núcleo parental) foi usado metaforicamente por Paulo para definir um relacionamento entre pessoas que não são unidas entre si por algum laço de parentesco. O assunto é significativo e programaticamente de importância primária. Por isso é preciso perguntar quais são os aspectos do modelo da relação parental entre irmãos (modelo que ele retira de sua cultura particular) que Paulo quer considerar como exemplar para a comunidade que ele funda e acompanha. Pelo que já vimos, o modelo subjacente à visão de Paulo consagra dois elementos: o relacionamento entre irmãos ultrapassa o indivíduo e não é voluntário, consiste em um relacionamento intersubjetivo que pode admitir também funções não simétricas. Pode-se, pois, pensar hipoteticamente que a dessimetria e a disparidade, para Paulo, devam ser redimensionadas tendo em vista uma esperada ou projetada homogeneidade religiosa. Enquanto a santidade produz e tende a conferir unidade a todos os componentes do homem particular (*pneuma, psiche, soma*). A condição de "irmãos" produz e busca uma unidade gradual de todos os membros do grupo. Em outras palavras, enquanto a qualificação de "santos" supõe uma entidade coerente e pré-fixada para cada indivíduo (e assim se estende a toda a comunidade), com o termo "irmãos" exprime-se uma unidade comunitária não monolítica, pelo contrário, até muito problemática. São muitas as passagens das cartas em que Paulo, em resposta a situações concretas, incita os "irmãos" a superarem as discórdias e as desuniões (1Cor 1,10; 6,8; 8,11-13). Para Paulo, trata-se de uma tensão que busca a comunhão entre "irmãos" e que implica uma coordenação de suas disparidades, uma homogeneização dos sujeitos e de suas expectativas, projetada e aceita.[18] Assim como a santidade exprime uma pertença a Deus e configura uma *doxa* divina radiante, a fraternidade exprime um específico vínculo interpessoal que cria e dá força, por outros caminhos, à agregação social e religiosa da *ecclesia*.

Na origem dos "irmãos", isto é, na origem da constituição da *ecclesia*, está para Paulo como vimos, a pregação, ou seja, a *clesis* (o chamamento) e a transformação dos fiéis por parte de Deus, de *doxa* em *doxa*. Contudo, a visão paulina, que colocava na pregação o manifestar-se da força sagrada de Deus e o elemento vital, origem dos "irmãos", nem

---

[18] Antropologicamente a união comunitária é definida tendo em vista os escopos que o grupo se propõe, além das pretensões individuais (cf. Destro, 1996, capítulo IV).

sempre estava de acordo com o relacionamento concreto dos neófitos com os pregadores (que lhes haviam anunciado a "vocação"). Deduzimos dos primeiros quatro capítulos da Primeira Carta aos Coríntios que surgia nas comunidades uma ligação muito concreta entre os neófitos e a pessoa do pregador e suas ideias particulares. Nasciam divisões (*cismas*) entre grupos com consequentes rivalidades (*erides*),[19] entre os que por Paulo eram chamados "irmãos" e que se definiam como "os de Apolo", "os de Paulo", "os de Cefas".[20] Paulo enxerga e combate o perigo de não se compreender a natureza da *ecclesia*, seja como uma unidade provinda de Deus, seja como uma fraternidade articulada em variedade de comportamentos. Às divisões ele contrapõe a necessidade de um relacionamento harmonioso e uma "unanimidade" concreta dos irmãos: "Rogo-vos, irmãos, em nome de nosso Senhor Jesus Cristo, que todos estejais em pleno acordo e que não haja entre vós divisões. Vivei em boa harmonia, no mesmo espírito e no mesmo sentimento" (1Cor 1,10).

O projeto paulino concebe uma situação em que os irmãos, além de toda a realidade social e pessoal, devem condividir seus pensamentos e seu conhecimento, e assim também se manifestar. Deveriam, então, de acordo com projeto de Paulo, ser homogêneos e unidos pelas mesmas convicções culturais e religiosas. De acordo com a ética do parentesco, deveriam viver em harmonia entre si porque são irmãos, e ao mesmo tempo se é irmão porque, mesmo se estando exposto à segmentação e à competição (cf. Gluckman, 1956; Evans-Pritchard, 1940), existe uma situação estrutural que permite estar junto e reconhecer o valor da solidariedade incondicional e da concórdia.

---

[19] A condenação da *eris* (discórdia, rivalidade, contraste, contraposição verbal entre grupos) é frequente em Paulo (Rm 1,29; 13,13; 1Cor 1,1; 3,3; 2Cor 12,20; Gl 5,20; Fl 1,15). O termo, no Novo Testamento, é encontrado somente em Paulo e em Tt 3,9 e 1Tm 6,4. Cf., igualmente, o termo *erithia* (Rm 2,8; 2Cor 12,20; Gl 5,20; Fl 1,17; 2,3).

[20] Sobre o tema, cf. Pesce, 1977, p. 241-159, passim.

De acordo com Paulo, o que fundamenta a união é Cristo.[21] Contudo, pode-se imaginar que por trás do conceito de "irmãos" esteja um ideal de concórdia e aliança, tornando fácil entender que quando Paulo fala de unanimidade e união para combater as discórdias, ele está imaginando a participação mais perfeita da comunidade dos irmãos. Resumindo, é somente o ser "irmão" que realiza, apesar de tudo, aquele relacionamento ideal de amor e fidelidade recíproca que supera e vence o sentimento de pertença que poderia unir os fiéis às diversas pessoas dos pregadores.[22] Os nexos verticais de descendência de um pregador (que poderiam ser igualados ao relacionamento mestre/discípulo) provocam contraposições e divisões e são repudiados por Paulo e substituídos por um relacionamento horizontal mais universal e abrangente.

2. Para tornar concreto esse discurso é preciso recolocar alguns dados, buscando, ao mesmo tempo, fazer uma análise dos termos. Afirmamos novamente que todo o epistolário, como é sabido, está recheado de apelos ao amor recíproco (*agapan allelous;* Rm 13,8; 1Ts 4,9), ao amor entre os irmãos (1Cor 13). A *filadelfia* é, claramente, um elemento primário da identidade e aparece, por exemplo, em 1Ts 4,9-12 como a característica que distingue a comunidade de Tessalônica em toda a Macedônia. Não é um conceito fácil de ser analisado quando se tem como ponto de partida as concepções modernas. É um termo, contudo, que em Paulo une mais ainda o relacionamento de fraternidade ao de intersubjetividade e talvez ao de reciprocidade entre os sujeitos (cf. Boissvain, 1974; Eisenstadt-Roniger, 1984).

---

[21] Com essa ótica, Paulo destaca o fato de que Cristo, no qual os coríntios foram batizados, é apenas um e não está "dividido" (cf. 1Cor 1,13). A unidade da *ecclesia* está fundada sobre a unidade de Cristo, do Espírito Santo e de Deus.

[22] A contraposição entre o amor recíproco (*ágape*) e as ligações de fraternidade e discórdia (*eris*) é explicada em Fl 1,16-17; 2,1-3 e Gl 5,20.22. O "fruto do espírito" é "amor, alegria e paz". Sobre o conceito de *ágape* nessa passagem, cf. Mussner, 1987.

Do que foi dito, pode-se concluir que ser "irmãos" é uma condição que se adquire com a aceitação da pregação (e com o rito do batismo),[23] mas para isso é preciso ser fiel e ter comportamento coerente. A necessidade de assumir comportamentos coerentes com a qualidade de "irmãos" aparece no epistolário com as denúncias de comportamentos específicos que contrastam com o amor recíproco. Um exemplo evidente disso são os trechos em que Paulo convida os membros da *ecclesia,* aos quais chama, às vezes, de "os de dentro" e os quais distingue dos "de fora" (cf. 1Cor 5,9-13), a renunciar às próprias convicções para não causarem escândalo "aos irmãos" no caso das comidas (1Cor 8,11-13; Rm 14,10-15).[24] O critério do amor para com os irmãos é igualmente determinante quando Paulo admoesta a não "enganar os irmãos" com comportamentos sexuais incorretos (1Ts 4,6).

Para esclarecer como o relacionamento de fraternidade entre "os de dentro" é uma característica da *ecclesia* é preciso examinar uma passagem que nos fornece muitos indícios a propósito do comportamento segundo o qual, na visão de conjunto de Paulo, o relacionamento entre irmãos deveria funcionar. O texto enumera casos – evidentemente muito sérios e preocupantes – em que alguns irmãos devem ser excluídos da convivência comunitária:

---

[23] Os ritos de iniciação constroem a identidade individual. Os ritos que agregam novos membros, de fato, colocam em perspectiva recíproca, como sustenta Augé (1944, p. 117-118), a pessoa e o outro, os homens, no plural, e o homem, no singular.

[24] Nessas passagens, a condição de "irmãos" evidentemente não está ligada às práticas de pureza, que Paulo não julga obrigatórias. Elas influem, contudo, no relacionamento entre "os irmãos" porque os induzem a moldar seu próprio relacionamento recíproco por meio do respeito da consciência alheia.

Em minha carta vos escrevi que não tivésseis familiaridade com os impudicos. Porém, não me referia de um modo absoluto a todos os impudicos deste mundo, os avarentos, os ladrões ou os idólatras, pois neste caso deveríeis sair deste mundo. Mas eu simplesmente quis dizer-vos que não tenhais comunicação com aquele que, chamando-se irmão, é impuro, avarento, idólatra, difamador, beberrão, ladrão. Com tais indivíduos nem sequer deveis comer. Pois que tenho eu de julgar os que estão fora? Não são os de dentro que deveis julgar? Os de fora é Deus que os julgará... Tirai o perverso do vosso meio (1Cor 5,9-13).

"Tirar o perverso do meio" significa introduzir uma nítida separação entre si e quem "se diz" irmão mas é um perverso. O perverso não é eliminado da sociedade global, mas apenas da própria *ecclesia*. Com isso fica claro um aspecto essencial da identidade dos membros da *ecclesia*, se não na concreta realidade social, pelo menos na perspectiva ideal de Paulo. Para a *ecclesia* é exigida uma santidade integral. Fica explícito inequivocamente que os perversos que devem ser expulsos são os irmãos que têm um comportamento moral incorreto.

De fato, a ordem de "não se misturar" com os irmãos perversos, ou melhor, de "nem mesmo tomar refeições em comum" pode ser, provavelmente, explicada pelo fato de que Paulo conserva o esquema judaico, de acordo com o qual tudo o que é "sagrado" não deve ter contato com o que é impuro. O que muda são os conteúdos da santidade e da impureza. O que é proibido por um contato que pode ser interpretado equivocadamente não é o perigo de uma contaminação. A santidade não é contrastada pela impureza ritual, mas pela maldade moral. Essa contraposição entre santificação e maldade moral é citada também em 1Ts 4,3-8. Nessa passagem Paulo exorta os tessalonicenses a fugirem da *porneia* e justifica essa exortação com o fato de que Deus deseja a "santificação" (*haghiasmos*) dos fiéis, e não sua impureza (*akatharsia*).

O texto em que se concretiza por excelência o problema social das relações interpessoais, de um ponto de vista estritamente legal da iden-

As Comunidades Paulinas dos Santos e Irmãos

tidade dos "irmãos", está na Primeira Carta aos Coríntios (6,1-10). É a passagem que espelha o caso dos irmãos que se encontram em litígio entre si e que se levam um ao outro ao tribunal dos "infiéis" (*apistoi*). "Mas um irmão litiga com outro irmão, e isso diante de infiéis!" (6,6).

Paulo queixa-se não tanto da situação incômoda, mas muito mais da "derrota" que uma briga representa para a comunidade e também do fato de que na *ecclesia* não sejam escolhidas, para resolver as situações litigiosas, pessoas sábias (*sofoi*), ou seja, "irmãos" dotados de particular maturidade e sabedoria. Nessa passagem, Paulo implicitamente sugere um afastamento da sociedade externa pelo repúdio de ações em tribunais, que devem ser substituídas por algum outro procedimento mais de acordo com a ética do grupo: um arbitramento feito entre irmãos. As relações entre pessoas qualificadas devem ocupar o primeiro plano. A própria natureza do relacionamento de irmão para irmão pareceria exigir, de fato, uma ética e uma justiça superiores ou mais sábias do que a dos juízes civis. Em outras palavras, na visão de Paulo existem na *ecclesia* um modelo básico de estrutura relacional e um modelo de justiça exclusivo. Os irmãos deveriam possuir um saber que lhes fosse particular e que as instituições civis responsáveis pela justiça não possuem. Por esse motivo, os juízes "não crentes" não podem intervir para julgar os irmãos, porque poderiam ignorar as normas e as bases éticas implícitas na *filadelfia* ou substituir a norma da *filadelfia* por outra regra moralmente inferior.

A *ecclesia* não pode sofrer nem a equiparação de identidade entre irmãos e não crentes nem a mistura entre irmãos e irmãos perversos, isto é, que se dizem irmãos. A *ecclesia*, por sua natureza, não está submetida às regras gerais da sociedade, mas é o lugar em que se realiza um modelo diferente de relações interpessoais, o ser irmãos (a *filadelfia*). Tudo isso significa, por sua vez, que a *ecclesia* não precisa ser legitimada externamente. Possui seus próprios simbolismos e identidades. Essa orientação definitiva, com base na interpersonalidade, realça o caráter de oposição da *ecclesia*, que, para usar as palavras de Eisenstadt-Roniger (1984, p.

288), desenvolve em seu interior "uma tendência de intensificar a idealização e a formalização" das relações interpessoais.

O sentido coletivo e horizontal do termo "os irmãos" é ressaltado muitas vezes nas saudações finais das Cartas (Romanos 16,14,23; Primeira aos Coríntios 16,20; Filipenses 4,21; Primeira aos Tessalonicenses 5,26-27). Ocorre aí uma espécie de inversão com o termo "os santos" que às vezes inicia as cartas. O primeiro aparece, igualmente, com insistência quando Paulo pede que as cartas sejam lidas "a todos os irmãos e também em outras *ecclesiai*" (1Ts, 5,27; cf. Cl 4,16) ou quando recorre ao vocativo em meio ao diálogo ideal que ele trava com seus destinatários.[25] Tudo isso reforça a imagem comunitária, basicamente binária, que dá sustento às *ecclesiai*.

Nem se deixe de lembrar que a variação entre "santo" e "irmão" tem sua limitação em um conceito bastante claro: os fiéis devem conformar-se a uma imagem suprema e paradigmática. Em Romanos 8,29,[26] Paulo atribui um conteúdo teológico ao termo "irmãos", que abre espaço para outros componentes da identidade. São irmãos porque na pregação foram chamados por Deus, que é "pai", para se tornarem "conforme a imagem de seu filho". O que fundamenta a fraternidade é a filiação em Deus. Por isso é a *conformidade* à imagem do "filho", o qual é definido como "primogênito de muitos irmãos". A *conformidade* à imagem do filho é o que não apenas faz com que todos os membros da *ecclesia* sejam iguais, mas também faz com que o próprio Cristo seja irmão, por ser o primogênito. O que fundamenta a fraternidade não é uma natureza comum ou uma pertença comum, mas o fato de que o pai divino faz de todos os participantes, mediante o filho, da própria imagem. A estrutura

---

[25] Encontramos mais de 60 casos nas sete cartas seguramente autênticas.

[26] Essa justificativa teológica implícita do termo "irmãos" é muito rara em Paulo. A respeito desta passagem, cf. Vanni, 1989, p. 161-163.

parental, em resumo, vivida no concreto do cotidiano é o que permite a Paulo construir metafórica e teologicamente o modelo ideal dos relacionamentos internos da *ecclesia*.

4. Observações para conclusão

Apresentamos um pequeno tratado, de cunho sistêmico, não histórico, das duas expressões, "os santos" e "os irmãos". Concentramo-nos sobre as relações conceituais e sociais que elas implicam e não discutimos a origem nem o desenvolvimento histórico dos termos no seio do cristianismo primitivo.

Acrescente-se que, de acordo com o ponto de vista histórico, o termo "os irmãos" é extremamente difuso na literatura cristã primitiva. "Os santos", pelo contrário, além das cartas paulinas e do *corpus* paulino, aparecem apenas na Carta aos Hebreus, no Apocalipse e no capítulo nono dos Atos dos Apóstolos. O uso extremamente frequente do termo "os irmãos" na comunicação de Paulo demonstra quão funcional e convincente era para o apóstolo essa designação. Contudo, é a expressão "os santos" a que melhor exprime uma característica explícita e consciente de seu pensamento. É o conceito de "santo" que serve para esclarecer o de "irmão". A transformação do indivíduo mediante a transmissão da única força sagrada divina é o que fundamenta, como se viu, a união entre os irmãos. Pode-se até dizer que o relacionamento de fraternidade tem seu enquadramento na santidade. Somente "os santos" podem e devem ser irmãos.[27] Na *ecclesia* só existem, ou melhor, só deveriam existir "santos".

---

[27] A comunhão é interrompida, mesmo na forma do "comerem juntos", quando os irmãos se comportam de maneira muito incorreta (cf. 1Cor 5,5-8 e 11-12).

O típico do sistema religioso de Paulo, como afirmado, é que o sagrado manifesta-se não em lugares ou objetos, nem apenas numa única assembleia, mas exclusivamente em todos e em cada um dos indivíduos que têm a fé (*pistis*) e que são batizados. Essa manifestação acontece não somente no *pneuma* e na *psiche* do homem, mas também em seu corpo (*soma*). Trata-se da santificação total mediante a transmissão de uma qualidade divina que pode, ou melhor, deve ser transmitida ao próprio corpo. Parece que nos encontramos diante de uma concepção particular pela qual se julga que a intimidade com o divino é possível e obrigatória para todos, mesmo na condição corporal. Mas esse é um tema que não pode ser tratado ainda.

3

Jesus Perante a *Oikos*: Conflito e Hospitalidade

Segundo os Evangelhos sinóticos, Jesus exige dos discípulos nítida separação do pai e da mãe, do cônjuge, dos filhos, da profissão e da posse de bens, enquanto o *Evangelho de João* não cita essas exigências. No que diz respeito ao abandono dos pais, temos a célebre afirmação de Mc 10,29 (e as passagens paralelas de Mt 19,29 e Lc 14,26). O abandono se refere tanto aos laços de consanguinidade estrita e afinidade familiar, que usualmente são entendidos pelo termo "família", quanto às formas da organização doméstica dos deveres e dos bens. Ambos os aspectos estão reunidos sob um único termo pelo conceito grego de *oikos*, o qual corresponde a um sistema de relações e de vínculos organizados.[1] Normalmente, os termos que se referem ao agrupamento parental expressam uma forma primária de organização, tanto no que diz respeito ao indivíduo como à coletividade, trate-se de vivos ou de defuntos, do ponto de vista da solidariedade, identidade e união. Tal organização é histórica e culturalmente bem determinada (Fortes, 1971, p. 8).

---

[1] O uso antropológico de *household* corresponde com maior fidelidade ao termo grego, que pode ser traduzido por agregado ou núcleo doméstico.

Não é possível aqui enumerar toda a variedade histórica dos modelos de grupos familiares-parentais. Nossa intenção é apenas notar que a "família" elementar ou nuclear de duas gerações sucessivas corresponde ao núcleo reprodutivo básico de qualquer sistema parental. O agregado ou núcleo doméstico (*household*), que inclui também pessoas não ligadas pela parentela, frequentemente pode abarcar mais de duas gerações, configurando-se um tipo estendido. Sua reprodução depende exclusivamente das relações parentais e é baseada em vínculos de natureza variada, com diferentes finalidades (voluntárias, laborais, afetivas etc.). Esses grupos têm finalidades que vão desde a reprodução à economia produtiva e ao consumo e se apresentam com diferenças notáveis, devidas a diversos modos de conceber e representar a descendência, a dinâmica conjugal, a filiação, a sucessão das gerações. E mesmo a palavra latina "familia" possui um sentido diferente de nosso termo contemporâneo "família", porque corresponde essencialmente ao grego *oikos* e ao conceito antropológico de núcleo doméstico (*household*).[2] Ela corresponde a agrupamento expandido e de significado não unívoco. Em Columella (De Re Rustica, I, V, 7) *res familiaris* indica a *aldeia* como propriedade. Gardner e Wiedemann distinguem quatro significados principais do termo *família*: "conjunto de pessoas unidas ou por laço jurídico estrito [...] ou, em sentido geral, conjunto de pessoas unidas por uma parentela menos forte"; "escravos"; "algumas pessoas que descendem, por laços de sangue, de uma única origem conhecida" (1991, p. 3-4). Falar de *oikos* significa referir-se a um intrincado de relações simbólicas e praticamente não

---

[2] Para se aplicar o termo *household* ao mundo pós-cristão são necessárias algumas premissas metodológicas. Nem no grego nem em latim existe um termo que corresponda à nossa palavra "família", como escreveu recentemente H. Moxnes. "Na literatura grega encontramos vários escritos que aprofundam o conceito de *oikononia*, isto é, a administração de uma *household*" (Moxnes, 1997, p. 20, que se refere a Finley, 1973, p. 17-21).

equivalentes que são realçadas alternadamente. Por isso um dos modos mais eficazes para se alcançar o mundo a que se referem os textos do cristianismo primitivo consiste em refazer alguns nexos ou quadros parentais e domésticos.

1. A dialética entre o movimento de Jesus e as *oikoi* na perspectiva do Evangelho de Lucas

1. Alguns anos atrás (cf. Destro-Pesce, 1995), esclarecemos a ausência dos pais no movimento de Jesus, com base nos Evangelhos de *Marcos, Lucas* e *Mateus*. O pai de Simão Pedro é citado para identificar Simão em João 1,42; 21, 15.16.17 ("Simão de João"), mas não é citado mais no Evangelho. Nos outros Evangelhos nem mesmo o nome é citado. Sorte semelhante cabe a Tiago, pai de Judas, citado em Lucas 6,16; 3,18; Lucas 6,15; Mateus 10,2 para distinguir o filho dos outros Judas, ao passo que Alfeu é citado em Mc 3,18; Lc 6,15; Mt 10,3 para distinguir o filho dos outros Tiagos. Também Alfeu aparece em Mc 2,14 somente para qualificar Levi na linhagem familiar. Sabemos que o pai de Tiago e João se chamava Zebedeu (Mc 3,17, Mt 10,2). Mas Zebedeu não volta a ser citado no Evangelho. Quem aparece, e com uma fisionomia própria, no Evangelho de Mateus, é a mãe deles, e significativamente é chamada não de "mulher de Zebedeu", mas "mãe dos filhos de Zebedeu" (Mt 20,20; 27,56). "Maria, mãe de Tiago Menor e de Joset" (Mc 15,40; 16,1; Lc 24,10; Mt 27,56), figura entre as mulheres que seguiam Jesus na Galileia e também aos pés da cruz e poderia ser a mãe dos filhos daquele primeiro Alfeu que citamos. Também ela não é citada pelo relacionamento com o marido, mas com os filhos pertencentes ao grupo dos discípulos.

Pensávamos que essa ausência dos pais pudesse explicar a maior liberdade de ação dos filhos, das mães e das irmãs dentro do movimento. Em outras palavras, era plausível, para nós, pensar que a ausência dos pais não fosse acidental, mas estrutural ou sistêmica e ligada a motivações intrínsecas ao movimento e ao ambiente em que ele se desenrolava.

Para compreender a ausência dos pais dos discípulos no movimento de Jesus tínhamos destacado que, de acordo com os Evangelhos de Marcos, Lucas e Mateus, Jesus pede a seus discípulos que se afastem de suas famílias e também de suas posses e de sua profissão. Por esse motivo parecia-nos que a ausência dos pais fosse uma determinação do próprio Jesus. Julgávamos que, no fundo, a exigência de abandonar os pais trazia consigo a exigência de abandonar a mãe. Mas não desconhecíamos o fato de que algumas mães dos discípulos estavam de algum modo presentes no movimento de Jesus, como, por exemplo, a mãe dos filhos de Zebedeu e a mãe do filho de Alfeu (Mc 15,40).

Agora podemos apresentar um ponto de vista mais coerente que nos permite avaliar melhor a função dos pais no movimento de Jesus. Vamos nos limitar ao *Evangelho de Lucas*. Nossa reflexão atual parte, em primeiro lugar, da ideia de que na Galileia do primeiro século, tal como descrita nos Evangelhos, não encontramos a "família", mas um núcleo bem articulado (*oikos*), que consiste em um grupo de pessoas que têm um mesmo estilo de vida, meios materiais e ganham sua vida vivendo juntos.[3] O centro da atenção recai, portanto, sobre as *households*. O que implica uma reflexão sobre os nexos parentais primários e também sobre uma vida e uma atividade em comum, sobre poderes e funções que unem parentes e não parentes. Note-se logo que disso resulta que a figura que encontramos nos textos é sobretudo a do dono da casa, auto-

---

[3] Aqui se faz impossível citar à exaustão a vasta bibliografia americana e europeia sobre as famílias e as *households*. Cf. Goody, 1983, 1990; Gardner-Wiedmann, 1991; Elliot, 1991; Dixon, 1992; Cohen, 1993; Saller, 1994; Moxnes, 1997; Osiek-Balch, 1997; Guijarro, 1997, 1998; Pomeroy, 1997; Destro, 1998; van Henten-Brenner (ed.), 2000; Nathan, 2000.

Jesus Perante a *Oikos*: Conflito e Hospitalidade

ridade e senhor, administrador das propriedades que formam a base do núcleo e regulador dos relacionamentos interpessoais.[4] Pode ser um pai, no sentido de genitor, aquele que gerou, mas também pode não ser.

Em segundo lugar, note-se que no mundo helênico a vida e a função das *oikoi* são consideradas como elementos sociais que se tornam contraparte dos componentes políticos que formam a *polis*. O duplo nível, familiar de um lado e sociopolítico de outro, dá a dimensão do emaranhado das ligações interpessoais. De um ponto de vista geral, é importante a ligação entre *oikos* e *polis* que existe, por exemplo, dentro de um sistema de patronato. Segundo uma definição de R. P. Saller, a relação patronal caracteriza-se por três elementos fundamentais: "Primeiro, ela implica uma troca recíproca de bens e serviços. Segundo, para ser diferente de uma transação comercial, como acontece no mercado, a relação deve ser pessoal e de certa duração. Terceiro, deve ser assimétrica, no sentido de que as duas partes são de *status* desigual e oferecem tipos diferentes de bens e serviços na troca – uma qualidade que diferencia o patronato da amizade entre iguais" (1990, p. 49). Na relação patronal, indivíduos que pertencem a ambientes diferentes – entre os quais também os chefes das *oikoi* – estão ligados por relacionamentos recíprocos que preveem uma série habitual e juridicamente consistente de colaborações e alianças.[5]

---

[4] No mundo latino essa figura é designada com o termo *paterfamilias*.

[5] A definição de Saller supramencionada é de 1982. Na discussão de 1990, ele retoma a definição para se defender de algumas críticas. Em sua resposta de 1990, Saller nota que no período imperial a relação *patronus – cliens* não tem um sentido técnico e não tem um estatuto legal formal. Nada impedia um romano de ter mais de um *patronus*. O uso linguístico mostra que as palavras *patronus* e *cliens* aplicavam-se a uma vasta gama de relações entre homens de *status* diferentes, incluindo aristocratas, anciãos e jovens (1990, p. 60).

2. Para se entender o relacionamento *oikos-polis* é importante levar em consideração o que diz A. Wallace-Hadrill, ou seja, que o patronato era algo central na experiência cultural romana (diferentemente de quando acontecia na cultura grega). "Representava um componente vital da ideologia dos romanos, de sua própria imagem, do que era seu mundo e de como devia ser" (1990, p. 65). Visto que a vida das *oikoi* em seus relacionamentos com a *polis*, na cultura romana, era determinada em boa medida pelas relações patrono-cliente, nossa análise deverá perquirir até que ponto a concepção e a praxe de Jesus nos confrontos das *households* levam em consideração o sistema de relações assimétricas e diferenciadas. Em palavras mais claras, estamos de acordo com Wallace-Adrill que o patronato, enquanto sistema sociopolítico, "possuía uma função fundamental, a de concretizar um nexo entre o centro do poder e as periferias que o centro buscava controlar. Do ponto de vista da sociedade, o patronato representava um método flexível de integração e ao mesmo tempo de controle social. Do ponto de vista do patronato, a habilidade de persuadir os outros de que podia obter certos benefícios era a base da credibilidade social (1990, p. 85).

Estamos conscientes, também, de que em certos casos que se assemelham muito à situação social de Israel dos tempos de Jesus o patronato dificilmente podia funcionar. Wallace-Hadrill enumera três casos em que a função do patronato se vê enfraquecida. Em primeiro lugar, isso se dá quando o número dos pobres em uma cidade cresce demasiadamente – os pobres tornam-se "muito numerosos para que se possam firmar laços pessoais significativos com as poucas centenas de membros da elite política" – ou então quando se verificam "crises de débito" que trazem consigo, inevitavelmente, o enfraquecimento do patronato, porque "o débito em uma sociedade patronal deveria ser parte do conjunto de obrigações recíprocas entre patrono e cliente: uma crise de débito significa uma crise do patronato" (Wallace-Hadrill, 1990, p. 670). Um segundo caso de enfraquecimento da função do patronato aconteceria em relação à dis-

Jesus Perante a *Oikos*: Conflito e Hospitalidade

tribuição de terras e mantimentos, como no caso dos Graco em Roma. Essa distribuição se configurou como um verdadeiro assalto ao poder patronal, porque a dependência do estado para obter ajuda em tempos de pobreza e de crise diminuía a necessidade da dependência para com os indivíduos particulares (Wallace-Hadrill, 1990, p. 70-7). Um terceiro caso de enfraquecimento do patronato aconteceria quando "a relação de dependência e proteção" se tornasse monetária, ocasionando o surgimento de dois fenômenos: a remuneração dos juízes e a compra de votos dos eleitores. "O próprio fato da corrupção com dinheiro e da crise do débito faz intuir uma crise do sistema patronal" (Wallace-Hadrill, 1990, 70-71). No país de Israel do primeiro século, o patronato poderia ter entrado em crise por dois desses motivos: a monetarização e o grande endividamento das classes pobres. De fato, quanto mais débeis e pobres são as classes inferiores, tanto menos interessantes e profícuas são as relações de patronato. Os muito pobres não são clientes úteis e os patronos não têm riqueza suficiente para satisfazê-los. Nesta situação, a forma social do discipulado poderia responder às necessidades que ficaram sem solução por parte do patronato, com a consequência de sobrecarregarem o núcleo doméstico. A função do chefe da *oikos* estaria mais enfraquecida por não se achar em condição ou estar escassamente capacitada para satisfazer as exigências de seus membros.

3. Dadas a importância e a problematicidade da relação política do patronato, parece-nos oportuno perguntar que relevância tinha a *polis* nos fatos narrados por Lucas. Não pretendemos enfrentar a temática da estrutura e das funções da *polis*, a não ser muito de passagem. Lembramo-nos dela como um pano de fundo ou polo necessário para situar a *oikos* em um contexto real. Referir-se à *polis* serve para transmitir uma quantidade de informações – que aqui permanecem implícitas – que condicionam necessariamente todo o segmento cultural por nós denominado de patronato. Primeiramente, como mostra Rohrbaugh (1991, p. 126), Lucas tem

a tendência de chamar de *polis* o mesmo que João (cf. Lc 2,4; cf. Jo 7,2) ou Marcos (Lc 9,10; cf. Mc 8,23) chamavam de *kome*, aldeia. A redação lucana, assim, tem a tendência de colocar a ação e as palavras de Jesus sobre o fundo da relação *oikos-polis* (cf. também Stegemann-Stegemann, 1998, p. 447), ou seja, dentro de contextos que indicam aproximações que podem bem caracterizar sujeitos e ações, devido sua importância estrutural.

Na verdade, as pesquisas sobre o comportamento histórico de Jesus, como notou Moxnes (2001c), mostram como ele sempre evitou as cidades. Jesus não entra jamais em cidades como Séforis, Tiberíades e Cesareia, que não eram distantes dos locais onde costumava fazer suas pregações. Por isso é provável que o Jesus histórico não raciocinasse, como o faz o Jesus de Lucas, em termos de oposição *oikos-polis*, embora pudesse admitir a *oikos* como uma realidade social, política e religiosa de outra natureza. Isso provavelmente significa, como veremos, uma desconfiança de Jesus para com os sistemas do tipo que hoje nós podemos facilmente catalogar como relações entre patrono e cliente.

As reflexões feitas nos levam a aprofundar as investigações sobre as funções das *oikoi* que estão ligadas ou de algum modo podem ser relacionadas com o movimento de Jesus, como é descrito em Lucas. Assim, é inevitável procurar uma forma social, o discipulado, sobre o qual já falamos no primeiro capítulo e que se coloca na base da estratégia organizacional de Jesus, constituindo-se como um elemento necessário de confronto com outros níveis de organização, entre os quais a *oikos*.

2. Relação entre *oikos* e discipulado

1. Já se disse mais de uma vez (cf. o capítulo primeiro) que o discipulado é uma associação ou um segmento organizado que consiste em um grupo de discípulos que se reúnem ao redor de um mestre, não somente para aprender uma doutrina e maneiras de viver, mas também para alcançar, por meio delas, a satisfação de determinadas exigências que se tornam

reais graças a sua habilidade estratégica. O discipulado deve ser entendido, dentro de seus limites, como uma associação que se concretiza pela adesão voluntária de particulares a um grupo. Nesse sentido, ela entra no conceito mais amplo de "associação voluntária" (cf. Kloppenborg-Wilson, 1996).

A *oikos* não é uma associação voluntária e tem uma lógica social diferente da associação voluntária. Pelo que nos interessa, a *oikos* oferece as bases necessárias para a construção de uma identidade. Constitui um dado imprescindível, um ponto de partida oferecido aos indivíduos para se relacionarem com outras pessoas e outras associações.[6] Pode-se dizer que é ela o nível de agrupamento que mais está apto para garantir o exercício do "pensamento de realização" (Laplantine, 2004, p. 29). A relação entre *oikos* e associação voluntária limita-se, necessariamente, a uma relação dialética que pode ser de oposição e também de colaboração, mas que implica descontinuidade porque atribui funções sociais externas e internas aos que pertencem a ambas as formas sociais ao mesmo tempo. Em segundo lugar, os escopos das duas formas sociais são diversos e em certos casos podem até se conflitar. J. W. van Hentem ressaltou que "na busca de processos de construção da identidade social no contexto do cristianismo primitivo devemos levar em consideração aquelas teorias que não assumem a parentela como ponto de partida".[7] Nossa posição é diferente. Acreditamos que a análise deva ter seu começo na relação entre *oikos* (e não a parentela) – como fonte de identidade e de funções adquiridas – e o grupo dos discípulos, concebido como a realização de uma adesão a estruturas voluntárias e como forma de associação não necessária e não pré-existente.

---

[6]Sobre o conceito de identidade, veja Baumann, 2002; Laplantine, 2004; Hannerz, 2001.

[7] Van Hanten afirma também a importância, para a "família", de "três outros modelos": "uma comunidade santa", "um grupo de filósofos de tipo particular (um *hairesis* = grupo que tem seu modo particular de pensar, daí a palavra herético, separada), os cristãos considerados "como povo único" (2000, p. 188-190). M. Sachot (2000) falou de outros modelos como os de homilia, filosofia e religião.

2. Pode-se questionar quais as funções efetivas de um chefe da *oikos* (*householder*). Ele pode ser um pai, no sentido de genitor, isto é, de quem gerou, mas também pode não o ser. Essa disparidade de condição parental é fundamental. Mas aqui vamos limitar-nos apenas à comparação das diversas atribuições de um *householder* em cada caso: gerar ou ser gerado cria deveres, obrigações, direitos vinculantes, em qualquer das formas de associação sociocultural. Acrescente-se que, do ponto de vista da identidade, existe uma "gestão dos significados" das diversidades no campo da geração humana (cf. Hannerz, 1992). A negociação dos significados da identidade é fato difuso e é tanto articulada e diferenciada quanto mais fortes são as solicitações que provêm do exterior (cf. Baumann, 2003).

Retomando o que dissemos no início, a respeito de uma presumida "ausência dos pais" no interior do grupo dos discípulos de Jesus, parecem-nos úteis as observações de I. Kosttsipeper (2000) sobre as famílias no antigo Israel. Recentemente ele demonstrou como no antigo Israel a estrutura familiar levava a uma certa falta de função para o pai ou para os chefes de família, em alguns casos. Podiam ser encontradas figuras dominantes diferentes dos *householders*. Por exemplo, os irmãos – e não os pais – tinham um papel importante diante das irmãs.[8] Isso quer dizer que uma pesquisa sobre a ausência dos pais deve levar em consideração as rígidas estruturas das famílias patriarcais e não patriarcais, dos relacionamentos entre colaterais etc. Isto é, são idealizados concretamente os diversos tipos de família no primeiro século (cf. Guijarro Oporto, 1995, 1997, 1998).

---

[8] Kottsieper leva em consideração o Cântico dos Cânticos e as histórias sobre o rapto de Tamar ou o destino de Dina (2Sm 13,14; Gn 34) e também material não bíblico. "The girl is always connected with her mother. It is her mother's house she wants to bring her friend to and it is her mother who taught her (Ct 8,2). Songs of Songs indicates the girl as 'unique' to her mother [...] (Ct 6,9). [...] her brothers are connected with her through their mother, they are called 'sons of her mother' (C 1,6)".

Jesus Perante a *Oikos*: Conflito e Hospitalidade

Talvez, depois dessas observações, devamos concluir que em vários tipos de *oikos* o pai poderia estar *ausente*, mas preocupado com outros objetivos, provavelmente externos. Isso, a nosso ver, significa que dentro do agregado doméstico são determinantes os relacionamentos colaterais, irmão e irmã, porque são eles que levam a família avante, ou melhor, são seus relacionamentos conjugais que criam o núcleo da vida doméstica da família.[9]

3. No movimento de Jesus, como dissemos, é possível fazer uma distinção entre discípulos "itinerantes", que seguem Jesus em sua pregação onde quer que ele vá pela terra de Israel, e discípulos "sedentários", que permanecem em suas próprias casas e continuando a exercer sua profissão (Theissen, 1979; Pesce, 1982).

a. Jesus prescreve aos itinerantes que demorem pouco tempo nos lugares por onde passam e que se hospedem em *casas* (Lc 10,5-7; cf. Mt 10,12-13). São, assim, instruídos por Jesus para que aceitem a hospitalidade das *oikoi*. Isso pressupõe que existe um chefe do grupo doméstico que pode exercer um papel determinante ao decidir acolhê-los em casa ou de determinar que todo o grupo assuma a atitude de acolhimento. As maneiras como se realiza a hospitalidade determinam o relacionamento dos itinerantes com as *oikoi*, não apenas quanto ao acolhimento, mas também quanto à identificação com os hóspedes e quanto a como tratá-los. Por isso é preciso que se questione se os textos dos Evangelhos fornecem ou não dados antropologicamente interpretativos que esclarecem a função do *householder* nas casas em que os itinerantes são hospedados. É importante compreender o mecanismo da hospitalidade e de seus efeitos

---

[9] Deve-se deixar claro qual é a função (ou as funções) do *householder*/pai em certo tipo de família, no que diz respeito às funções dos outros membros. Por exemplo, qual é a função religiosa do pai na religião doméstica? Cf. a esse respeito o que diz Stowen, 1995, p. 314-320, sobre o sacrifício familiar e Smith, 2004, p. 329-334, sobre o modelo de uma religião do *anywhere*, que tende a substituir a religião doméstica por uma religião da "fictive family".

na cultura do país do Israel do primeiro século. Nós vamos analisar os textos desses dois pontos de vista para individualizar fatores essenciais e efeitos cumulativos do comportamento dos atores em particular e de todo o ambiente cultural.

b. Como devemos entender o fato de Jesus mandar os discípulos itinerantes aceitarem hospitalidade nas casas? Essa ordem significa apenas que os itinerantes devem aceitar os costumes da hospitalidade porque não possuem condição de se valerem de outros meios de arrumar pouso? Ou significa que Jesus pretende estender seu movimento às famílias, aos grupos parentais e domésticos (eventualmente por meio dos relacionamentos das pessoas com os grupos?) Em outras palavras, o uso das casas como base para a pregação tem como escopo apenas obter um alojamento ou se trata de uma opção cultural e religiosa estratégica que se propõe uma finalidade que somente poderia ser alcançada nas casas?

É preciso questionar se é verossímil ou não – no antigo contexto concreto de Jesus – se a adesão e em casos bem determinados, a conversão do *householder* implica ou não a adesão de todo o grupo doméstico. Sandnes (1997) sustenta essa segunda tese. Contudo, atente-se para a diferença entre as situações descritas nas Cartas de Paulo e as narradas pelos Atos dos Apóstolos.[10] Sandnes nem mesmo se esquece de que "as conversões nem sempre estiveram ligadas aos núcleos domésticos. Às vezes somente o marido se convertia, às vezes, a mulher" (Sandnes, 1997, p. 153).

---

[10] Sobre o papel da *household* no cristianismo primitivo existe uma considerável coincidência entre as Cartas de Paulo e o escrito mais tardio dos Atos dos Apóstolos. "The starting point of the churches was normally the conversion of the *paterfamilias*, who embraced the Christian faith together with his hole household [...] Cornelius, the *paterfamilias* and the patron, his family, kinsmen and close friends – all adopted the Christian faith. This picture emerges if this text is connected to Acts 10,24 where Cornelius is said to have invited all these people to his house. This means that the 'entire household' of Cornelius involved his extended family, who did not necessarily live in his house. This may well be an exaggeration, but it points to an important structural element in the history of Cornelius' house" (Sadnes, 1997, p. 153).

4. Não é preciso que a *vida* das casas seja identificada totalmente com a das *oikoi*. Existe um uso *não familiar* da casa, no sentido de que os espaços e as atividades que nela se desenrolam não são sempre dirigidos para dentro dela ou de caráter pessoal. Nas casas existem locais para o público e locais mais privados, para os serviçais, para os escravos e para as pessoas agregadas por vários títulos que não se fazem presentes na atividade pública, locais masculinos e femininos. Portanto, enquadrar a casa como cenário doméstico não significa identificar automaticamente o movimento de Jesus, que se serve das casas, com as estruturas familiares-parentais. No decorrer de nossa análise vamos ver diversos casos em que Jesus usa as casas de modo "não familiar". Ele usa as casas, em primeiro lugar, como local de ensino (cf., por exemplo, Mc 7,17-23). Pede para ser recebido, não simplesmente para ali pousar, mas para reunir ao seu redor seus próprios seguidores. A situação, contudo, é dúbia, também por parte de quem é encontrado por Jesus nos cômodos da casa. Nem todos aceitam o ensinamento do mestre Jesus. Nem todos, provavelmente, são atraídos ou estão diretamente interessados. Ao mesmo tempo, porém, é mais fácil que os familiares possam presenciar ao menos parte do ensinamento (cf. o caso de Marta, que trabalha enquanto Jesus ensina em sua casa Lc 10,38), entrando em contato com ele. Jesus, em Lucas, celebra a festa da *Pesach* em uma casa, mas, mesmo usando aquela casa, parece limitar-se ao uso do triclínio, sem nenhuma participação por parte da *household* (cf. Lc, 11-13; trata-se de um *katalyma* (salão) dentro de uma *oikia*. O *oikodespotes* da *oikia* mostra-lhes um grande (*mega*) local no plano superior. São os discípulos que o preparam, não os membros da *household*. A ceia é somente para o grupo dos discípulos.

3. Separação dos membros da *oikos*

1. Eis aqui uma observação geral. Do modo de agir e de pregar de Jesus fica claro que aqueles que o seguem fazem-no como pessoas par-

Formas Culturais do Cristianismo Nascente

ticulares: a exigência do abandono não é dirigida de modo explícito às *oikoi* em seu todo, mas somente a particulares (que podem ou não estar em posição de decidir por toda uma *oikos*). Essa exigência cria, muitas vezes, se bem que não necessariamente, conflitos entre os indivíduos e sua *oikos*. O ambiente doméstico pode julgar que a pregação e a anuência ao caráter itinerante tenham o efeito de subtrair um membro da influência do grupo e assim reduzir sua unidade de conjunto. Fica então em aberto que a escolha do chefe da *oikos* não seja válida para os outros ou, ao contrário, seja vinculante e indiscutível.

Contudo, é à *oikos* como um todo que Jesus e seu movimento se dirigem quando solicitam hospedagem. Nessa decisão a *oikos* fica inteiramente comprometida pelo chefe da família. Devemos, por isso, manter presente essa diferença substancial entre os seguidores itinerantes de Jesus e as *households* que concedem a hospedagem. É apenas um indivíduo que segue Jesus. É, contudo, todo o conjunto ou unidade doméstica, presumivelmente sob a orientação de um chefe, que hospeda a ele e seu movimento.

A possibilidade de a própria pessoa fazer sua escolha, independentemente da *oikos*, era, talvez, estrutural e de todo prevista nas diversas formas do relacionamento mestre-discípulo. Às formas diversas de relacionamento podiam, porém, corresponder maior ou menor autonomia e independência ou conflitos com o grupo de origem. Vejam-se, por exemplo, os casos extremos do qumramitas e dos pitagóricos (cf. Giamblico, *Vita pitagorica*, XVII, p. 71-75). A história de Eliezer ben Hircano demonstra muito bem como a adesão às *chavurot* farisaicas ou às escolas rabínicas condicionava as relações com a família de origem.[11]

---

[11] O episódio do ingresso no discipulado de Eliezer ben Hircano é bem representativo da fase de abandono, na iniciação, como "marginalização", deixando entrever o "reagrupamento" como outra forma de união. O pai de Eliezer se opõe à vontade do filho de estudar a Torá com o rabino Johanan ben Zakkai, porque quer que ele trabalhe na

2. De tudo o que dissemos até agora resulta que a autonomia da escolha dos filhos faz surgir um problema específico que se relaciona à família. Entra em jogo o surgimento de um sujeito autônomo e de sua identidade e função. E essa nova identidade acontece também na passagem dos indivíduos de uma associação voluntária a uma outra ou de um grupo discipular para outro grupo (discípulos que passam de João Batista para Jesus, Flávio Josefo, que vagueia por diversos movimentos. Cf. Vida 2, 10-12). Talvez essa liberdade fosse somente das classes altas (Rohrbaugh, 2001)?[12] Podemos começar referindo-nos a Flávio Josefo, no qual assume particular importância o conceito de livre escolha (*proairesis*). Para Josefo, a *proairesis* é uma decisão que não se toma nem por coerção, nem por insistência de outros. É a decisão moral de cada um, a manifestação da própria liberdade ou escolha pessoal (cf., por exemplo, *Antiguidades*, I,8; I, 254; IV, 293; IX, 148; *Vida* 27; 369; *Contra Apião*).

Vamos, agora, questionar em que contexto concreto esses ideais de respeito à decisão individual em matéria religiosa e de convivência entre diferentes orientações religiosas puderam amadurecer; a hipótese é que

---

atividade agrícola, como a família. Eliezer foge e a história se espraia sobre as dificuldades a que ele se submete (a história descreve a separação, embora a situação conflitante com o pai não seja típica da experiência rabínica em geral). Hircano, sabendo que o filho estava estudando com Johanan, resolve: "Vou deserdar meu filho Eliezer dos meus bens". Contudo, tendo assistido a uma reunião da escola em que Eliezer dá prova cabal de sua competência, Hircano reforma sua opinião: "Agora todos os meus bens serão repassados para Eliezer e todos os seus irmãos serão deserdados". A história pressupõe a "marginalização", isto é, o fato de que o discípulo, enquanto permanece como tal, não participa mais das atividades econômicas do pai. Mas essa não é uma situação definitiva, porque o discípulo se tornará o mestre, e o pai (e, nele, os valores sociais que ele simboliza) reconhece não apenas a validade social da função de Eliezer, mas também a preeminência daquilo que ele faz sobre toda outra atividade (os irmãos serão deserdados). Cf. Pesce, 1982, p. 383, n.108.

[12] R. I. Rohrbaugh, "Ethnicism and Historical Questions about Jesus", in: W. Stegenmann, B. J. Malina, G. Theissen (ed.) *The Social Setting of Jesus and the Gospels*, Minneapolis, Augsburg, Fortress, 2002, p. 27-43.

os contextos favoráveis são essencialmente dois. O primeiro é o pluralismo dos grupos religiosos organizados, que caracteriza o judaísmo do primeiro século. O segundo é a situação de convivência cultural que caracteriza a vida dos judeus no primeiro século, tanto no País de Israel como na diáspora. Flávio Josefo está consciente do fato, e, muitas vezes, faz dessas situações objeto de reflexão (cf., por exemplo, *Vida* 1,1 e 2,12, em que confronta os sistemas na tentativa de avaliar e nobreza entre os hebreus e os outros povos e encontra semelhanças entre os fariseus e os estoicos). Nós nos detemos no primeiro contexto. No que diz respeito à pluralidade dos grupos religiosos, Josefo mesmo, como se viu, mostra-nos sua experiência de um jovem que transita, por livre escolha, de uma a outra das grandes comunidades religiosas da época (*Vida*, 10-12). Para Josefo trata-se de experimentar as diversas formas de vida religiosa para poder, depois, livremente, escolher aquela que achar melhor: "Poderei escolher (*airesestai*) a melhor se tiver podido experimentar todas" (*Vida*, 10). O ideal, portanto, para Josefo, é que as escolhas pessoais, dentro da religião hebraica, sejam determinadas não pela pertença tradicional, familiar ou de grupo, mas pela escolha entre todas as possibilidades existentes. Ora, essa escolha livre é possível não somente porque são múltiplas as possibilidades e as ofertas, mas também acessíveis (ao menos para certos estratos sociais). É justamente na adesão a um entre os vários movimentos e comunidades que se apresenta a possibilidade de valorizar a posição pessoal e que se forma, em alguns, a convicção da pluralidade inevitável das orientações religiosas. As diversas comunidades (*airesis*) são, para Josefo, todas legítimas perante o judaísmo (tanto a dos fariseus quanto dos essênios ou dos saduceus. Cf. *Vida*, 10). Por isso podemos afirmar que o conceito de escolha religiosa estava radicado na experiência pessoal, pelo menos dos que pertenciam às classes altas do judaísmo no Israel do primeiro século, às quais, de fato, Josefo pertencia. Talvez a escolha fosse possível aos grupos mais bem posicionados justamente porque para eles eram permitidas estratégias que o poder

Jesus Perante a *Oikos*: Conflito e Hospitalidade

lhes favorecia, bem como sua função pública. O caso exemplar é aquele em que os filhos das grandes famílias romanas eram mandados para as escolas dos filósofos mais célebres.

4. A que geração pertencem os itinerantes?

1. Para compreender a função dos que se tornaram discípulos de Jesus, assumimos primeiramente apenas o *Evangelho de Lucas* como o texto que serviria de base para se conduzir a comparação com o restante da tradição evangélica. Dele usamos tanto textos que permitem reconstruir a função que exercem nas *oikos* os que se tornaram seguidores de Jesus como também os que falam do uso das casas como lugares de acolhimento de Jesus e de seus discípulos. Em cada uma dessas duas categorias de textos usamos dois tipos de materiais diversos. Os primeiros são os que descrevem cenas "reais", relativas ao seguimento de Jesus e ao seu comportamento nas *oikoi*, ou que trazem as palavras de Jesus que parecem representativas de sua visão da vida dos discípulos com relação às *oikoi*. Os segundos são constituídos por *parábolas*. As parábolas não descrevem cenas reais. Contêm histórias exemplares e emblemáticas e por isso muitas vezes trazem para a cena personagens de classe alta, em vez de sujeitos subordinados. Exprimem assim, em parte, as condições de um grupo social elevado.

Quer dizer, para se compreender a função nas *oikoi* daqueles que, de acordo com Lucas, tornam-se seguidores de Jesus, existem dois tipos de texto: os que falam dos seguidores de Jesus em particular e os que descrevem abstratamente as condições requeridas para segui-lo ou as consequências da escolha. Os dois tipos de texto ajudam a individualizar diferentes figuras e sujeitos. No primeiro tipo de texto os indivíduos podem ser subdivididos nas seguintes categorias: 1) os que são convidados por Jesus para segui-lo: Simão (Lc 4,38-39; 5,10-11); Tiago e João (Lc 5,10-11); Levi (Lc 5,27-29); um homem (Lc 9,59-60); um *archon* (Lc 18,18-23).

2) Os que pedem a Jesus para segui-lo: um homem (Lc 9,57-58); um homem (Lc 9,61-62). 3) Os que seguem Jesus e dos quais nada conhecemos sobre como se tornaram seguidores, como as mulheres em 8,2-3. No segundo tipo de textos, as condições para seguir Jesus ou o que sucede com os que o seguem são apresentadas de modo abstrato. Conferir Lc 12,33 ("vendei o que tendes e dai-o de esmola"); Lc 12,52-53 ("três contra dois e dois contra três"); Lc 14,26 (odiar os pais); Lc 14,33 (renunciar a todos os seus bens); Lc 18, 28-30 ("nós que tudo deixamos").

Tudo isso mostra pelo menos que o contexto de igualdade social que as narrações nos dão não é pequeno. A multiplicidade nas maneiras de adesão a Jesus ressalta a vasta gama das diferenças existentes em meio de seus seguidores. Muitos textos nos dizem que os seguidores não tinham, no começo, condições homogêneas, eram apenas compatíveis entre si.

2. Nesta seção, baseando-nos nos textos indicados, buscaremos individualizar a fisionomia dos seguidores de Jesus, do ponto de vista de sua inserção na *oikos*, para ver se entre eles existem também os que pertencem à categoria dos pais que exercem ou não a função de *householder*. Levantaremos várias questões a partir dos textos.

A primeira pergunta é sobre as relações das gerações dentro da *oikos*. A que geração pertencem os que seguem Jesus ou que Jesus chama para segui-lo? Nossa atenção dirige-se para aquelas situações em que estão presentes ao mesmo tempo três gerações: o pai, um ou mais filhos adultos (sejam homens ou mulheres), os filhos desses últimos. Vamos definir a primeira geração como a geração dos anciãos, a segunda como a geração dos adultos e a terceira como a geração dos jovens, dos adolescentes ou das crianças. Por amor à brevidade tratamos os pais como pertencentes à geração dos anciãos e implicitamente assumimos como ponto de vista a geração dos adultos. Em segundo lugar, nossa atenção se dirige concretamente às funções exercidas pelos pais da geração anciã, no ambiente da *oikos*.

Jesus Perante a *Oikos*: Conflito e Hospitalidade

Para tornar concreta essa nossa afirmação, diga-se que se pode falar de geração se nos textos examinados existirem: a) dados ou indícios relativos a quem gerou e a quem foi gerado, b) dados indiretos que possam conduzir a esses dados, como por exemplo, a idade, c) laços parentais que impliquem em diferenciação de gerações (por exemplo, se fala de "sogra" ou de "nora"). Com base nisso é necessário fazer algumas observações.

A primeira é que nenhum dos discípulos que seguem a Jesus pertence à geração anciã. Nenhum pertence à geração dos mais jovens (*neaniskoi*) ou das crianças (*paides*). Os discípulos parecem pertencer a uma geração intermédia, de adultos. Isso é demonstrado pelos seguintes textos: Lc 4,38-39: Simão está presente na cena, juntamente a uma sogra que pertence à geração anterior (mas não pertence ao grupo dos consanguíneos de Simão); Lc 5,10a-11: Tiago e João, filhos de Zebedeu, formam claramente a geração intermédia se comparados ao próprio pai, Zebedeu. Essa situação de gerações é muito mais clara em Mc 1,19-20, do que em Lucas. Mc 1,20 escreve que o pai Zebedeu estava com eles e com os pescadores assalariados (*misthoi*). Assim, Tiago e João só podem pertencer à geração intermédia. Na narração de Marcos, o pai Zebedeu não faz parte dos discípulos de Jesus, porque foi abandonado. Nesse caso é verdade que os pais, os membros da geração anciã, não reagem positivamente.

Em Lc 9,59-60 (cf. Mt 8,21-22) pode-se perceber a relação entre um pai e um filho. O primeiro, provavelmente figura de líder e chefe da *oikos*, é um recém-falecido. O filho está relacionado com ele porque ele representava a máxima autoridade na *household*. A atenção se concentra no filho, uma figura que tem um papel importante na estrutura doméstica, porque representa a geração intermédia caracterizada por obrigações e deveres importantes e que é a sucessora na direção da *oikos*, uma vez desaparecido o pai.

Existe igualmente uma série de textos em que não fica claro se os discípulos de Jesus pertencem às gerações mais antigas ou às intermédias. Parece-nos que a segunda hipótese seja a mais plausível. Em Lc 8,1-3, encontramos um grupo de mulheres discípulas de Jesus que o seguem em suas andanças. Trata-se de mulheres mais abastadas que sustentam o grupo de Jesus com seus próprios bens. Nenhuma dessas mulheres é classificada com critérios que pertençam à classificação das gerações. O fato de que elas podem dispor livremente de seus próprios bens situa-as na geração intermédia ou na geração dos anciãos. Joana é apresentada como a mulher do administrador de Herodes, mas disso não podemos concluir que seja uma mulher já anciã, com filhos.

Essa situação pode ser vista também em outros casos. Em Lc 5,27 (cf. Mc 2,13-15; Mt 9,9-10), Levi torna-se um discípulo de Jesus. Seus ascendentes não são enumerados, nem os descendentes ou os colaterais, como nem mesmo sua mulher. Pode ser que nem para Levi possa se falar de geração intermédia, porque não há referência quanto ao pai. Ele poderia pertencer tanto aos mais velhos de uma geração como à geração intermédia. Para nós a segunda hipótese é a mais provável. Outro caso semelhante é a do *archon* em Lc 18,18-23 (cf. Mc 10, 17-22; Mt 19,16-22). Jesus o convida para segui-lo, e por isso é um caso útil para esclarecer a fisionomia ou identidade social dos seguidores "convidados" por Jesus. Pelo fato de poder dispor de seus bens pode ser enquadrado na categoria dos *householders*, mas não nos foi dada informação alguma sobre sua situação familiar. Também ele poderia pertencer tanto aos anciãos como à geração intermédia. No caso dos discípulos de Lc 9,57-58 e 61-62, igualmente não possuímos indicações pessoais que sejam inequívocas.

Lc 7,11-17 (o filho da viúva da Naim), contudo, é esclarecedor. Parece que nem a mãe e nem o filho são discípulos de Jesus. O jovem não manifesta desejo de segui-lo, nem Jesus pede que o faça. Talvez porque fosse muito jovem (*neaniskos*). Isso poderia esclarecer melhor que os seguidores são adultos, autônomos. A exclusão de uma geração mais nova deixa mais à vista ou confirma a posição e o peso identitário da geração intermédia ou das precedentes.

3. A respeito dessa visão, um quadro mais amplo dos relacionamentos entre as gerações e das perspectivas por eles oferecidas é proporcionado por Lucas 12,52-53 (cf. Mateus 10,34-36):

> Pois de ora em diante haverá numa mesma casa cinco pessoas divididas, três contra duas, e duas contra três; estarão divididos: o pai contra o filho, e o filho contra o pai; a mãe contra a filha, e a filha contra a mãe; a sogra contra a nora, e a nora contra a sogra.

O conflito consequente ao seguimento de Jesus, no interior do grupo doméstico, é configurado por grupos de diferentes gerações e por gênero. Masculino e feminino são nitidamente distintos. Essa distinção tem como consequência expor aspectos sociais de grande importância. Uma pergunta: onde se situam as oposições expressas pelo texto? Uma só das três oposições (pai contra filho e filho contra pai) situa-se entre os homens. Duas acontecem entre as mulheres (12,53). O conflito influi e condiciona primeiramente a unidade ideal pai-filho, depois a unidade mãe-filha e o terceiro grupo sogra-nora. A figuração que se obtém é a de uma *oikos* na qual existe uma família de duas gerações: a geração dos genitores e a do filho casado. É o modelo familiar mais esquematizado que encontramos no Evangelho de Lucas. É um modelo suficientemente articulado para se tornar um ponto de referência para a classificação das relações parentais no interior de um núcleo doméstico.

Lucas, provavelmente por ter finalidade ético-normativa, escolhe para examinar cinco componentes da *oikos*, dos quais quatro têm em comum o parentesco consanguíneo (pai, mãe, filho, filha) e o quinto é um membro agregado, a nora. É devido a isso que dizemos que estamos diante de um grupo doméstico (*oikos* em sentido próprio) com base familiar expandida.

Essa apresentação do conflito de três pessoas contra duas em uma *oikos* de cinco pessoas (que representam seis categorias diversas de parentesco), leva-nos à conclusão de que o foco principal recaia sobre um modelo em que o pai e a mãe se opõem, por uma parte, ao filho, à filha e, por outra parte, à nora. A mãe é a única pessoa citada como exercendo duas funções: é mãe e sogra. Mãe e pai jamais aparecem como marido e mulher, e filho e filha jamais são mostrados como irmão e irmã. Isso significa que o texto seleciona as posições e as funções que quer ressaltar. O foco familiar, portanto, recai sobre as gerações, e os laços e as oposições são descritos seguindo uma dimensão de verticalidade. É importante notar que o conflito não é um acontecimento passageiro, mas o efeito necessário da divisão (*diamerismos*) que Jesus afirma trazer.

É afirmado que o conflito[13] que faz se contraporem dois membros contra os outros três surge entre pai e mãe de uma parte e filho, filha e nora de outra parte. Isso quer dizer, de acordo com Lucas, que os discípulos que seguem Jesus, deixando a *oikos*, podem ser não somente os filhos homens, mas também as filhas e até esposas (como Lucas 8,1-3, que coloca em evidência, quando fala de Joana, a mulher de Cusa). Lucas, porém, enquadra o conflito entre duas gerações, não entre simples particulares, porque fala de três contra dois, como se os três fossem de diferente condição, mas contrários aos dois. Não fala do conflito de uma pessoa contra quatro, pois somente nesse caso se poderia dizer com certeza que cada membro da *oikos*, tornando-se discípulo de Jesus, torna-se inimigo ou se separa dos outros quatro. Essa não é a visão de Lucas, mas de Mateus (10,36-36).

4. O texto de Lucas, nosso ponto de partida, extremamente importante sob nosso ponto de vista, contém a visão teórica do conflito que se origina quando um membro da *household* quer se tornar um discípulo itinerante de Jesus. Contudo, não se pode esquecer de Mateus e de ou-

---

[13] A respeito do tema sobre os conflitos no cristianismo nascente, cf. Destro-Pesce, 2003a, 2005c.

tros textos. É preciso lembrar que em Lucas o pai é citado em primeiro lugar, enquanto em Mateus é o homem (*antropos* tanto no versículo 35 como no 36) que aparece primeiro. O comentário final de Mateus engloba tudo sob o ponto de vista do homem. Enquanto em Lucas o conflito é de três contra dois, em Mateus é de todos os familiares contra o homem. Mateus parece generalizar e concentrar todos os familiares contra o possível discípulo. É toda a *oikos* que se volta contra ele. Mateus, nos dois versículos que se seguem (10,37-38) – "Quem ama o pai ou a mãe mais do que a mim [...] Quem ama o filho ou a filha mais do que a mim" –, mostra claramente que quem segue Jesus pode ser ou filho ou um pai. Além disso, o fato de que esse indivíduo esteja relacionado primeiramente com a geração mais velha e em seguida com a mais jovem induz à conclusão de que Mateus considera o discípulo como pertencente a uma geração intermédia.

O *logion* que diz respeito ao conflito está presente também no Evangelho de Tomé (n. 16), onde o desentendimento interno da *oikos* que se dá é de dois contra três. Tomé, contudo, desdobra-se somente sobre a oposição entre filho e pai, concluindo que eles estarão solitários, um contra o outro.

Parece que é devido dessa tradição evangélica encontrada em Lucas, Mateus e Tomé que, provavelmente, atribui-se uma afirmação que Jesus re-elabora e cita duas partes de um versículo do livro bíblico de Miqueias, 7,6: "O filho insulta o pai, a filha levanta-se contra a sua mãe, a nora contra sua sogra, os inimigos do homem são as pessoas de sua casa".

Na primeira parte do versículo de Miqueias (versão grega dos LXX), é mostrado um conflito na *oikos* entre cinco pessoas, que correspondem a seis funções (filho, pai, filha, mãe, nora, sogra). Na segunda parte do versículo fala-se do conflito de uma pessoa masculina (*aner*) com todas as pessoas do sexo masculino (andres) que estão na *oikos*. Parece-nos que esses versículos nada mais são do que uma formulação proverbial, trabalhada a fundo pelas palavras atribuídas a Jesus. Se Jesus, juntamente com a tradição sucessiva, pretenderam, de acordo com os textos evangélicos, fazer alguma referência à passagem de Miqueias foi porque nela encontraram uma descrição adequada da imagem que possuíam a respeito de uma *oikos*. Contudo está completamente fora do contexto de Miqueias a ideia de um conflito causado pelo contraste entre a pertença a um movimento discipular e a pertença à *oikos*.

O diferente modo que Lucas, Mateus e Tomé utilizam para expressar essa tradição que mostrava o conflito entre cinco membros de uma *oikos* mostra-nos que se trata de um problema que estava bastante presente na tradição precedente. Falando abstratamente, poder-se-ia pensar que o evento dos três contra dois por si mesmo não indique qual a geração que, de fato, segue Jesus, deixando prever um afastamento do pai ou da mãe que seria rejeitado pelo filho, filha ou nora. Ou um afastamento da geração mais jovem rejeitada pelo pai ou pela mãe. Nós entendemos que tanto Mateus como Lucas entenderam o episódio do ponto de vista da geração intermédia.

Agora vamos estudar Lucas, 14,26[14] ("Se alguém vem a mim e não odeia seu pai, sua mãe, sua mulher, os filhos, os irmãos, as irmãs e até a própria vida, não pode ser meu discípulo"), que fala a mesma coisa, mas num contexto diferente de Mateus 10,10-37.38. Lucas parece falar não somente da necessidade de um efetivo afastamento, mas também introduzir uma reprovação radical das relações normais, própria das *oikos*. O tema do ódio, como quer que seja entendido, evidencia que o conflito é inevitável, significando que o seguimento de Jesus leva não só a um distanciamento por parte dos outros membros da *oikos*, mas também que quem segue Jesus deve revolucionar e deixar de lado os deveres normais dos relacionamentos da *household*. O que se deve ter em conta é que Lucas situa implicitamente as palavras de Jesus em um contexto de

---

[14] Ver também Guijarro, 1998, p. 303-305.

obrigações sociais impostas pela pertença à *oikos* (como são descritas na parábola do banquete de Lc 14,18-20).

A passagem parece exigir a renúncia a uma linha de comportamentos essenciais, próprios da geração que une os chamados consanguíneos de três gerações. Os que devem ser odiados são todos aqueles que têm forte ligação entre si e que possuem vínculos emocionais, dos quais é difícil se livrar. É evidente que é mais difícil separar-se dos parentes do que dos outros componentes da *oikos*. Lucas poderia ter dito: "quem não odeia a própria *oikos*", isto é, a própria posição social, mas, pelo contrário, preferiu acentuar os outros elementos.

A narração de Lucas supõe que o discípulo típico seja um sujeito masculino, que tem pai e mãe, que é casado e tem irmãos e irmãs. Lucas supõe aqui uma *oikos* semelhante à de 15,52, mas um pouco mais ampla, isto é, que contenha um número maior de pessoas físicas (mais irmãos e irmãs). O discípulo típico, pois, é visualizado como membro da geração intermédia (tem pai e filhos). Não é o pai a figura principal, mas essa figura de homem casado, situado entre duas gerações (precedente e sucessiva).

5. Um esclarecimento importante pode ser deduzido de Lucas 18,28-29 (Mt 10,28-30; 19,17-29):[15]

> Pedro, então, tomando a palavra, disse-lhe: Eis que deixamos tudo para te seguir. Que haverá então para nós? Respondeu Jesus: Em verdade vos declaro, não há ninguém que tenha deixado sua casa ou sua mulher, ou irmãos, ou pais, ou filhos por causa do Reino de Deus, que não haja de receber muito mais no tempo presente e a vida eterna no tempo que virá.

---

[15] Cf. Guijarro, p. 206-207.

Examinando a ordem das renúncias (casa, ou mulher, ou pais, ou filhos) podemos ficar certos de que, no pensamento de Lucas, a pessoa que abandona os outros para seguir Jesus é um homem que pertence à problemática geração situada entre os pais (*goneis*) no topo e os próprios filhos (*tekna*) embaixo. A referência básica é proporcionada por quem se coloca na faixa intermédia, onde se dão as opções. No texto, o ponto de onde se observa o cenário é dado por quem abandona (com conflito ou não).

O redator do Evangelho de Lucas traz uma série de alternativas como quem abandona a mulher e quem, pelo contrário, abandona os irmãos ou os genitores, ou os filhos. A conclusão é que Lucas tem, aparentemente, em sua mente, sempre alguém do sexo masculino que pode ser casado sem filhos ou casado com filhos, ou não casado com irmãos, mas sem os genitores, ou não casado, mas com os pais e sem irmãos.

A atenção voltada para a geração intermédia pode ser notada também em uma parábola que, na realidade, não fala dos discípulos itinerantes. Em Lucas 16,19-31 fala-se do rico que foi para o inferno e pede a Abraão para mandar o pobre Lázaro à *oikos* do pai. Aqui é de se notar que Lázaro deve ser mandado não para avisar o pai, mas os cinco irmãos do morto, a fim de que mudem de vida. Também aqui a atenção está voltada somente para a geração intermédia, que é mostrada muito numerosa. Parece que quem se comporta mal é a geração do meio. Os pais parecem comportar-se bem. O fato de os irmãos serem em número de cinco talvez queira dizer ou que o comportamento é característico da geração, ou que a advertência diz respeito a muitos. O foco dirigido para a geração intermédia significa que aconselhando e preservando os cinco irmãos, preserva-se igualmente o futuro da *oikos*, obviamente transformado no que diz respeito aos ideais de receptividade, característica do Jesus de Lucas.

A conclusão para esse primeiro ponto é que o Evangelho de Lucas, colocando os discípulos dentro da geração intermédia, mostra que, no movimento de Jesus, os pais, da geração mais velha, supostamente estão habitualmente ausentes. Isso não exclui que possam existir, entre os diversos pais, genitores que sejam pertencentes à geração intermédia.

Do ponto de vista das identidades pessoais, podemos acrescentar que em alguns casos (Simão, Tiago, João, Levi) os discípulos que seguem Jesus e se afastam de seus núcleos domésticos trazem consigo ainda uma outra característica, a de serem membros de associações profissionais livres como, por exemplo, as que se dedicam ao recolhimento de taxas ou à pesca. Em outras palavras, são pessoas que já possuem outra experiência de diferentes formas sociais da *oikos*. Elas vivem em associações que se propõem objetivos que não podem ser alcançados pelo núcleo doméstico normal, sendo que podem pertencer a essas associações pais, filhos e irmãos conjuntamente.[16] Isso significa que os discípulos já possuíam a predisposição de pertencer a uma associação voluntária de tipo religioso e também que a associação voluntária religiosa de Jesus tinha a exigência da separação do núcleo doméstico e do conflito a ela subsequente.

Podemos também levantar o questionamento a respeito do tipo de *oikos* do qual provinham os discípulos de Jesus. A casa de Levi era, com certeza, uma grande casa, com escravos. A de Simão, pelo contrário, parece ser pequena ou de uma grandeza apenas média. Lucas 12,52-53, ao descrever o conflito gerado em um núcleo doméstico quando algum de seus membros decide seguir Jesus, parece pressupor uma casa de grandeza limitada. Talvez essa imagem seja subjacente também a Lucas 18,28-30, em que não parece que os que abandonaram a própria casa tenham abandonado algo muito grande.

---

[16] Agradecemos Amy-Jill Levine por ter enfatizado o fato de que os membros de uma *household* podem ingressar, sem problema algum, nas associações voluntárias. A respeito das associações de pescadores, cf. Hanson, 1997.

5. São os discípulos *householders*?

1. Uma pergunta a ser feita é se os discípulos que seguem Jesus (ou os que poderiam segui-lo), além da pertença à geração e a uma classe profissional, são também chefes de um núcleo doméstico.

Em Lucas, aparecem na posição de *householder* Simão, Tiago e João, Levi, o homem indeterminado (*tis*) que quer seguir Jesus aonde quer que ele vá (9,57-58), aquele outro que pede para, primeiro, enterrar seu pai (9,59-60), o que pede para se despedir das pessoas de sua *oikos* (9,61-62) e o *archon* rico que não segue Jesus (18,18-23). Em Lucas 18,28-30, aquele que se afasta da mulher e dos filhos poderia ser um *householder*. Pode-se supor, contudo, também o caso de quem abandona os pais ou irmãos, não sendo casado e, portanto, sem ser o chefe do grupo doméstico ou um *householder*. Talvez as mulheres de 8,1-3 pudessem ser *householders*, porque algumas delas são possuidoras de muitos bens.

Em Lucas 12,33 (passagem que só se encontra em Lucas) Jesus manda: "Vendei tudo o que vos pertence e dai (de) esmola".

A perícope por si mesma não se refere apenas aos discípulos. Na visão de Lucas, contudo, está fortemente ligada ao seguimento de Jesus (cf. Lc 12,22.41. Cf. Moxnes, 1988, p. 66-68). O problema que nos propomos é se Lucas pensa que os discípulos que vendem são *householders*. Poderiam ser na medida em que quem vende deve ter poder para fazê-lo. Poder-se-ia pensar, igualmente, que um filho peça ao pai a parte dos bens que lhe cabe na futura herança e os venda, como diz Lucas na parábola do "filho pródigo" (mas as parábolas, como é sabido, não são fonte segura para o conhecimento da prática social de cada dia ou da estrutura social).

Semelhante a essa passagem é Lucas 14,33. Nessa passagem a renúncia total aos bens (e não somente ao dinheiro) coloca em evidência que o discípulo é concebido como alguém que possui e como uma pessoa que tem a posse e a autonomia sobre seus próprios bens. Isso o torna semelhante a um *householder*.

A insistência sobre a necessidade de se afastar de todas as posses como condição para seguir Jesus encontra-se somente em Lucas e por isso suscita um problema para a reconstrução da fisionomia histórica de Jesus. A nossa hipótese é que Jesus tinha em mente a igualdade do jubileu do Levítico 25 (cf. o capítulo 5 e Destro-Pesce, 1999).

O discípulo ideal que se separa da *household* em Lucas 12,52-53 não parece, contudo, necessariamente um *householder*, na medida em que abandona os pais e assim parece abandonar também a *oikos*, cujo chefe é o pai. Do mesmo modo, o discípulo ideal de Lucas 14,26 tem pais e filhos e por isso não é visto preferencialmente como um *householder*.

A conclusão é que os discípulos, de acordo com Lucas, muitas das vezes não estão chefiando um grupo doméstico, mas, antes, são membros de uma *household* da qual o chefe é o pai. Também esse elemento nos faz pensar em uma ausência do séquito de Jesus dos pais de geração mais velha.

2. Uma questão ulterior é se dos textos de Lucas surge um conflito entre gerações que possa constituir o contexto da separação de sua própria *oikos* de alguns membros da geração intermédia. Na parábola do filho pródigo (Lc 15,11-32), parece que o filho mais velho pode ser situado facilmente em uma localidade distante da cidade (cf. 15,15, *polites*) e em uma casa dirigida pelo pai, ao qual ele espera suceder no futuro. O filho mais novo parece não ter perspectivas nessa situação e sonha com a vida em um local distante, em um contexto completamente diferente. Surge um conflito entre a cidade, considerada negativamente, e a aldeia, vista positivamente. A cidade, talvez helenizada, parece exercer sobre alguns membros da geração intermédia uma atração que na parábola é julgada negativamente (e de fato as peripécias do filho mais jovem na cidade terminam com sua falência). Torna-se presente também a imagem de um conflito entre gerações, entre pai e filho e, dentro da mesma geração, entre o filho mais jovem e o filho mais velho.

Esse conflito parece ser condenado pela parábola porque a escolha do filho mais novo, de contradizer o estilo de vida dos pais, termina com seu próprio fracasso.[17]

A parábola mostra que Lucas tem uma opinião muito positiva sobre o pai e o chefe da *oikos*, mas talvez menos no confronto com os dois filhos. A escolha do mais jovem, de ir para a cidade, não é aprovada, mas também o comportamento do mais velho sofre uma apreciação negativa. Seu apego defensivo com a *oikos* é condenado porque o impede de acolher a volta do irmão. A parábola quer apresentar um modelo em que a *oikos* tradicional deveria aceitar, interna e incondicionalmente, também os que fracassam e os que tenham ameaçado sua existência. Na visão ideal do Jesus de Lucas, a *oikos* deveria oferecer a garantia de uma ajuda sólida e duradoura, também para aqueles que pretendem afastar-se dela. Isso nos fornece um elemento a mais sobre a identidade e o posicionamento do *householder* que, no caso de escolher a itinerância, interrompa costumes e estratégias de êxito para a *oikos*. Mas tem também dicas sobre o significado dos textos, que se centram sobre a geração intermédia, menos numerosa em *householders* em sentido estrito.

Concluindo, nossa hipótese é que os seguidores de Jesus pertencem a uma geração intermédia emergente que, algumas vezes, já experimentou a escolha de associações voluntárias ligadas ao próprio trabalho, que é caracterizada por pessoas que são *householders* casados ou não casados, tanto homem como mulheres, que podem dispor, com uma certa liberdade, dos próprios bens e que têm um papel importante na própria *oikos*. Isso cria grandes conflitos entre os seguidores e outros membros da *oikos* por causa do papel que os seguidores desempenhavam antes de se

---

[17] Sobre o conflito entre gerações no mundo antigo, cf. Bertman, 1976, e Fuà, 1995, p. 202-206. Muitos dos artigos no livro editado por Bertman mostram o conflito entre gerações em Roma, durante a revolução romana, e em vários períodos do primeiro século depois de Cristo.

Jesus Perante a *Oikos*: Conflito e Hospitalidade

tornarem integrantes do movimento de Jesus. Essas pessoas poderiam ter experimentado anteriormente um conflito de gerações com os mais antigos por causa de sua mobilidade e criatividade socioeconômica. Isso oferece alguns elementos a mais para que se possa compreender a escolha pela itinerância.

6. Como Jesus utilizava as *oikoi*

1. Na explanação precedente usamos as cenas do Evangelho de Lucas em que Jesus e seu movimento se relacionam com as *households* e também as parábolas que têm como cenário uma *household*. Essas últimas, como foi dito, têm um contexto de narração fantástico e escassamente passível de documentação. São situações que impressionam seus destinatários. Não refletem a experiência concreta de Jesus e de seu movimento, mas um cenário cultural que, em todo caso, é importante para que se possa reconstruir o ambiente do movimento de Jesus.

Se até agora examinamos as passagens relativas aos discípulos itinerantes, vamos passar para os textos que nos falam de quem recebe Jesus e, por isso, de eventuais discípulos ou simpatizantes sedentários.[18]

---

[18] Os textos que vão ser examinados são os seguintes: 1) 5,17: Jesus ensina em uma casa; 2) 7,1-10: O centurião; 3) 8,19: O conflito de Jesus com a mãe e os irmãos; 4) 8,39: Um homem curado é mandado de volta para sua *oikos*; 5) 8,49-56: O chefe da sinagoga; 6) Os doze devem pedir hospedagem nas casas; 7) 9,42: Um *neaniskos* é devolvido à sua mãe; 8) 9,52-55: Uma aldeia samaritana nega-se a dar hospedagem; 9) 10,5-7.8-10: Os setenta devem pedir hospedagem nas casas; 10) 10,34: O *pandocheion*; 11) 10,38-42: Jesus na casa de Marta; 12) 11,5: Hospedagem para um amigo à meia-noite; 13) 11,37: Jesus na casa de um fariseu; 14) 14,3-37: Jesus na casa de um fariseu; 15) 14,8: Os lugares à mesa; 16) 14,12: Não se deve convidar aqueles de quem se pode esperar um retorno; 17) 14,15-24: Parábola do banquete; 18) 15,11-32: O filho pródigo; 19) 16,1-8: O administrador desonesto; 20) 16,19-31: O homem rico e o homem pobre; 21) 17,7-9: O humilde dono de casa; 22) 19,2-10: Jesus na casa de Zaqueu; 23) 24,29-30: Hospedagem em uma casa de Emaús.

O Jesus de Lucas apresenta-se a si mesmo como quem não tem um lugar para morar (9,58), mas procura um abrigo nas casas dos outros, onde possa comer e dormir. Utiliza, por exemplo, a casa de Simão (4,38), a casa de Marta (10,38), a casa de Emaús (24,29-30; mas esse é um episódio que acontece quando já havia ressuscitado); manda mensageiros para procurar um alojamento (9,52); perambula pregando e pedindo acolhida em casas privadas (19,5). (a) Geralmente é acolhido nas casas com um banquete, preparado de propósito para ele (5,27-29; 11,37-52; 14,2; 24,30). (b) Ensina (5,17; 8,20); talvez o faça também em 10,38, porque não se pode descartar que Jesus ensine a Maria e ao público presente que não é citado. O mesmo vale talvez para 11,37,52, que parece uma cena em que Jesus dá seus ensinamentos; e também em 14,16, em que discute sobre a cura em dia de sábado. (c) Opera cura em várias ocasiões (5,24; 8,51-56; 14,4). Jesus, portanto, utiliza as casas com multiplicidade de fins que não podem ser reduzidos apenas à convivência ou restritos aos parentes e familiares.

Por outra parte, Jesus mostra que quer fortalecer os vínculos internos da *oikos*. Restitui o filho único, que havia morrido, à mãe viúva (7,11-17). Na ausência de um marido-pai na casa, a mulher que ficou viúva ficaria sem ajuda. Em 8,39 Jesus cura alguém possesso pelo demônio. O homem curado, definido como *aner*, pede a Jesus pra segui-lo (literalmente para estar com ele). Jesus nega o pedido e lhe diz: "Volta para tua *oikos*". Em outros termos, pela vontade de Jesus é devolvido a seu núcleo doméstico. Não viverá mais entre os sepulcros, onde havia se refugiado e escondido, o que aqui, com toda evidência, representa o lugar de uma casa. Portanto, Jesus parece bem disposto para com a *oikos* enquanto tal, chegando a lhe assegurar uma função social positiva. Seguir Jesus e estar em uma *oikos* não está em contradição ou não leva a situações incompatíveis sob o ponto de vista da prática comportamental. Não se pode levantar a hipótese de que Lucas julgue que Jesus nega o

Jesus Perante a *Oikos*: Conflito e Hospitalidade

pedido do homem por ser um endemoniado, porque, no grupo das mulheres que estão com ele, Lucas enumera Maria Madalena, da qual havia expulsado sete demônios.

Jesus e seu movimento, muitas vezes, mostram que têm necessidade das *oikoi* para se alojarem (não tinham o costume de procurar as hospedarias locais). Em 9,4 o Jesus de Lucas declara programaticamente que os doze devem servir-se da hospitalidade das casas. Considere-se a frase significativa do envio dos doze: "Em qualquer casa em que entrardes, ficai ali até que deixeis aquela localidade." A casa serve de base para a atividade missionária dos discípulos itinerantes. Entrar (*eiserchomai*) e sair (*exerchomai*) são verbos de movimento; permanecer (*meino*) indica uma parada temporária entre os dois movimentos. "Permanecer", antes de tudo, indica um período de permanência, não uma visita rápida.

Em Lucas 10,1-12 (cf. Mt 10,5-16), o Evangelista conta que Jesus manda seus setenta discípulos de dois em dois e para lugares diversos (10,1). Eles devem pedir para serem acolhidos nas casas (*oikoi*). Devem entrar em uma casa (*oikia*, Lc 10,6-7) e aceitar sua hospitalidade: resumidamente, ter "o que comer e beber" e um lugar para dormir. Na palavra "permanecer" ou "ficar" está implícito que eles não devem mudar de casa em casa. Os discípulos devem desejar "a paz para esta *oikos*", isto é, para todas as pessoas que vivem naquela *oikia*. Devem parar, inserir-se, fazer-se aceitar, valer-se dos recursos daquela casa. O acolhimento recebido é equiparado ao salário pago aos operários (Lc 10.7);[19] é uma verdadeira assistência social garantida por recursos concretos.

---

[19] São muitas as perguntas que não podem ser respondidas agora: o chefe da *household* que deveria conceder a hospitalidade (ou então toda a *household*) está incluído na expressão "filho da paz" se acolher a paz oferecida pelos missionários itinerantes? Existia um ritual de acolhimento e um ritual para se pedir o acolhimento? É possível reconstruir o ritual de acolhimento, como também o da negação aos itinerantes?

O movimento de Jesus apoia-se, portanto, sobre os sistemas das casas e sobre seus recursos. A hospitalidade que é praticada na *oikos* garante-lhe a estrutura de apoio, o tecido básico de sua unidade. Em outros termos, é evidente que, de um lado, a passagem exclusiva de Lucas 10,1-4[20] pressupõe que os seguidores itinerantes de Jesus tenham se afastado da própria casa e, por outro, sugere que Jesus pretende utilizar sistematicamente as casas que estão dispostas a acolhê-los. Isso se torna mais claro quando se lembra que existiam lugares onde se podia hospedar quando se viajava (por exemplo, o citado albergue de Lucas 10,34, *pandocheion*, ou o *katalyma* de Lc 2,7). Esses são lugares comumente ignorados pelos companheiros de Jesus. Ainda mais que não existiam ou eram impensáveis nas pequenas aldeias por onde andava ele e os seus.

2. De acordo com o Evangelho de Lucas podemos deparar-nos com uma grande variedade de casas na experiência concreta de Jesus e de seus discípulos. Nas parábolas que o Jesus de Lucas conta estão presentes vários tipos de situação, o que é confirmado pelos resultados recentes da pesquisa sobre a variedade de casas da Palestina do primeiro século (Guijarro, 1995, 1997, 1998; P. J. J. Botha, 1998). Em particular encontramos: (a) a quinta, ou vila. Dela temos um exemplo no episódio do patrão que tem um *oikonomos* Lc 16,1-8 e no caso da parábola do banquete (Lc 14,15-24). (b) Grandes habitações. São representadas pela casa do homem rico que não cuida do pobre Lázaro (16,19-21); a de Levi, que pode acolher convivas para um grande banquete (5,29); a casa de Zaqueu (19,2-10). Talvez sejam desse tipo as casas dos dois fariseus que convidam Jesus (11,37; 14,1-7). (c) Casas com pátios. Talvez seja desse modelo a casa da

---

[20] "Depois disso, designou o Senhor ainda setenta e dois outros discípulos e mandou-os, dois a dois, adiante de si, por todas as cidades e lugares para onde ele tinha de ir. Disse-lhes: 'Grande é a messe, mas poucos são os operários. Rogai ao Senhor da messe que mande operários para sua messe. Ide; eis que vos envio como cordeiros entre lobos. Não leveis bolsa nem mochila, nem calçado, e a ninguém saudeis pelo caminho'."

parábola do filho pródigo (15,11-32). No pátio da casa talvez existissem duas outras casas autônomas.[21] (d) Casas mais ou menos grandes. Desse tipo talvez fosse a casa de Simão, onde parece que não havia escravos, e a casa do pequeno *oikodespotes* que, provavelmente, tem um só escravo, presente em todas as mansões (para o trabalho nos campos e o serviço doméstico – Lc 17,7-9). (e) Pequenas casas. A casa de Marta (10,38-42) e a de Emaús (24,28-29) pertencem a essa categoria porque nelas não aparecem escravos. (f) Casas isoladas. Talvez esse tipo esteja implícito no caso de alguém que recebe um amigo (Lc 11,5-8) de noite e que vai até outro amigo pedir comida (11,5), o que supõe que as duas casas sejam vizinhas ou não muito longe. Não se pode, contudo, excluir que se trate de uma casa grande, com um pátio central.

As casas muito grandes são as das parábolas e também a de um discípulo itinerante de Jesus, como Levi, e de um discípulo sedentário, como Zaqueu. As de dimensão média e as pequenas não estão presentes nas parábolas, mas apenas nas narrativas de hospitalidade relativas a Jesus e seus discípulos.

7. A hospitalidade nas *oikoi*

1. Vimos que a função principal exercida pelas casas e pelas *oikoi* para com o movimento de Jesus, de acordo com Lucas, é a da hospitalidade.

As *households*, em Lucas, são vistas a partir de sua função de hospedar Jesus e seus discípulos. O ponto fundamental que queremos colocar em evidência é que o movimento podia pedir hospitalidade às *households*, porque existia, na cultura do tempo, o costume de se receber em casa.

---

[21] O pai concede ao filho menor, que vai embora, sua parte, e indica a parte do maior. O que tornaria possível propor a hipótese de que o filho maior, mesmo continuando a trabalhar na *household* do pai, e dependendo dele, vivesse em uma casa autônoma, contígua à casa do pai.

De acordo com esse costume, era normal que os viajantes encontrassem hospitalidade durante as viagens e deslocamentos, embora houvesse também pensões (e talvez até sinagogas com cômodos para hospedagem. Cf. Levine, 1981; White, 1996; Destro-Pesce, 2000, p. 73-74). Esse costume não era só dos judeus ou característico do país de Israel, mas era típico do mundo romano como um todo.

Para documentar esse costume ou norma consuetudinária, basta ler o texto do *De re rustica*, de Columella. Aí se vê que o autor sugere que se construa a quinta, ou vila, não na estrada (*in via*), ou seja, não nos lugares de trânsito ou onde é frequente a passagem de pessoas. A intenção é evitar que os viajantes se dirijam à quinta para pedir hospedagem, causando danos a seus campos ou às propriedades. O viandante *infestat rem familiarem* (danifica as casas, os bens da *oikos*) porque nem sempre respeita os lugares onde é acolhido. O texto de Columella é de grande importância porque mostra implicitamente que o costume de pedir abrigo nas quintas ou nas casas *in via* era um mecanismo cultural existente no mundo do primeiro século. O que nos permite afirmar que o pedido de hospedagem visto nas passagens evangélicas não deve ser encarado como um costume específico do grupo de Jesus ou como algo especificamente religioso.

A atitude de hospitalidade para com os viandantes e os viajantes deve ser compreendida como prática da ajuda mútua, mais do que como pura generosidade. A dificuldade das viagens pode recair sobre os ombros de qualquer um que se movimenta e, na medida em que eu ofereço hospitalidade, posso esperar ser, por minha vez, recebido por alguém. Comparamos também a passagem em que os discípulos dizem a Jesus que despeça a multidão a fim de que as pessoas possam ir até à cidade e às propriedades próximas para encontrar um abrigo e comida, o que não pode ser encontrado em lugares desertos (9,12). O texto mostra que é normal o alojamento nas cidades e em suas redondezas. Pressupõe um costume popular de acolhimento e de ajuda que aflora normalmente

Jesus Perante a *Oikos*: Conflito e Hospitalidade

quando um viajante se encontra na proximidade de um lugar habitado, de uma aldeia ou de uma cidade. Também o trecho de Lc 24,29-30 (a história de Emaús) descreve uma cena em que se vê bem como o acolhimento se dá para com um viajante que, pelo entardecer, tem necessidade de uma casa onde seja possível alimentar-se e dormir. O sistema dos relacionamentos dos moradores para com os viajantes prevê que esses últimos sejam convidados a permanecer.

Do ponto de vista particular de nossa pesquisa, devemos reconhecer que os chefes das *oikoi* no movimento de Jesus exerciam uma função muito importante. Eram eles que garantiam a continuidade e a prática da pregação a Jesus e a seus discípulos itinerantes. Em outras palavras, os itinerantes eram profundamente dependentes desse recurso precioso.

2. Todavia, o texto de Columella indica claramente que, com respeito ao uso de pedir alojamento nos lugarejos ao longo da estrada, podem ser assumidas duas atitudes: conceder ou não. A aceitação não era automática e podia ser negada por causa de possíveis riscos. Os motivos para não se aceitar o pedido de alojamento podiam ter origem em um comportamento de não cooperação com os estranhos ou então pelo medo de perigos ou de prejuízos. Geralmente acontecia de a hospedagem ser concedida apenas aos que pertenciam ao mesmo grupo. Para ficar com o exemplo de Lucas, pode-se ver que a hospitalidade não era exercida para com aqueles que não pertenciam à própria comunidade étnico- -religiosa. Lc 9,52-55 mostra claramente que os samaritanos não acolhem Jesus e os seus porque são judeus, isto é, porque não pertencem ao mesmo grupo religioso. Os companheiros de Jesus não são aceitos, não por falta de disponibilidade ou por insensibilidade, mas porque não há hospitalidade para com os não-samaritanos. Lc 5,8 conta uma parábola sobre um homem que recebeu em casa um amigo (*filos*) à meia-noite e, como nada tivesse para lhe oferecer, viu-se constrangido a sair à procura de pão, naquela altura da noite. Essa passagem oferece a contraprova de

Lc 9,53. A hospitalidade deve funcionar prazerosamente para com os amigos, mas deve ser negada para os desconhecidos ou pertencentes a um grupo religioso concorrente, hostil ou que cause medo (com relação ao ambiente doméstico). Particularmente não são aceitos os que podem causar algum dano material à *household* (Columella, *De re rustica*). Jesus parece bastante consciente da dificuldade de as casas oferecerem hospedagem, porque manda que seus discípulos façam um gesto de repulsa para as cidades que não os acolherem (Lc 9,5; 10,10-12).

Assim Jesus, incitando o uso desse sistema de apoio à pregação, intencionalmente quer reforçar um costume difuso em sua cultura que estava sendo ameaçado por comportamentos que privilegiavam o interesse particular da *household*. Poder-se-ia pensar que a insistência sobre o pedido de pouso fizesse parte do projeto de transformação sociorreligiosa de Jesus. Jesus, de fato, não se limitava a pedir e a aceitar a hospedagem, mas pedia às *oikoi* que o hospedavam mudanças importantes de comportamento.

São três os pontos que nos parecem relevantes na perspectiva do Jesus de Lucas:

(a) as casas *devem* praticar a hospitalidade. Esse dever está implícito na ordem que ele dá aos doze e aos setenta de pedirem hospedagem (9,4; 10,5-7). Jesus mesmo, como já dissemos, pede acolhimento com firmeza e decisão (19,5).

(b) Os *householders* não devem hospedar alguém que depois poderá retribuir, isto é, não devem procurar vantagens para si mesmos mediante a troca. A hospitalidade deve ser oferecida aos que nada possuem, que estão além de qualquer possibilidade de retribuição.[22]

A parábola do banquete (14,15-24; cf. Mt 22,1-14; Tomé 64) é bastante significativa desse ponto de vista (cf. Dupont, 1978). A versão lucana é, certamente, muito mais próxima do arquétipo comum a

---

[22] Cf. Moxnes, 1991, p. 264 ("Jesus urges here a break with the system of reciprocities in which a gift is always repaid by the recipient") e Elliot, 1991, p. 236-238.

Mateus e Lucas do que a versão de Mateus (Pesce, 1978). Na parábola, os convidados ao banquete recusam o convite porque ele contraria os interesses da própria *oikos*. As *oikos* são como mundos que tendem a sua própria autonomia. Querem, portanto, cuidar primeiro dos próprios interesses: comprar fazendas, bois, ficar na companhia da mulher, como em Lucas (aquisição de terras, banquete para um amigo, ajuste de dívidas e de impostos, no caso de Tomé). Para se estabelecerem relacionamentos de aliança, os grupos domésticos fazem cálculos sobre seus interesses materiais e de alianças matrimoniais.

A exemplo dos outros chefes de *oikoi* que recusaram o convite para o banquete,[23] o *householder* da parábola manda que seu próprio escravo convide os pobres, os coxos, os cegos e os aleijados (14,21).

A parábola sugere que os banquetes são feitos para se acolher os que estão fora do esquema de troca e de competição e talvez para incentivar um sistema de redistribuição.[24] O que, evidentemente, não era compatível com a política de ascensão social praticada pelos *householders*.

(c) Os *householders* devem comportar-se de acordo com o ideal religioso do Jesus de Lucas, que privilegia sobretudo a exigência de uma redistribuição dos bens e do dinheiro aos pobres. Em 19,1-10, Lucas fala do encontro de Jesus com Zaqueu, chefe dos publicanos,

---

[23] Rohrbaugh, 1991, p. 140-146, exemplifica certos modelos de comportamento que ele acredita serem típicos das sociedades "pré-industriais" destacando na parábola: o duplo convite para o banquete feito às elites urbanas; o fato de que, se um não aceita o convite, igualmente todos os outros não o aceitam; e que é inconcebível que as classes que vivem à margem da sociedade pudessem ser convidadas pela elite para participarem de seu espaço.

[24] Rohrbaugh, 1991, p. 146, acredita que "table fellowship within the Christian community is [...] the issue Luke addresses by the parable". Pelo contrário, nós vemos a parábola do ponto de vista pressuposto implícito pelo contexto social de Jesus. Não estamos interessados no problema da composição interna da comunidade de Lucas. A respeito disso, cf. Stegemann-Stegemann, 1998, p. 511-512.

homem muito rico. Jesus lhe diz: "Devo ficar em sua *oikos*" (o verbo usado é *katalyomai,* que indica hospedar-se. Cf. Lc 9,12). Zaqueu não foi convidado para se tornar um seguidor de Jesus. É o chefe de uma casa que não abandona sua vida costumeira, mas simplesmente se converte a um modo de vida mais justo; dará a metade de seus bens para os pobres e reparará os prejuízos causados. Lucas afirma que a função do chefe de casa não deve necessariamente ser abandonada, porque Zaqueu não é convidado a abandonar a casa e nem a mudar de profissão.

O fato de que Zaqueu, que era chefe da associação dos fiscais de tributo e por isso muito rico,[25] não deva vender tudo, mas somente a metade de seus bens, e o fato de lhe ser dito que "a salvação entrou nessa *oikos*" parecem contradizer a narração do *archon* que se nega a vender todos os seus bens (Lc 118,18-23). A posição de Lucas é que somente os seguidores itinerantes, como já dissemos, devem vender tudo, ao passo que os simpatizantes podem adotar um comportamento menos radical. O que se pede a Zaqueu é uma espécie de revisão, de reconsideração religiosa de sua atividade econômica de arrecadador de impostos. Isso é coerente com a imagem de um movimento que se baseia, de um lado, no *abandono das oikoi* por parte de seus membros mais ativos e, de outro, na *hospitalidade* por parte das *oikoi*, em seu conjunto.

Também a parábola de Lc 16,19-31 (contada somente por Lucas) tem o mesmo sentido. Nela se fala de um homem rico (*plousios*) e de Lázaro, que é pobre (*pitochos* significa aquele que nada possui).

---

[25] Como escreveu M. R. Cimma: "A variedade e a vastidão dos negócios geridos pelos publicanos exigia a disponibilidade de numerosos prestadores de serviços, livres ou escravos. Disso, provavelmente, decorre a necessidade de se associarem para poder dar conta dos encargos sempre crescentes que decorrem da assunção de empreendimentos públicos" (1981, p. 41-98).

O pobre está a sua porta, mas não é acolhido. Tem fome, mas não o fazem entrar. A hospitalidade aqui não funciona exatamente como funcionava no caso da parábola do banquete. O sistema de acolhimento não é praticado para com os miseráveis que não podem retribuir.[26]

Dentro da função mais geral da hospitalidade, o Evangelho de Lucas coloca em evidência especialmente dois cenários: o do serviço doméstico (Marta, a sogra de Simão, o escravo que volta do campo) e o da convivência.[27] Eles são os lugares simbólicos que sintetizam o esforço pela ascensão social, o esforço pela manutenção do próprio status, de luta ou de subordinação à ordem social. O ambiente de convivência, em especial, como se viu, é recorrente, mas não exclusivo. Esses dois cenários são importantes para explicar o que o Jesus de Lucas pensa a respeito do funcionamento da *oikos*. Ele resume em determinados comportamentos a representação simbólica das estruturas sociais ou situações que ele desaprova. Jesus entra nas casas porque elas são o lugar onde se tornam evidentes os problemas centrais da sociedade em que vive.[28]

---

[26] Também aqui pode ser feita uma referência à relação patrono-cliente que está implícita na hospitalidade.

[27] Esse Evangelho se dedica atentamente à questão da ordem nos lugares da mesa, como geografia simbólica da hierarquia social (14,7-11), aos tipos de convidados (14,12-14.15-24), aos hóspedes ocasionais, sobre como arranjar comida para o amigo que chega à meia-noite (11,5).

[28] O Jesus de Lucas denuncia o mecanismo de trocas entre as *householders* que exclui todos os grupos sociais que não possuem possibilidade alguma de participar do mecanismo de trocas e não são proprietários de casa, que não têm nenhuma atividade remunerada. Esses grupos sociais deveriam beneficiar-se, de acordo com o Jesus de Lucas, da doação, tanto por parte dos discípulos itinerantes (que devem vender *tudo* para dar aos pobres) como por parte dos seguidores sedentários que devem abrir suas casas para a hospedagem, dando parte de seus bens aos pobres.

8. Observações para conclusão

Concluindo, Jesus poderia recorrer ao sistema da hospitalidade porque seu sistema, que adotava a itinerância, impunha essa condição, como também impunha que ele recorresse a pessoas ricas (cf. as mulheres de Lc 8,1-3) que serviam seu grupo com seus bens.

O motivo pelo qual Jesus manda a seus discípulos itinerantes que viajem como pobres é para que fique claro a quem os hospeda que eles jamais poderiam retribuir com nada, nem com hospedagem, nem com bens, nem com proteção política ou integração social. O motivo pelo qual, em segundo lugar, Jesus pede que seus discípulos itinerantes rompam com a própria *household* e vendam os bens é que somente assim eles se tornam absolutamente incapazes de servirem como instrumento de aliança entre a própria *oikos* e as *households* que os hospedam. Os itinerantes dependem das *oikoi* para a própria sobrevivência, exatamente porque viajam como os pobres. Em sua pobreza, sendo privados de qualquer perspectiva econômica, têm menos oportunidade de entrar ou de ser levados a entrar no mundo das relações vinculantes com as *oikoi*.

Já vimos como Jesus dedicava particular atenção à situação da população marginalizada e em situação de pobreza que não estava em condições de contribuir com algum benefício para o sistema de trocas e de reciprocidade social. O Jesus de Lucas coloca no centro uma situação em que as classes sociais mais pobres não estão em condição de se valerem do mecanismo do patronato. Jesus mostra que conhece esse mecanismo (cf. 7,1-10). Ele parece viver em uma daquelas épocas de crise, descritas por Wallace-Hadrill, em que as relações patrono-cliente se enfraquecem seriamente. Como ressaltou Moxnes, os ricos do Evangelho de Lucas não querem comportar-se como patronos: "Eles são mostrados como resistentes a se comportarem com a generosidade que era de se esperar normalmente" dos patronos (cf. Moxnes, 1991, p. 254-257). O pedido de Jesus aos discípulos itinerantes, de entregar seus bens sem esperar recompensa, e seu pedido aos outros para que ofereçam hospitalidade fora do sistema de trocas recíprocas destroem a própria base do relacionamento patronal (Moxnes, 199, 264). Cremos que Jesus não estivesse procurando transformar radicalmente o sistema patronal. É praticamente impossível para um movimento de limitadas dimensões eliminar os mecanismos de poder que possuem importância em uma sociedade. Pelo contrário, achamos que Jesus pensava à luz do jubileu levítico, em outro modelo social, naquele da mudança dos papéis e da igualdade. Mostraremos, no capítulo seguinte, como a concepção da remissão dos pecados de Jesus e seu comportamento diante dos sacrifícios estavam inspirados no ideal religioso e social do jubileu.[29] Em Lucas, a transformação religiosa da *oikos* proposta por Jesus vai na direção de uma regeneração de toda a comunidade de Israel que inclua o apoio aos pobres.

Na visão de Lucas, portanto, o *householder* tem uma função essencial no movimento de Jesus, não enquanto um discípulo itinerante, mas enquanto chefe de uma estrutura econômica de sustento que se transforma de acordo com o estilo sociorreligioso do movimento. Um exame analítico de todas as passagens evangélicas pode mostrar que existe uma dialética muito forte entre o movimento de Jesus e as *oikoi*. O movimento tem um profundo relacionamento estrutural com as unidades domésticas, o que implica uma correlação muito mais estrita e profunda do que se poderia pensar com o apoio somente de uma concepção abstrata e esquemática dessa dialética.

---

[29] H. Moxnes, em 1988, já havia chamado a atenção para a importância do jubileu como pano de fundo do ideal religioso de Jesus.

4

Culpa, Ritos, Sacrifícios

Para poder situar Jesus dentro de um mundo em que vigorava um sistema de sacrifícios é preciso considerar que matar ritualmente um animal, seja uma ave, uma ovelha ou um touro, é um elemento essencial na cultura judaica e também na greco-romana do primeiro século.[1]

Quando se enfrenta o tema do sacrifício nos textos protocristãos é preciso libertar-se das hipóteses de que o cristianismo primevo represente um novo tipo de religião, que proclama pela primeira vez o fim dos sacrifícios animais[2] e a inauguração de um novo tipo de religiosidade firmado no "sacrifício" de Cristo. Como escreve Stroumsa, o "fim do sacrifício" é um fenômeno cultural de grande porte que atinge toda a cultura tardo-antiga, sobretudo aí pelos séculos quarto e sexto (Stroumsa, 2005).

Primeiramente, já antes da destruição do "segundo" templo de Jerusalém, no ano 70 d.C., o judaísmo, em algumas de suas correntes, principalmente

---

[1] O ato da morte implica inevitavelmente atos de violência muito problemáticos. Duvidamos que a violência para com um animal a ser sacrificado possa ser vista como um mecanismo de "sublimação" ou "domesticação" da própria violência. Para uma explanação sobre esses aspectos, cf. Scubla, 2005, p. 135-170.

[2] A respeito da distinção entre religiões sacrificiais e não sacrificiais com relação ao cristianismo primitivo, cf. Stowers, 1995.

Qumram, como se vê na *Regra da Comunidade*, havia elaborado uma religiosidade que não considerava tanto a prática dos sacrifícios animais. E talvez essa comunidade não usasse fazer sacrifícios nem mesmo na terra de Israel purificada e restaurada, cujo advento era o sonho do grupo (1Qs VIII, 4-6; IX, 4-5). Em segundo lugar, um sistema religioso judaico sem imolações animais acontece no segundo século da era cristã com o rabinismo, quando o estudo da Torá e a construção de um povo que viva com pureza sacerdotal se colocam como uma mudança com respeito à antiga religião do templo (cf. Neusner, 2001). Enfim, já muito tempo antes da era cristã, o judaísmo da diáspora, mesmo conservando uma ligação muito forte com o templo e com o costume das peregrinações periódicas a Jerusalém (cf., por exemplo, Josefo, *Ant.* XVI, 162-163), praticava uma religião em que os sacrifícios animais eram postergados. Não se pode, pois, esquecer que grandes correntes do mundo antigo, como, por exemplo, o pitagorismo, criticavam severamente o sistema de sacrifícios das religiões tradicionais.

É verdade que, nesses casos, trata-se de formas religiosas que, embora renunciando aos sacrifícios de animais, atribuem um papel central à metaforização do sacrifício em toda a sua complexidade ou à substituição dos sacrifícios por formas tidas como equivalentes. A manutenção do esquema cultural dos sacrifícios, mesmo na ausência deles, ou do sacrifício de forma metaforizada ou cambiável deve estar sempre presente para que a realidade histórica não seja apresentada de maneira muito simplificada e mistificadora. Com isso não se pretende simplesmente colocar em evidência a pluralidade histórica dos fenômenos sacrificiais, mas também o fato de que existem muitas pistas que permitem entrever mudanças institucionais e surgimento de práticas sacrificiais que não estão em conexão com um desenvolvimento linear e evolutivo que procede do antes para o depois, da oferenda sacrificial para o mecanismo metafórico.

Entre os muitos aspectos conexos à prática sacrificial é preciso esclarecer dois deles, a partir de uma visão geral: a vítima e o lugar do sacrifício. A vítima, como muitas vezes é afirmado, é o resultado de um ato de "criação" sintomática e singular por parte de um determinado sistema religioso e cultural. Ela é constituída de um material produzido (corpo morto, corpo esquartejado, corpo colocado sobre um altar. Cf. Destro, 2005) que não é pré-existente ao ritual. A vítima adquire seu prestígio ou sua força simbólica e funcional através de regras, pelas quais o animal é pré-escolhido, legitimado e institucionalizado. A pessoa que quer oferecer o animal (em um ritual de descontaminação ou purificação, ou para remediar os efeitos de eventuais transgressões, para se transformar, comunitariamente, ou para estabelecer uma ligação com a divindade) une-se a ele baseado em princípios de legitimidade e adequação. O uso do animal muitas vezes é mais legítimo e adequado com relação aos objetivos do homem do que com relação às qualidades de Deus.

Tomada no sentido de "construção da vítima", a vitimização é, pois, uma ação poiética, desenvolvida em fases e dirigida para a obtenção de vários objetivos. Existe uma técnica, difundida, mas não uniforme, para essa construção. O animal, objeto do processo, passa por uma série de decisões, avaliações, manipulações que são fixadas por normas. Em outras palavras, o sujeito ritual (oferente, sacrificante ou mesmo destinatário) empreende algumas ações de valor simbólico, pelas quais o animal escolhido é aperfeiçoado e, finalmente, feito digno do papel que lhe foi atribuído. O grau e a intensidade dessas ações de amoldamento da vítima e da produção da categoria de vítima estão de acordo ou são impostos pela estrutura religiosa institucional da sociedade. O desenvolvimento e a formação de um forte sistema sacerdotal, por exemplo, podem dar um grande impulso à técnica da vitimização e incrementar as ocasiões para se proceder aos ritos de imolação para além dos "pecados" e das "culpas" das comunidades concretas. Por outro lado, pode conferir a esses ritos um forte poder organizacional e capacidade de mediar, acalmar ou resolver os conflitos intra e extracomunitários etc.

No mundo greco-romano os sacrifícios geralmente são realizados em lugar específico (o altar) que deve estar colocado em um templo, ou a ele ligado, onde se imagina estar a presença divina. Também no sistema judaico existe essa conexão necessária com um lugar de imolação, em relação ao qual é imaginada a presença de Deus, mas existe *apenas um lugar* e *apenas um templo* onde se imagina que se materializa a presença da divindade. Grande parte do mecanismo sistêmico da religião judaica se apoia, até a destruição do ano 70, em lugares, objetos, materiais, calendários e textos que giram ao redor do templo de Jerusalém.

Dito isto, acrescente-se que não é nossa intenção concentrarmo-nos sobre o templo de Jerusalém ou de analisar os pressupostos históricos ou culturais. Basta-nos lembrar que ele então era um fator primário, estrutural e espacial das imolações judaicas, que suas atividades e sua função concorriam fortemente para a construção da identidade judaica. Do ponto de vista físico e local, um templo não representa um puro cenário, pois constrói (com uma rede de ambientes abertos e fechados, sinais, cores, pórticos, escadarias, vasos rituais, objetos etc.) um *script*, no sentido de um guia para a atividade ritual concreta ou uma compilação (pela análise relativa às formas de teatralização). O *script* oferecido pelos espaços culturalmente organizativos pode ser entendido como um conjunto de sinais estandardizados e depositados nos sítios que uma pessoa assume ou invoca como esquema material para realizar atos performativos. Esse conceito exprime um princípio: as ações em um templo devem ser realizadas de acordo com ritmos, espaços, instrumentos e símbolos que estruturam o templo (cf. Destro, 2005, p. 204-210).

Para ajudar nas discussões que se seguem, deve-se lembrar que o escopo de um rito de oferta animal é, normalmente, a recuperação de um estado perdido, a conquista da salvação, a obtenção do perdão (mediante a transformação das oferendas). O efeito do rito recai, portanto, eficazmente sobre os indivíduos ou os grupos, portadores de aspirações profundas e diversas, em termos de supressão de culpa ou da purificação das pessoas e dos lugares. O rito produz uma nova chance para a existência ou, pelo menos, uma saída de uma condição precária, enfraquecida ou ameaçadora, marcada por culpas ou por transgressões.

Uma advertência se faz necessária. Nossa observação se fixa sobre a morte de um animal por ser muito sintomática e difundida e porque a partir dela foram desenvolvidas várias formas de metaforização (cf. Stegemann, 2001; Destro, 2005, p. 91). Em segundo lugar, a escolha é devida ao fato de que a imolação possui importância considerável no desenvolvimento ritual e social (em termos de economia, de utilidade, lúdicos e festivos. Cf. Nicolas, 1996, p. 17-18). Tem uma função de atividade *incisiva* nos relacionamentos interpessoais concretos.

Desde logo é importante um esclarecimento terminológico. Expressões como "sistema sacrificial" ou "sacrifícios" são usadas para expressar todo o complexo dos ritos e seus diversos aspectos e fases. Com termos como "imolação" ou "vítima", porém, estamos referindo-nos à morte dos animais, sem esquecermos que tudo isso é acompanhado por outros tipos de oferta e sem querer fazer da morte a essência do rito sacrificial. Toda cultura tem sua linguagem própria para designar os ritos que hoje definimos como sacrificiais. O termo "sacrifício" que provém da linguagem latina não é, portanto, para ser privilegiado. No judaísmo, mais do que "sacrifício", um termo inexistente no hebraico, seria melhor falar de *qorban*, que significa aquilo que está próximo do altar ou da divindade. Nos textos do cristianismo primitivo encontramos palavras comuns no mundo greco-romano, como, por exemplo, *doros* (dom; cf. Mt, 5,23). Todas essas expressões manifestam aspectos particulares dos fenômenos "sacrificiais" que são mais ou menos importantes para nosso estudo. Mesmo nos esforçando para usar a terminologia êmica, isto é, a que era usada por cada uma das culturas, o uso do termo "sacrifício" é inevitável nessas páginas.

Neste capítulo é necessário esclarecer o ambiente e a variedade de elementos do mundo judaico em que Jesus presumivelmente pode ser situado. No próximo capítulo a atenção será fixada sobre as concepções de Jesus relativas à atividade sacrificial e sobretudo a seus efeitos.

1. Visão teórica dos ritos de imolação

1. A pesquisa recente gerou uma discussão sobre o conceito de um sacrifício, com orientações teóricas divergentes. Uma definição de sacrifício, contudo, serve para esclarecer também aspectos fundamentais da cultura judaica e penetrar a fundo na sociedade em que viveu Jesus. O debate científico sobre a definição de sacrifício foi ininterruptamente se prolongando nos últimos decênios do século passado, chegando até hoje (de W. Robertson Smith a M. Mauss – H. Herbert a M. Detienne – J. P. Vernant a W. Burket, a V. Valeri). A consciência da notável complexidade da questão e dos temas engloba: (a) exige clareza sobre o que sejam os rituais sacrificiais em geral e (b) a natureza dos sacrifícios judaicos do primeiro século no país de Israel. Exige, além disso, (c) que os atos imolatórios sejam figurados ou modelados tendo em conta diversos temas desse debate.

Uma premissa indispensável. A pesquisa recente trouxe à luz que a noção histórico-religiosa para compreender os ritos sacrificiais do mundo antigo não pode ser construída a partir de um pressuposto cristão. O fato de que a morte de Jesus, como foi dito, às vezes é compreendida como "sacrifício" para a expiação dos pecados levou, de fato, a pensar que tal morte seja substitutiva dos precedentes sacrifícios judaicos e a julgar, por isso, que o significado e a função dos sacrifícios judaicos sejam os mesmos do "sacrifício de Cristo". Já Tertuliano, no primeiro século, escrevia a propósito da morte de Jesus Cristo: "Ela é, de fato, a vítima espiritual que destruiu os sacrifícios antigos"[3] (*De Oratione* 28,1. Ver também *Adversus Iudaeos* 6,1 e 13,122). O conceito cristão de sacrifício, forjado sobre a morte de Jesus, não pode tornar-se o critério interpretativo dos sacrifícios judaicos, definindo-os como tal na medida em que refletem o que é essen-

---

[3] *Haec est enim hostia spiritalis, quae pristina sacrificia deleuit.* A respeito da indevida cristianização do conceito de sacrifício, cf. Stowers, 1994, p. 206-213; 1998, p. 4; Detienne, 1982, p. 34-35.

cial no "sacrifício de Cristo". Será preciso compreender o sacrifício judaico dentro das categorias da cultura judaica em que se desenvolve, excluindo qualquer referência à concepção cristã. Somente após se ter compreendido a natureza do sacrifício judaico será possível compreender a continuidade ou a descontinuidade entre a praxe sacrificial judaica e concepções e praxes cristãs a respeito de Jesus.

Antes de tudo, queremos precisar que não existem elementos absolutamente universais e constantes ou frequência maior ou menor de alguns elementos dos ritos sacrificiais (cf. Rivière, 1997). Algumas preliminares devem ser antepostas a qualquer outra consideração. Primeiramente, não se pode esquecer que M. Mauss, escolhendo o exemplo védico, define o sacrifício hindu como um "rito amorfo", sem um sentido determinado e que "pode servir aos fins mais diversos". "Nada melhor, portanto", continua Mauss, (1981, p. 27), para encarar o sacrifício como objeto complexo de pesquisa e rico de "fatos" e de resultados. Assumimos e estendemos a todos os sacrifícios essa afirmação, porque nos parece conveniente para ilustrar como o ato de imolação é um instrumento que incide sobre a anatomia social. Trata-se de um ato religioso que requer forças e recursos de mediação essencialmente simbólico-religiosa que confere determinada fisionomia a cada sistema em particular, aos mecanismos, às pessoas em uma pluralidade de contextos sociais. Sociologicamente relevante é o fato de que a morte animal corresponde a um processo de agregação e de formação de participantes. No sentido de que ela é gerida e dirigida por um grupo (ao qual são conferidos atributos espaço-temporais precisos) e, por sua natureza, não pode ser exercida por estranhos, pelo "mundo de fora".

Se a história da pesquisa nos convenceu de que não existem modelos universalmente válidos para a imolação animal, convenceu-nos também de que não existem modelos que não possam ser modificados, corrigidos ou integrados. Os conceitos e os modelos interpretativos possuem uma característica formação histórica, estreitamente conexa a fatos e dados contingentes, mais ou menos refletidos em princípios e teorias. Isso quer dizer que um fenômeno de imolação pode ser analisado ao mesmo tempo por aproximações e modelos diversos de modo que se possam captar aspectos distintos e/ou complementares, baseados no contexto, no tempo da execução, no tipo do ritual, nas dimensões sociais etc.

Nosso ponto de partida na análise dos ritos de sacrifício já mencionado (Destro, 2001; 2005) diz respeito às seguintes questões: a necessidade de analisar os sacrifícios à luz de uma teoria do rito; a necessidade de compreender os sistemas de sacrifícios não abstrata e genericamente, mas como partes de culturas particulares que devem ser interpretadas em sua especificidade para que se possa, posteriormente, perceber as funções que os sacrifícios exercem dentro do conjunto; o "controle sobre a vida" como elemento fundamental em uma definição de sacrifício.

2. Se não podem ser dadas definições e classificações precisas do mecanismo ritual e religioso do processo em que se realiza o sacrifício é, contudo, oportuno que se tenha alguma informação sobre o processo que atribui um valor específico ao ser que será morto. Trata-se de um procedimento em que – como acontece muitas vezes nas atividades rituais – verifica-se a construção da sacralidade. Pode-se distinguir nele o pressuposto que consiste em atribuir àquilo que será imolado um caráter ou valor todo particular, "outro" ou divinizado. No ato de matar, em outras palavras, entende-se que venha de fora uma força que transforma o animal (geralmente doméstico e perfeito) em alguma coisa que corresponda às exigências religiosas de caráter relevante. "Atuando sobre a vítima opera-se no religioso que é dominado, ou pela invocação ou pela absorção, ou então que é afastado ou eliminado" (Mauss,1981, p. 58). O importante é que se dá procedimento adequado, colocado em ato por um grupo humano preciso, de acordo com as finalidades que ele se atribui. É necessário estabelecer precisamente o momento do *deslocamento* da entidade que vai ser oferecida do âmbito profano para o sagrado (por meio de atribuições simbólicas bem delimitadas) e todas as práticas rituais que são necessárias para que esse *deslocamento* possa acontecer. Por exemplo, no ritual sacrificial judaico

antigo as ovelhas não devem ser apenas escolhidas, mas também examinadas atentamente de acordo com os modelos que também exigem significados especiais simbólicos, devem ser submetidas a um tratamento particular, como serem lavadas antes de poder entrar no recinto sagrado.

3. Nossa consideração crítica dos ritos de sacrifício, em todo caso, pode ter seu ponto de partida naquela que V. Valeri (1985, p. 38) chama de "definição preliminar", de acordo com a qual no sacrifício está lidando-se com a consagração de uma oferenda. A oferenda é totalmente consagrada à divindade ou poder sobre-humano, mas dividida em duas partes distintas, das quais uma é só da divindade e a outra dos sacrificadores e outros participantes.[4] No quadro ilustrado por Valeri fica clara a *variabilidade* dos sacrifícios porque suas características, em sua visão, dependem dos fins, das ocasiões, do tipo de divindade, do tipo de oferenda, de seu valor simbólico, do modo com que a oferenda é tratada e subdividida (1985, p. 38). A definição de Valeri parece deixar bastante implícita a dimensão performativa dos rituais de sacrifício. Como acabamos de dizer, não basta limitar-se a dizer que é necessária a fase da indução da oferenda e da transferência dela do âmbito profano para o sagrado.

Na verdade, o que fez Valeri foi, antes de tudo, afirmar o valor de se realçar a necessidade de analisar a gama de conteúdos, dos tratamentos e dos objetivos. Ele destaca as ocasiões em que os sacrifícios são praticados nas várias culturas.[5] De fato, muitas vezes, na teorização do sacrifício é deixado de lado que cada sacrifício tem função diversificada entre si (no âmbito de cada

---

[4] Malina (1996, p. 37) sintetiza a posição de Valeri do seguinte modo: "sacrifice is a symbolic action motivated by some perceived lack or social disorder in which the offerer is transformed by the God's devouring his double (the offering), resulting in the offering's being incorporated into the God in part permanently (state of the offerer conscious of what the God stands for), and in part being returned to the offerer (state of the offerer conscious of returning to the regular world)" (1985, p. 71).

[5] Veja a lista: 1985, p. 38-44.

cultura) e acaba por se criar uma teoria sobre apenas alguns, que nem sempre são exemplos típicos de sacrifício. No que diz respeito ao sacrifício judaico, que será o objeto principal de nossas análises, alguns realçam somente ou sobretudo o sacrifício pelo pecado (*hatṭat*) ou, em certos casos, somente o sacrifício de comunhão (*zebah šelamim)*, com prejuízo dos outros.

Valeri (1994) apresentou, diversos anos depois, uma segunda definição de sacrifício que C. Grottanelli assim resumiu: "Na sua forma plenamente desenvolvida, o rito compreende os seguintes atos, na seguinte ordem: 1) a indução;[6] 2) a morte; 3) a renúncia;[7] e, finalmente, 4) a consumação"[8] ou *enjoyment* (Grottanelli, 1998, p.14). Grottanelli ressalta a importância de um aspecto da teoria de Valeri, isto é, o *enjoyment*, o prazer. E assim o sacrifício é definido como a obtenção de resultados positivos a partir de uma perda-renúncia. Proporciona um estatuto intelectual interessante, expressão de uma dialética precisa: "o retirar a vida (ou a destruição/remoção da esfera do uso puramente humano de objetos preciosos como sinais de vida) ritualizado, para obter algum benefício" (14).

Resumindo, o que nos parece interessante em Valeri é sua atenção para com o poder do sacrifício de responder a muitas exigências em uma mesma sociedade. Disso decorre uma leitura em que o significado de cada rito de sacrifício está ligado precisamente à sociedade da qual funciona como instrumento,[9] e também às diferentes situações existenciais (da origem às primícias) em meio às quais um sacrifício é realizado.

---

[6] Isto é, a ação de procurar, especialmente quando se trata de um animal selvagem ou feroz, e de preparar a vítima.

[7] Isto é: "Proibir ao consumo humano uma parte da vítima (e às vezes a vítima inteira)", o que não implica, necessariamente, "a giving to from a giving up" (Grottanelli, 1999, p. 14).

[8] A parte mais social e festiva do rito e muitas vezes o momento mais alto do sacrifício (Grottanelli, 1998, p.14).

[9] De acordo com as palavras de P. Bourdieu, Valeri coloca explicitamente o problema de "levar em consideração uma área cultural particular, na expectativa de colher, na variante assumida, a invariante, a estrutura" (Bourdieu, 1995, p. 14).

B. J. Malina, um autor que dedicou grande parte de sua produção científica à busca de resultados das ciências sociais que fossem capazes de esclarecer as origens cristãs, dedicou alguns estudos importantes ao tema do sacrifício. Primeiramente (1993) ele, a nosso parecer, destacou sobretudo dois aspectos. O primeiro é constituído pelo esquema trifásico de A. van Gannep, que, aplicado ao sacrifício, permitiria compreender melhor a separação da oferta do mundo comum. A oferenda seria "colocada à parte" para Deus, e isso corresponderia à santificação da própria oferenda.[10] O segundo ponto levado em consideração por Malina é a relação patrono-cliente, sob cuja compreensão seria considerada a oferta santificada.[11] O que nos parece útil na posição de Malina é que ele reafirma a necessidade de compreender o significado do sacrifício à luz das relações de um grupo sociocultural determinado. É importante que ele tenha entrelaçado uma teoria do ritual com uma teoria da cultura e uma definição do sacrifício judaico.

Algum tempo depois, em 1996, Malina estudou mais sistematicamente o sacrifício em geral e o sacrifício judaico em particular, acentuando o fato de o efeito do sacrifício ser um efeito de vida (*"life effect"*, 1996, p. 38) com o sentido de que sua finalidade é a de produzir consequências sobre os fatos da existência. Para isso convergem um estudo nosso anterior (Destro, 2001) e as observações de M. Douglas (1999) a respeito do sacrifício levítico.

Apesar de ser um dos estudiosos que tentaram uma interpretação antropológica do sacrifício judaico, H. Eilberg-Schawartz, na verdade, não

---

[10] "The process [...] of setting persons and things apart to or for God is called sanctification [...]. The process of interacting with God by mean of persons and things thus set apart is called sacrifice" (p. 168).

[11] "Sacrifices to God are analogous to gifts given to higher-class patrons. What patrons want of their clients is recognition of honor, submission, a following. Sacrifice to God symbols a gift of a client to a patron, an expression of asymmetrical but relationship with a view to power, protection and the joy of bathing in the presence of the patron of patrons (...)" (p. 170-171).

introduziu inovações notáveis a respeito do tema. De fato ele reforçou a conhecida teoria do sacrifício como substituição:[12] "O sistema sacrificial baseia-se na ideia de que a vida de um animal seja substitutiva da vida da pessoa que leva o animal para ser imolado" (1990, p. 134). Seu mérito, porém, a nosso ver, é de ter afirmado uma tese que não é muito conhecida fora do círculo dos especialistas do livro do Levítico. Os sacrifícios bíblicos,[13] em si, constituiriam atos reparatórios apenas para as culpas menores, mas não para as culpas voluntárias ou graves (p. 136). Isso é fundamental porque, na perspectiva levítica, o sacrifício não é um mecanismo que resolve os problemas mais graves, relativos à vida e à morte.

É mérito de M. Douglas (1998) ter apresentado uma teoria antropológica do sacrifício judaico como é concebido pelo Levítico. Na verdade, Douglas não propõe uma interpretação antropológica do sacrifício em geral ou de todos os sacrifícios bíblicos (cf. Destro, 2005). Para ela, no Levítico, "o ato do sacrifício é a transformação de um tipo de existência em um outro, mais do que uma morte" (1998, p. 69). O sacrifício não se completa na simples morte de um animal. É um rito que tende a produzir modificações substanciais na vida. A vítima, um ser vivente, é imolada e transformada em um material simbólico quando é queimada e transformada em fumaça (*into smoke*, 1998, p. 68) que sobe até Deus.[14] Em alguns casos (por exemplo, no rito da "vaca vermelha"), é transformado em cinza um material absolutamente essencial para os processos de descontaminação.

---

[12] "The very premise of the sacrificial system is that God will permit Israelites to sacrifice animals instead of sacrificing themselves and their children" (p. 135).

[13] Como já foi dito, aqui nos interessam sobretudo os sacrifícios animais, mas não nos esqueçamos que a eles se juntam – de acordo com as normas do Levítico – muitas oferendas de outra natureza (cereais, produtos alimentícios, líquidos etc.). Isto é, não podemos esquecer que, embora não os analisemos, muitas dessas oferendas completam, em certo sentido, as oferendas animais.

[14] Isso seria demonstrado, de acordo com Douglas, pelo fato de que o Levítico repete onze vezes que com o sacrifício "the priest turns all the offering into smoke (Lv 1,9.12.17; 2,16; and repeated 3, 11.16; 4.10.26,31.35)" (p. 68).

Culpa, Ritos, Sacrifícios

M. Douglas concentra-se bastante também sobre o corpo do animal, sobre suas partes internas e externas e sobre seu uso no altar.[15] O corpo do animal sacrificado é visto como um microcosmo. Os escritores do Levítico teriam concebido a anatomia do animal como reflexo da ordem cósmica querida por Deus. O fato de M. Douglas insistir sobre o corpo do animal que vai ser sacrificado como um microcosmo leva a examinar detidamente o esquartejamento do animal sacrificado e o uso das partes do animal esquartejado no rito e especialmente seu uso, que deve ser estritamente de acordo com as normas sobre o altar (1998, p. 76). Em particular, ela traz à luz a importância central da gordura que recobre as partes vitais (e que, a seu parecer, não é menos importante do que o sangue).[16]

Concluindo: para a finalidade de nosso estudo Douglas tem o mérito principalmente de ter colocado às claras, muito mais do que outros, o princípio da ordem cósmica expresso no corpo da vítima e recomposto em forma de "ordem divina" sobre o altar por meio do sacrifício.[17] Aproximou os processos intuitivamente estratégicos do desmembramento e remembramento (cf. Destro-Pesce, 2002). Parece-nos, contudo, que a importância dada ao significado "figurativo" do sacrifício corre o risco de deixar na

---

[15] "The first chapters of Leviticus are largely about *how* to make a sacrifice [...]. To find the underlying logic we have to look carefully at what it says about bodies and parts of bodies, especially what is inner or outer, on top and underneath, and pay special attention when it enfasizes by frequent repetitions and strong prohibitions" (p. 69).

[16] Para fazer compreender de que modo os sacrifícios levíticos expiam os pecados, Douglas recorre a uma interpretação complexa do sacrifício antigo. De acordo com ela, em quase todas as religiões, o sacrifício é uma ligação incindível com os oráculos. Somente depois da resposta do oráculo era possível saber que sacrifício se devia oferecer para remediar a desventura. De acordo com Douglas, "Leviticus is full of phrases ambiguous to us now but which make sense if restored to an original context of oracles and retaliatory justice" (p. 123).

[17] Essa é a finalidade principal de seu livro, como ela mesma afirma: "The central idea of this book is that Leviticus exploits to the full an ancient tradition which makes a parallel between Mount Sinai and the tabernacle" (p 59). "Sacrifice is one of the main figural motives with which it presents the principals of God's Creation and the divine order of existence" (p. 66).

sombra o efeito transformador do ritual, que, porém, ela mesma havia ressaltado desde o início.

Ao terminar essa análise das diversas teorias sobre o sacrifício (e sobre o sacrifício judaico e levítico em particular), parecem-nos fundamentais as seguintes conclusões. No que diz respeito a uma teoria do sacrifício em geral, queremos lembrar que o sacrifício é sempre uma ação ritual que tem como fim obter, da parte da divindade ou das forças sobrenaturais, a possibilidade de exercer o controle sobre a vida ou impedir a ameaça de morte. Dado que a vida está sob o poder da divindade ou das forças sobrenaturais, a oferta e a morte da vítima inocente são os instrumentos culturalmente imaginados como aptos para obter o direito de exercer esse controle.

2. Os sacrifícios judaicos e as transgressões voluntárias e involuntárias

1. O sistema religioso no qual transcorreu a vida de Jesus é, sem dúvida alguma, o dos judeus da terra de Israel, não obstante seja necessário não se deixar de lado a possibilidade de que a helenização e a romanização tenham trazido influências de outros âmbitos culturais. E verdade é também que a terra de Israel do primeiro século apresentava uma multiplicidade de judaísmos, verdade agora inconteste e que as narrações de Flávio Josefo e a variada literatura judaica da época estão sempre a nos recordar. Mas, nesses diversos judaísmos, devemos distinguir comunidade, grupos e movimentos organizados de simples tendências ou temas do pensamento religioso. A diferenciação entre comunidade e movimento teve sua origem, como se pode concluir dos capítulos precedentes, em um diverso relacionamento dialético com as principais instituições religiosas e em particular com o templo de Jerusalém. Às vezes tem-se a impressão que algumas concepções recentes sobre a pluralidade dos judaísmos não levam em consideração que os novos agrupamentos ou associações surgem porque as instituições não exprimem mais as necessidades emergentes. Ambos, no entanto, tentam, às vezes, con-

Culpa, Ritos, Sacrifícios

quistar as instituições, transformando-as. Às vezes, porém, tentam construir novas instituições ou então isolar-se delas. Reforma ou revolução, separação sectária ou apostasia são os quatro extremos desse relacionamento dialético (Destro-Pesce, 1999b). Não devemos imaginar uma pulverização sem um centro, mas uma constelação de movimentos, comunidades, grupos e correntes em relação dialética com o arcabouço institucional da sociedade, do país de Israel. O reconhecimento da pluralidade do judaísmo não está, assim, em contraste com o reconhecimento de um sistema institucional, do qual o templo era um dos eixos principais.[18]

Se, assim, quisermos conhecer o comportamento de Jesus e de seu movimento referente ao sistema religioso judaico de seu tempo é preciso partir da reconstrução de seu modo de se comportar no templo de Jerusalém. Particularmente, como ficou claro desde o início deste capítulo, será preciso ver como Jesus considerava os principais atos rituais do templo, isto é, as *qorbanim* (literalmente, as "aproximações") usualmente compostas de atos cruentos e simples dons incruentos. O termo "sacrifício" (derivado do latim e veículo de uma concepção cultural diversa da judaica) é muito ambíguo em muitos contextos, e não corresponde às exigências ou preferências culturais dos vários grupos humanos. Para refletir a concepção judaica, como já falamos, seria melhor usar "aproximação" ou "aquilo que se aproximou", que é a tradução correta do substantivo judaico correspondente, *qorban*: "Se uma pessoa [...] pecar contra qualquer mandamento do Senhor [...] trará (literalmente, aproximará – *hiqrîb*) do Senhor..." (Lv 4,2-3). A oferenda é levada para perto do Senhor, provavelmente colocada sobre o altar ou perto dele.

O modo correto de se colocar a questão é perguntar-se não para que servem ou o que significam[19] os sacrifícios do templo de Jerusalém, mas o que pensava Jesus e o que pensava o ambiente judaico de seu tempo, para

---

[18] Obviamente esse sistema institucional é algo diferente do assim chamado "judaísmo comum", sobre o qual pode-se consultar Sanders, 1999, p. 63-422.

[19] Cf. a distinção entre finalidade e expressividade dos ritos em Destro, 2001; 2005.

que serviam e o que significavam. Por outro lado, não é preciso nem mesmo supor, como já afirmamos, uma concepção do sacrifício que se ligue a uma ou outra corrente do cristianismo ou que seja por ela influenciada. É preciso não considerar as concepções de Paulo ou da Epístola aos Hebreus, de Tertuliano, de Orígenes ou de Agostinho. É preciso inspirar-se na bíblia hebraica, em Qumram, em Flávio Josefo (*Ant. III*, 224-243) e, um pouco menos, visto que se trata de um judaísmo que se desenvolve fora da terra de Israel, em Filon. Nas páginas que se seguem pressupomos as pesquisas que desenvolvemos em outro lugar a respeito desses argumentos (Destro-Pesce, 1999a; 2000c; 2005a; Pesce, 2001).

2. Entre todos os sacrifícios judaicos enumerados pelo Levítico, há um, principalmente, que se refere aos pecados, o ḥaṭṭa't. Por isso é errado julgar que a negação do sacrifício, no caso do judaísmo, signifique, necessariamente, a vontade de instaurar um mecanismo diferente para a expiação dos pecados.

É preciso, contudo, lembrar que nos capítulos de 1-7 do Levítico[20] são citados os seguintes tipos de sacrifício: *'olâ*, isto é, exalçamento ou holocausto; *qorban minhâ*, isto é, a oferta de cereais; *ḥaṭṭa't*, isto é, oferta pelo pecado; *'ašam*, isto é, oferta pela culpa; *šelamim,* isto é, imolação de comunhão ou de paz. Nos capítulos 12-15 aparecem, contudo, sacrifícios que têm essencialmente a função de sancionar a purificação de quem sofreu alguma contaminação em seu corpo.

Um ponto fundamental, pois, é que o sacrifício pelo pecado (chamado de ḥaṭṭa't)[21] do templo de Jerusalém não servia para expiar os pecados *voluntários*, mas somente os *involuntários* (Lv 4,1.13.22.27; 5,17). Nas páginas precedentes já nos deparamos com esse problema. Agora é o caso de enfrentá-lo diretamente e de colocar em relação os sacrifícios judaicos e os pecados involuntários.

---

[20] Sobre o Levítico, cf. Milgron, Levine, 1989, 1993, 1993/94, 1996,1999; Péter-Contesse, 1993; Cardellini, 2001.
[21] Veja Douglas, 1999.

Os especialistas contemporâneos do livro do Levítico sustentam que esse especial rito judaico de imolação chamado ḥaṭṭaʻt tinha como finalidade purificar os lugares sagrados do templo, e não o oferente. É grave falta de compreensão atribuir ao judaísmo a ideia segundo a qual com esse tipo de morte animal poder-se-ia eliminar a culpa pessoal simplesmente oferecendo uma posse própria ou um animal como reparação e em substituição de uma punição. J. Milgrom, por exemplo, sustenta que o ḥaṭṭaʻt é essencialmente um rito de imolação "purificatório" que tem por escopo a descontaminação dos lugares sagrados do templo ("o santuário e seus lugares sagrados"; 1991, p. 256), e não do oferente.[22] Para as transgressões voluntárias não são previstos sacrifícios. Mas elas são submetidas à lei civil ou à punição divina. "Um pecador intencional será excluído do santuário" (1991, p. 283).[23] B. Levine diz claramente que a Torá não permite aos israelitas a expiação das ofensas intencionais ou premeditadas pelo recurso dos ritos de imolação. "Não existia remédio ou substituição ritual vicária para tais infrações, fossem perpetradas contra outros indivíduos ou contra Deus."[24] Nos casos de transgressão voluntária o culpado era diretamente submetido às normas previstas pela lei (Levine, 1989, p. 3).[25]

---

[22] "The ḥaṭṭaʻt never purifies its offerer [...] it's use is confined to the sanctuary, but it is never applied to a person." Milgrom, 1991, p. 254 (o cursivo é de Milgrom). Cf. também, mais geralmente, *l'excursus sul* ḥaṭṭaʻt p. 153-292.

[23] Como escreve J. Milgrom: "a deliberate, brazen sinner is barred from the sanctuary" referindo-se a Nm 15,30ss. Cf. Neusner, 2001.

[24] Levine afirma em nota: "This principle is clearly stated in Nm 35,9-34, in the context of criminal law" (Levine, 1989, p. 301).

[25] Levine escreve em nota: "An example of prophetic criticism is found in Is 1, where the prophet calls upon the people to 'purify' their deeds, not just their physical persons, to deal justly and kindly, not merely to offer sacrifices. Also cf. Jr 7,3-15; Amos 2,6-8; Hos 8,11-14" (Levine, 1989, p. 201). Note-se como essa interpretação é completamente diferente daquela dos que pensam que essas passagens proféticas pressupõem que o sacrifício, enquanto tal, expia os pecados voluntários e que, portanto, é necessária uma crítica ou que se acrescente uma observação de caráter ético do ponto de vista profético.

A diferença entre voluntário e involuntário não coloca no texto concepções que pressupõem a distinção moderna entre ética e rito, como encontramos na ética kantiana ou nas correntes antirrituais de certos tipos de protestantismo. Na bíblia hebraica não se pode opor uma atividade de tipo ritual a outra de tipo ético. Os judeus que traduziram para o grego o Levítico usaram para o termo hebraico biš^{e}gagâ (*involuntariamente*) o advérbio grego *akousios* (Lv 4,2, na versão dos LXX), que significa "sem intenção".[26]

A involuntariedade do ato é substancialmente de dois tipos que têm efeitos construtivos e identidades diversas. Num primeiro caso, temos uma pessoa que sabe muito bem que um determinado comportamento é contrário a uma norma, mas faz a transgressão sem se dar conta disso. Tem-se, assim, a involuntariedade do ato e involuntariedade da transgressão. Em um segundo caso, uma pessoa pode agir intencionalmente sem saber que existe uma norma que proíbe aquela ação. Tem-se, então, a voluntariedade do ato, mas a involuntariedade da transgressão. Uma pergunta que raramente se faz é como no sistema levítico podem ser ordenados sacrifícios animais, como citamos anteriormente, para confirmar a purificação de quem sofreu uma contaminação corpórea (menstruação, emissão de esperma, contato com cadáveres, lepra). Nesses casos não pode existir a transgressão de uma norma, mas existe a necessidade da descontaminação porque determinadas condições ou produções do corpo eram estados de impureza. O sacrifício, por isso, de um lado, pode ser feito, porque não se trata de transgressão voluntária de normas, e, de outro, *deve* ser consumado (com a finalidade de eliminar a contaminação do templo).

---

[26] A tradução da Jewish Publication Society tem traduzido essa expressão com o termo inglês "unwittingly" ('when a person unwittingly incurs guilt', Lv 4,2). Tanakh, A New Translation of the Holy Scriptures According to the Traditional Hebrew Text, The Jewish Publication Society, Philadelphia, 57-46-1985, p. 156.

Existem ainda casos particulares em que o Levítico prevê imolações também para transgressões que são claramente voluntárias. Isso acontece porque a lei levítica obriga o culpado a uma prévia confissão pública da própria culpa. Mediante a confissão pública, a transgressão muda de natureza e de voluntária torna-se agora involuntária, na medida em que o culpado agora não pretenderia mais cometê-la. É nesse ponto que a oferenda animal pode ser feita para cancelar a transgressão involuntária.

Qual então o escopo dos chamados sacrifícios se não o de expiar os pecados voluntários? É purificar o templo pela aspersão do sangue, isto é, de tirar a contaminação provocada pelo pecado involuntário.[27] O princípio pelo qual o sangue remove a impureza é expresso em Lv 17,11: "Pois a alma da carne está no sangue, e dei-vos esse sangue para o altar, a fim de que ele sirva de expiação (*lekapper*) por vossas almas, porque é pela alma que o sangue expia (*jekapper*)".[28]

---

[27] Um caso à parte é constituído por aqueles pecados enumerados em Lv 5,20-26 (sobre os quais cf. Levine, 1989, p. 32-33; Milgron, 1991, p. 319-338, 365-373). Trata-se de pecados voluntários que causam mal a terceiros, mas que não são socialmente verificáveis e cuja certificação, por isso, exige um juramento. O pecado voluntário aqui considerado não é a transgressão feita, mas o eventual falso juramento. Para esse juramento falso (que é, sim, um pecado voluntário) é previsto um sacrifício expiatório, no caso de que quem o cometeu se arrependa e declare publicamente a própria transgressão e o falso juramento. O motivo pelo qual é estabelecido um sacrifício é que com o juramento atingiu-se o âmbito do sagrado. Para a expiação não basta, contudo, apenas o sacrifício, mas é estatuído o ressarcimento do prejuízo provocado com o acréscimo de um percentual.

[28] O hebraico se refere ao ato sacerdotal com o verbo *kipper*, que, muitas vezes, é traduzido como "expiar", mas o conceito de expiação não corresponde exatamente à concepção do Levítico, à qual é mais adequado o conceito de remoção. O sangue tem um poder abrasivo, purificador. É, contudo, verdade que a tradução grega antiga do Levítico viu no conceito de expiação (expresso pelas palavras *ilasmos, exilaskomai* etc.) um modo apropriado para exprimir o efeito obtido pelo *kipper*.

Em outras palavras, a remoção daquilo que é impróprio e deve ser eliminado acontece sobre o altar requer a imolação de um ser vivo. O restabelecimento da situação correta é obtido levando, ou, mais precisamente, *aproximando (qrv)* do altar uma oferta.

3. O ritual do *Yom ha-kippurim* e suas interpretações

1. A partir de tudo o que já foi dito chegou a hora de perguntar qual o sentido da complexa e fundamental liturgia do *Yom-ha-kippurim* (Dia de expiação). Tratava-se de um ritual que se desenrolava somente uma vez ao ano, no dia 10 do mês de Tishri, e tinha como finalidade o cancelamento total de todos os pecados do povo judeu.

No *Yom-ha-kippurim* eram apresentados diversos animais, e os pecados de todo o povo – nesse caso trata-se daqueles intencionais e voluntários – eram confessados publicamente, impondo-se as mãos sobre os animais destinados ao ritual. Durante esse procedimento desenvolvia-se também o grande rito dos dois bodes. Um era sacrificado no templo, e seu sangue servia para a purificação do próprio templo. O outro, porém, sobrecarregado com os pecados do povo, não era sacrificado, mas levado vivo para o deserto, onde era abandonado à morte, não pelas mãos do homem, mas era entregue nas mãos de um ser demoníaco chamado Azazel (cf. Destro-Pesce,1979).

Esse é o cenário em que viveu Jesus. A norma do Levítico era o alicerce que devia sustentar liturgicamente o templo. Mas, como já notamos, os mecanismos rituais e ideais não podem ser considerados estáticos ou uniformes. Deve-se considerar que a prática das atividades litúrgicas no templo tivesse sido ocasião de interpretações mais permissivas ou mais restritivas da lei levítica. Um meio para se conhecer as evoluções dos mecanismos intelectuais e dos escopos funcionais da legislação levítica por ser dado pelo debate científico que se criou a respeito do problema absolutamente central da voluntaridade-involuntariedade dos pecados. Referimo-nos aqui, sobretudo, às opiniões divergentes expressas por B. Levine e J. Milgrom a propósito do que foi dito sobre a voluntariedade dos pecados. Os dois estudiosos não estão totalmente de acordo sobre o significado do ritual do *Yom-ha-kippurim*. Repetimos: Levine sustenta que, no livro do Levítico, seu escopo primário era o de afastar do santuário toda impureza. Porque um santuário impuro seria obstáculo à presença de Deus. Portanto, o rito não teria como finalidade cancelar os pecados morais e, portanto, voluntários (Levine, 1989, p. 99). De parecer contrário é Milgrom. Ele mostra o fato de que o rito cancela os *peša'îm,* isto é, os pecados voluntários, os mais terríveis.[29] As diferenças de interpretação entre Milgrom e Levine são muito amplas e consistentes, e não podemos aqui acompanhar toda a questão (cf. Pesce, 2001, p. 138-141). O que nos parece importante, porém, é justamente a complexidade e a evolução dos rituais que suscitavam, desde os tempos antigos, diversas interpretações e problemas, como demonstra o livro de Isaías, 58,3-7, que exige a proibição de comportamentos injustos entre as práticas de auto-humilhação inseridas no rito. (cf. Pesce 2001, p. 141). É interessante notar que a linha interpretativa que leva em consideração a distinção entre voluntariedade e involuntariedade dos pecados é semelhante e comparável à da controlabilidade e incontrolabilidade da contaminação nos fatos biológicos e sexuais (cf. Destro, 2005, p. 159-163).[30]

2. Para se dar conta da evolução da interpretação teórica e das práticas rituais, deve ser dito que o tratado *Yoma* da *Mishnah*, no capítulo 8, testemunha uma concepção de *Yom ha-kippurim* em que o rito tem

---

[29] "The nom *peša'* means 'rebellion' and its verb, *paša'*, 'rebel'. Its usage originates in the political sphere, where it denotes the rebellion of a vassal against his overlord (e.g. 1Kgs 12:19; 2Kgs 1:1; 3:5,7; 8:20,22); by extension, it is transferred to the divine realm, where it denotes Israel's rebellion against God (e.g. Isa 1:2; 43:27; Jer 2:8). Thus it is the term that characterizes the worst possible sin: open and wantom defiance of the Lord."

[30] Nas páginas de Destro, 2005, p. 159-163, é discutida também a tese de Eibelg-Schwarz a respeito do assunto.

por escopo o perdão, por parte de Deus, também dos pecados voluntários e insiste muito sobre a *tešuvâ* (isto é, um *retorno* intencional a Deus e a sua lei) como condição necessária para se obter o perdão. Levine admite então que com o passar do tempo tenha sido possível atribuir ao rito do *Yom ha-kippurim* também a função da remissão dos pecados voluntários, que, pelo contrário, Milgrom tem como fundamental desde o livro do Levítico.

Levine admite a possibilidade de uma evolução na compreensão histórica do rito quando escreve: "A expiação (*atonement*) dos pecados do povo acabou por tomar o lugar da purificação do santuário *per se* como tema central do Yom-Kippur". Levine admite também que essa evolução poderia ser justificada por uma passagem do mesmo livro do Levítico, 16,30: "Porque nesse dia se fará a expiação por vós, para que vos purifiqueis e sejais livres de todos os vossos pecados diante do Senhor". Pensava-se que a purificação do santuário fosse extensiva ao povo, para aliviá-lo também do peso das transgressões. "Nenhum ritual de purificação, contudo, era de fato efetivamente realizado para o povo, como acontecia, pelo contrário, em outras ocasiões"[31] (Levine, 1989, p. 99).

Essa última observação de Levine parece ser de relevante importância. Ela chama a atenção para o fato de que o rito do *Yom-ha-kippurim* possuía algumas incoerências sistêmicas. Isso deixava sem solução alguns problemas rituais essenciais, relativos à finalidade sistêmica do ritual. Entre todos os aspectos conexos com a finalidade fundamental (conversão interior, compensação social das ofensas, perdão por parte de Deus, purificação dos lugares contaminados do templo, purificação do corpo do pecador), parece que permaneceu sem resposta, segundo a observação de Levine, a purificação corpórea do povo porque "nenhum rito de purificação era realizado efetivamente sobre o povo" (Levine, 1989, p. 99). Isto é, ao passo que a aspersão do sangue era um rito que

---

[31] Levine refere em nota a Êx 19,10 e 24,6. O cursivo é nosso.

purificava os lugares sagrados do templo, não era previsto nenhum ritual de purificação que agisse diretamente sobre as pessoas. É razoável que se levante a hipótese de que essa característica da ação ritual pudesse suscitar insatisfação, incerteza ou mesmo a necessidade de ações rituais alternativas. Em todo caso, o rito do *Yom-ha-kippurim* parece deixar irresoluto o problema que, por sua vez, procurava resolver: o de uma completa eliminação dos pecados voluntários e de suas consequências pessoais, sociais e cósmicas.

Também Milgrom está consciente da diferença entre purificação do templo e purificação do povo, que aparece claramente nos versículos 30 e 31 de Lv 16. Tanto que ele escreve: "Os ritos de purificação do santuário purificam o santuário, não o povo. Contudo, assim como o santuário é contaminado pelas impurezas do povo, sua purificação, de fato, purifica também o povo". É essa uma explicação que não nos parece tão evidente e convincente. "A referência à purificação poderia também se referir ao bode expiatório que expressamente leva embora os pecados do povo no deserto (v. 24). A pureza, certamente, é obtida com a eliminação da impureza (12,8; 14,7.9.31; 15,13.28). Contudo, é a participação das pessoas nesse dia, mediante a própria autopurgação, que é, provavelmente, entendida [...]" (Milgrom, 1991, p. 1056). Milgrom se refere ao versículo 31, em que se insiste sobre a auto-humilhação, que, segundo ele, seria o elemento renovador do texto do Levítico com respeito à tradição anterior. Portanto, aqui Milgrom levanta a hipótese de uma autopurgação, mediante a "autonegação" prevista pelo versículo 31. Em todo caso, Milgrom entende a purificação do povo, de que fala o versículo 30, como metafórica".[32]

É francamente impressionante notar, observando o majestoso aspecto que oferecia o templo de Jerusalém, como sobre esse problema crucial Milgrom nos oferece três hipóteses: a purificação do povo: a) poderia ser

---

[32] "This metaphoric use of *tiher* is another sign of the authorship of H". Milgrom, 1991, p. 1056

realizada pela purificação das *impurezas* do povo, feita pela purificação do templo ("assim como o santuário é contaminado pelas impurezas do povo, sua eliminação purifica na realidade também o povo"; b) poderia ser feita pelo fato de que o bode expulso vivo para o deserto leva consigo os pecados do povo ("a referência à purificação poderia dizer respeito ao bode expiatório que expressamente levava embora os pecados do povo para o deserto) ou então c) poderia ser feita pela auto-humilhação do povo e assim se tornar uma autopurificação ("é a participação das pessoas nesse dia, mediante a própria autopurgação, que é provavelmente subentendida"; Milgrom, 1991, p. 1056). Ao oferecer três soluções diferentes, Milgron mostra quão difícil é reconstruir o significado atribuído ao rito assim como era praticado no primeiro século.

M. Douglas tentou uma explicação que, contudo, não nos parece convincente. Reconhece, primeiramente, que "os pecados involuntários são os únicos tipos de pecado que necessitam de um rito de sacrifício" (1999, p. 125). O motivo dessa limitação estaria na conexão original do sacrifício com o oráculo. "A lei das oferendas pelo pecado diz que, independentemente da intenção ou da consciência, quando alguém fica sabendo (graças à adivinhação) que cometeu qualquer coisa de errado, deve restituir e acrescentar um quinto do valor das coisas roubadas e pagar um cordeiro ou uma ovelha, ou um pássaro para expiar o próprio pecado. Que a pessoa tenha consciência ou não, é irrelevante. O oráculo a declarou culpado e ele deve cumprir o ritual" (Douglas, 1999, p. 127).[33]

---

[33] "By this divise arguing and protesting innocence can be quickly dismissed, and the validity of the oracle is not brought into question." Por isso, Douglas pensa que pode afirmar que: "There was no doctrinal distinction between witting and unwitting sins, the regular mention of 'unwitting' was not a theological but a practical matter" (1999, p. 127-128). O que não impede, contudo, que Douglas aceite também a explicação de J.

3. Para ampliar a visão sobre os diversos sistemas judaicos, os textos de Qumram descortinam diante de nós grande variedade na prática do rito do *Yom ha-kippurim*, quando comparados ao que era usado no templo. Na *Regra da Comunidade* parece que se torna mais clara a concepção segundo a qual a fonte da santificação é o próprio Espírito Santo de Deus (1QS III, 3-9). Na verdade, a sanificação não podia chegar a Qumram por meio do relacionamento com os lugares sagrados do templo. Por outra parte, não se podia colocar o problema da purificação dos lugares sagrados do templo, que era considerado impraticável. Assim se tornava fundamental a busca da purificação do povo, que segundo o Levítico era obtida em seu grau máximo com o rito do *Yom ha-kippurim*, mas que em Qumram devia ser conseguida de maneira totalmente independente das práticas rituais do templo. Além do mais, era consistente a ideia de que a impureza poderia ser efeito *também* de transgressões de caráter moral, isto é, de ações que não se dão por contato com fontes primárias de impureza. Se em Qumram o acento parece ser posto sobre a função do Espírito Santo, nos textos rabínicos relativos ao *Yom ha-kippurim* o acento parece, pelo contrário, colocado sobre a função da *tešuvâ,* quando, então, o rito se desenvolvia sem sacrifícios, devido à destruição do templo.

Milgrom, que ela define "psicológica": "There are two possible explanations, which do not conflict with each other, a psychological one and an anthropological one" (126). A opinião de Milgrom é que: "elaborates on 'the priestly doctrine of repentance' [...] repentance mitigates crimes against God such as false oaths. Repentance alone is not enough, there must also be sacrifices. Since all sins, however grave, can be classed as unwitting if remorse and repentance follow, a benign technicality allows them all to be forgiven" (126). "Conscience, as Milgrom says, is recognized by the priestly writer as a legal force which can convert a deliberate sin against God, always punishable by death, into as involuntary sin, now expiable by sacrifice" (126). A engenhosa solução pensada por Douglas para negar que os sacrifícios fossem limitados à expiação dos pecados involuntários na realidade se firma apenas sobre alguns casos do capítulo 5. Também a função do sangue ficou bastante descuidada. Porém é verdade que Douglas não se propunha nem uma teoria geral sobre o sacrifício como um ritual, nem uma interpretação abrangente do sacrifício levítico.

4. Uma boa síntese do modo como eram pensados os sacrifícios, no período de 62 antes da era comum até 66 da era comum, é oferecida por E. P. Sanders. Sanders consagra todo um tratado ao significado e função tanto dos sacrifícios individuais como dos comunitários. A respeito dos sacrifícios comunitários, Sanders escreve que "teria sido simples interpretar os holocaustos diários como expiatórios", mas que, na realidade, nem Filon nem Flávio Josefo os entendiam como expiatórios (Sanders, 1999, p. 143). A respeito dos sacrifícios individuais, Sanders escreve: "O resultado parece ter sido que as pessoas não pensavam nos holocaustos como em sacrifícios prevalentemente expiatórios". (Sanders, 1999, p. 144-145). Tanto Flávio Josefo como Filon são conscientes de que os sacrifícios pelos pecados valem para transgressões involuntárias. Contudo, levam em consideração também aquelas transgressões volutárias de que fala o Levítico, 5,21-26 (sobre o qual trouxemos acima a interpretação de Milgrom e de Levine) e que constituem um tratado à parte (*Ant* III, p. 230-232; *Spec I*, p. 116, 235). Sanders parece entender que Flávio Josefo não faz um tratado exaustivo e coerente em seu todo: "Ele considera a oferta pelo pecado do Levítico como uma oferta que expia um pecado involuntário, e a oferta de reparação (à qual não dá um nome específico) como uma oferta por uma transgressão voluntária". Isso, no geral, está correto, mas ele não explica que a "oferta pelo pecado" era, talvez, não pelos "pecados", mas para a purificação. Ele, é natural, sabia perfeitamente que algumas impurezas exigiam um sacrifício, mas, ao delinear os sacrifícios, ele não deu uma descrição completa das finalidades de cada tipo. (Sanders, 1999, p. 148). "Também Filon – é ainda Sanders quem escreve – enfatiza a diferença entre trangressões voluntárias e involuntárias. Além disso, ele distingue as trangressões contra o que é sagrado daquelas contra seres humanos. Ao discutir as transgressões voluntárias contra o próximo, ele segue o Levítico 6 (isto é, Lv 5,21-16 de acordo com a numeração da bíblia hebraica) ao ressaltar que quem ofendeu deve pagar tudo aquilo que ele subtraiu injustamente, acrescentar um quinto de seu valor, e somente então ir ao templo para buscar a remissão do pecado" (Sanders, 1999, p. 148).

Culpa, Ritos, Sacrifícios

Essas concepções de Flávio Josefo e de Filone não devem ser adotadas para explicar o sentido do texto do Levítico. Isso seria historicamente incorreto. Eles são testemunhos somente da opinião de autores que viveram muitos séculos após a redação do texto bíblico. O que temos de precisar é que, no período em que Jesus viveu, a discussão do relacionamento entre pecados voluntários e *qorbanim* parece limitada aos casos específicos, previstos por Lv 5,21-25. Filon, por exemplo, distingue o aspecto sacrificial do aspecto da reparação social das fraudes previstas pelo trecho do Levítico: reparações sociais e sacrifício têm dois caminhos diversos, mesmo que sejam sucessivos e conexos.

5. Para melhor esclarecer os objetivos das imolações judaicas que aconteciam no templo, acreditamos que seja preciso levar em consideração a evolução sucessiva do sistema sacrificial na *Mishnah*. Não tanto para estabelecer uma retrodatação de suas bases conceituais, mas mais para esclarecer um dos resultados possíveis do problema sistêmico que se situa no entrelaçamento de elementos que somente seriam conciliáveis após algum esforço.

Como escreve Neusner, na *Mishnah* "o culto expia o pecado somente quando o pecado é inadvertido. O pecado deliberado é expiado pelo sacrifício de anos de vida (extirpação). Toda a ação transcorrida no altar, na medida em que a expiação do pecado constitui seu centro, refere-se às ações que alguém não pretendia praticar, mas, de fato, praticou".[34] É assim que a própria *Mishnah* encara as duas categorias de pecado: os voluntários (para os quais não é prevista a expiação por meio do sacrifício, mas um outro tipo de cancelamento) e os involuntários (para os quais são requeridas mortes de animais determinados – *Keritot 1,2)*.

---

[34] Neusner, 2000, p. 102; cf. também Neusner, 2001.

O fato de o tratado *Keritot* 2,2 prever também o recurso das mortes pelos pecados voluntários tem sua explicação no dado de que os casos previstos pelo Levítico 5,21-26 são considerados pela *Mishnah* como pecados involuntários, e por isso prescreve-se para eles a imolação: "Esses (são aqueles que) trazem uma (oferta) por uma prevaricação intencional[35] como [se fosse] prevaricação involuntária (*kišegagâ*): quem se junta a uma escrava, o nazireu que se tornou impuro por um juramento em juízo e por um juramento sobre um depósito". Parece-nos evidente que a *Mishnah*, prevendo a nítida diferenciação entre pecados involuntários, pelos quais é necessário imolar, e pecados voluntários, para os quais não se faz tal exigência, mas que se use outro sistema de expiação, reduz a categoria dúbia de Lv 5,21-26 aos casos de pecados involuntários, porque o Levítico prevê para esses um rito de imolação.

Retomando nossa análise, no que se refere ao ambiente cultural em que, presumivelmente, viveram Jesus e o grupo que o seguia, pode-se afirmar que o mecanismo imolatório judaico apresenta caracteres historicamente diferenciados. De acordo com o Levítico existem várias categorias de mortes rituais; somente uma dessas categorias (ḥaṭṭa't) está apta para expiar os pecados, não existem "sacrifícios" para expiar os pecados voluntários, mas somente para expiar os pecados involuntários. Os pecados voluntários estão sujeitos à lei civil e penal, à punição de Deus, e são expiados pelo rito anual do *Yom ha-kipurim*, soltando no deserto o bode expiatório, o que não constitui um sacrifício; existiam diversos modos de se compreender como o rito do *Yom ha-kipurim* expiava os pecados voluntários e podiam existir, também, incertezas quanto a sua eficácia.[36] Para explicar melhor o que vamos dizer em seguida, relembramos que estamos partindo do pressuposto de que, no limiar da era cristã, o grande ritual do *Yom ha-kipurim*, malgrado as controvérsias

---

[35] "Prevaricação intencional" traduz o substantivo *zadon*.

[36] Em segundo lugar, um rito nunca é totalmente coerente, no sentido de que ele não consegue jamais submeter totalmente à própria unidade sistêmica os diversos elementos e as diversas ações rituais que o compõem.

Culpa, Ritos, Sacrifícios

de interpretação expressas pelo debate científico, era considerado como o instrumento institucional para a remissão das culpas *voluntárias* do povo de Israel, mas existiam diversos sintomas de sua problematicidade e de sua insuficiência. Por outro lado, o rito era celebrado sem conexão com o templo, por parte da comunidade de Qumram.

6. É nessa problematicidade e afastamento, ao menos parcial, do templo que é colocada a prática da imersão (*baptismos*) de João Batista (*Baptistes*). João tem um significado especial para nós porque era um líder religioso que pregava a remissão dos pecados. Ele nos dá o testemunho de uma das tantas correntes judaicas do primeiro século, muito importante, porque em seu início Jesus manteve estreito contato com ele. João tornou-se conhecido para nós por aquilo que dele contam Flávio Josefo e diversos escritos protocristãos (Evangelho de Marcos, de Lucas, de Mateus, de João, dos Nazarenos). Havia reunido a seu redor diversos discípulos que continuaram a levar adiante sua linha religiosa, mesmo depois de muito tempo de sua morte. No centro de sua pregação estava a convicção de vinda iminente do fim deste mundo e do início do reino de Deus. Todos deviam preparar-se para o juízo universal através da radical conversão a Deus e a sua lei. Um dos principais instrumentos dessa conversão era um rito de imersão na água, do qual ele recebeu seu sobrenome, um rito que parece ter sido sua criação, embora as imersões de purificação fossem muito difundidas na religiosidade judaica de sua época.

Sobre o significado do batismo de João em seu contexto mais amplo, o texto que nos parece mais abrangente, do ponto de vista histórico, é o de Flávio Josefo, *Antiquitates XVIII*, 116-118.[37] De fato, Flávio Josefo, diferentemente dos Evangelhos, cuja preocupação é prevalentemente com os relacionamentos entre o Batista e Jesus, descreve mais aprofundadamente a concepção que está na base do rito. Segundo Josefo, que diz que era chamado "Batista" (*baptistes*), João era:

---

[37] Veja também Meier, 1982.

Um homem bom que pedia aos judeus que se submetessem à imersão (*baptismos*) pregando a virtude e comportando-se com justiça nos relacionamentos interpessoais e com piedade para com Deus. Desta maneira, afirmava que a imersão (*baptismos*) era aceita por Deus não em vista do perdão (*paraitesis*) das transgressões, mas para a pureza (*agneia*) do corpo (*soma*), uma vez que a alma (*psyche*) já estava purificada anteriormente pela (prática da) justiça (*Ant. XVIII, 117*).

O que deve ser ressaltado é que os dados que emergem desse texto integram-se bem com outros que emergem dos Evangelhos, o que consente uma reconstrução histórica aceitável, porque baseada em fontes independentes. O batismo de João Batista tinha como finalidade a remissão dos pecados voluntários, e por isso implicava, necessariamente, uma crítica do rito do *Yom ha-kippurim*. A execução de "atos reparatórios de justiça" provocava, de acordo com o Batista, o perdão dos pecados (*paraitesis hamartolon*), da parte do próprio Deus, e a purificação da *psyche*, de acordo com os termos de Flávio Josefo. A imersão na água restituía ao corpo a *agneia*, isto é, a pureza.

Levine destacou que o rito do *Yom ha-kippurim* não previa um ritual específico de purificação do povo. O Batista parece querer responder também a esse aspecto do rito anual do templo. Permanece, contudo, totalmente estranha ao rito do Batista uma reflexão sobre a necessária purificação do templo. Que o templo fosse contaminado ou não pelos pecados voluntários não influi minimamente – segundo o Batista – na possibilidade de as pessoas poderem, individualmente, obter o perdão e conseguir uma suficiente purificação do corpo. Era isso que interessava para ele.[38]

---

[38] Sobre o batismo de Jesus, cf. Crossan, 1992, p. 227-264; Nodet-Taylor, 1998, p. 53-82; Theissen, 1999, p. 248-267; Van Iersel, 1988, p. 88-110.

Dizer que o Batista tinha fortes reservas contra o rito do *Yom ha-kippurim* não significa, porém, dizer que ele era contra o templo de Jerusalém e todos seus rituais, mas somente que ele estava em conflito com as instituições do tempo no que dizia respeito à finalidade, importante, é verdade, que era proposta com o rito.[39] No que diz respeito ao Batista a alternativa estava entre o "batismo" e o rito do *Yom ha-kippurim* quanto aos pecados voluntários.

O propor um rito alternativo ao *Yom ha-kippurim*, que estava previsto na lei bíblica como norma a ser seguida, não significa que o Batista fosse contra a lei. Ele era apenas um a mais nas várias manifestações de desagrado e de incerteza sobre como pudessem ser perdoados os pecados individuais no desenrolar daquele ritual.

Como confirmação da tese de que o batismo de João estivesse numa relação polêmica com o rito do *Yom ha-kippurim*, são válidas as seguintes argumentações. Por norma, um rito não é um mecanismo que qualquer inovador ou pensador religioso pode criar por conta própria. É uma ação social atuada ou atualizada, e para a qual é necessário que se tenha uma autoridade, um reconhecimento social. Um rito não autorizado pelas instituições religiosas oficiais que tenha por finalidade o mesmo escopo perseguido pelo rito praticado pelas mesmas instituições (isto é, a remissão dos pecados voluntários) parece contrastar explicitamente com o rito oficial. Em outras palavras, um rito que pretende operar a remissão das transgressões por parte de Deus apresenta-se com uma autoridade sociorreligiosa que é independente daquela das instituições religiosas que a sociedade con-

---

[39] Contra Taylor, 1999, p. 29-30. Taylor, 1997, p. 110-111, sustentou que "we do not need to see John as anti-Temple simply because he endorsed the primacy of repentance and righteousness over sacrificing in regard to atonement and forgiveness […] Jesus himself in the Marcan tradition advises a heated (cleansed) leper to go to the Temple and do everything in accordance with the Law (Mark 1:40-45 = Matt 8:1-4 = Luke 5:12-16); John too may have asked his disciples to act according the Law in regard to the temple". Contudo, as imolações animais exigidas para a purificação da lepra nada tinham a ver com os pecados voluntários.

Formas Culturais do Cristianismo Nascente

sidera consagradas pela autoridade divina. Também isso não pode deixar de entrar em dialética com as instituições existentes. João, com seu batismo, institui um rito novo e cria, por isso, espaços autônomos, alternativos e até marginais para manter seu novo rito. A questão, porém, é muito mais complexa.

Repetimos: que o rito do Batista tivesse como finalidade a remissão dos pecados parece-nos certo, baseados no duplo testemunho, independente e convergente, de Flávio Josefo (*Ant. XVIII*, 117) e dos Evangelhos (Marcos 1,4; Lucas 3,4). O problema central é o seguinte: por que o Batista praticava a imersão na água para obter a *agneia* do corpo se o perdão dos pecados (*paraitesis hamartolon*) já tinha sido alcançado por atos de justiça (*dikaiousine*)? Em nossa interpretação, a imersão é parte integrante de um processo religioso único, mas apenas uma parte dele. O processo total tinha por escopo colocar em estado de pureza completa e de obediência rigorosa à Torá todos aqueles que a ele se submetiam e que deviam passar por: a) um reconhecimento interior dos pecados; b) provavelmente uma confissão pública dos mesmos (Mt 3,6); c) uma conversão interior, que exigia o retorno ao respeito da Torá de Moisés (*Ant. XVIII*, 117: "Dizia aos judeus que procurassem a imersão (*baptismos*) praticando a virtude e comportando-se com justiça nos relacionamentos com os outros e com piedade para com Deus"); d) um conjunto de atos de justiça social (cf. *dikaiousine* em *Ant. XVIII*, 117; Lc 3,10-14) com o fim de praticar rigorosamente a lei, de acordo com a interpretação do Batista; e, finalmente, e) a imersão na água da correnteza do rio.

A resposta à pergunta "Por que é necessária uma purificação do corpo, se os pecados mortais já foram perdoados?" deve ser procurada, de acordo com nosso ponto de vista, no fato de que João pensava que, por causa da conversão interior, da confissão pública e da reparação por meio de atos de justiça, Deus não mais levava em consideração os castigos que o indivíduo tinha merecido. Contudo, permanecia ainda no *soma* daqueles que tinham sido perdoados uma impureza provocada pela transgressão moral.

O perdão cancelava a culpa aos olhos de Deus, mas não eliminava aquilo que contaminava o corpo. Essa contaminação devia ser eliminada com a imersão na água.[40]

De resto, a ideia de que a contaminação corporal seja efeito do pecado moral e não somente do contato com fontes de impureza é encontrada também em Qumram (cf. 1QS, VI, 16.20). No rito do *Yom ha-Kippurim,* como já afirmamos, não estava previsto um específico ritual de purificação do povo. O Batista, que parece querer satisfazer essa carência do rito anual do templo, de acordo com os testemunhos que temos a respeito, não trata jamais do tema da purificação do templo. Para ele, pois, parece que se possa obter o perdão individualmente e também uma purificação corporal sem a necessidade de realizá-la no templo. Bastavam, de fato, a prática da justiça e o rito da imersão.

Resumidamente, João tinha em vista a formação de um núcleo de pessoas que retornassem à fidelidade, à Torá, e se mantivessem também num estado de pureza (sobretudo no que se refere às consequências provenientes das culpas morais). Ele não se opunha; pelo contrário, respeitava rigorosamente também as normas de pureza ritual (Lupieri, 1985).

A exposição que fizemos da posição de João, que em suas escolhas fundamentais se distancia do sistema ritual do *Yom ha-Kippurim,* lança uma luz ulterior sobre a pluralidade das correntes judaicas e sobre o cenário religioso em que entrecruzam interpretações sobre a remissão das culpas e a descontaminação do povo.[41] Em alguns casos, o cenário se enriquecia com

---

[40] É certo que não se pode mesmo negar que não somente as transgressões morais, mas também os atos de contaminação pelo contato direto ou indireto com fontes primárias de impureza fossem considerados pelo Batista como causa de contaminação corporal.

[41] É um cenário em que se confrontam também estilos de vida e comportamentos litúrgicos e rituais diferenciados. As perguntas, implícitas em muitos sistemas religiosos, são: Qual rito me assegura o perdão de Deus para minhas transgressões? Quais as exigências éticas que me são requeridas para obter esse perdão? Como obter a pureza corporal necessária?

a exigência da renovação ético-religiosa-ritual como um conjunto, e não somente inidividual, na medida em que se aderia à crença em um iminente advento do juízo final e do reino de Deus. É esse cenário que nos permite compreender a visão e a prática religiosa de Jesus.

5

Jesus e o Perdão dos Pecados

Em todos os agrupamentos sociais ou religiosos a infração de uma norma, quer se refira a Deus ou aos homens, torna-se fonte de desordem e de insegurança. De fato, quando as regras são violadas e os relacionamentos costumeiros entre os indivíduos não respeitados (por exemplo, entre os núcleos domésticos ou nas instituições públicas), cria-se um descontrole do desenvolver-se ordenado da vida. A estrutura ideal e prática de vida sociorreligiosa torna-se menos compreensível. Pode até se tornar enigmática ou resvalar para a corrupção e a degeneração.

Uma infração pode também provocar a regressão da vida ritual--religiosa ou um enfraquecimento das crenças de uma comunidade ou de um povo. É o mesmo que dizer que se um número sempre maior de indivíduos deixa de respeitar uma norma, a confiança nela torna-se socialmente enfraquecida. Daí a existência e a necessidade de todo o sistema sociorreligioso confirmar a validade da norma e da ordem por meio de um mecanismo de eliminação, de cancelamento, de compensação ou reparação das transgressões e das culpas.[1]

---

[1] Por "transgressão" entendemos a violação de uma norma, em seu aspecto objetivo. Por "culpa" entendemos o aspecto subjetivo pelo qual o transgressor sente a responsabilidade interior da transgressão.

Em qualquer concepção da remissão dos pecados estão implícitos projetos ou imagens de organizações sociais possíveis: uma coisa é pedir ao culpado de um furto a restituição de um objeto roubado ou infligir-lhe uma pena corporal, outra coisa é exigir dele um ato cultual do tipo "sacrifício", e outra ainda é exigir uma mudança interior. As condições para a concessão do perdão nascem sempre de diversos ideais sociais, pelo menos na medida em que a eliminação das culpas[2] implica um procedimento de reintegração de determinadas pessoas nas estruturas comunitárias.

Os mecanismos de cancelamento ou reparação das transgressões e das culpas têm, antes de tudo, a dupla função de denunciar o comportamento transgressor como tal e, implicitamente, de obter para toda a sociedade o reconhecimento da validade e legitimidade do sistema. Em segundo lugar, permitem excluir o transgressor dos relacionamentos ordinários da sociedade. Ele é, oficialmente, colocado à margem da sociedade, sendo considerado um não participativo ou mesmo um excluído. Em casos específicos pode ser reintegrado, mas somente depois de ter reconhecido a própria culpa e reparado o mal causado. Esses

---

[2] J. Assmann – retomando alguns filões antropológicos – propôs a distinção de três concepções diversas da transgressão que correspondem a outros tantos tipos de concepções religiosas. A primeira concepção, que se basearia no conceito de vergonha, é aquela segundo a qual se constrói uma técnica de cancelamento ou reparação da transgressão apenas para os casos em que ela foi cometida perante testemunhas. A segunda concepção, porém, elabora o conceito de culpa. A culpa é uma transgressão pela qual a pessoa se sente responsável, mesmo que ela tenha sido oculta e não observada no ambiente em que se vive. A terceira concepção, finalmente, é a do pecado. "O pecado é diferente da culpa enquanto não é apenas a violação de uma norma, mas um afastar-se da vontade divina. O pecado rompe um relacionamento que o próprio Deus estabeleceu com seu povo. É possível que esse tipo de culpa 'mais grave' seja típica do monoteísmo, no qual a humanidade é o único parceiro com o qual Deus pode estabelecer contato" (Assmann, 2004, p. 1-12).

mecanismos, de fato, têm a função de restabelecer a ordem tanto no plano das concepções ideais como no plano do desenvolvimento concreto da vida social.

O fato de que a eliminação das culpas implique um procedimento de reintegração nas estruturas comunitárias é válido, tanto no caso dos grupos religiosos menores, que não intentam modificar a sociedade maior com seus ideais de convivência social, como no caso dos grupos religiosos que tendem a se identificar integralmente com sua sociedade. Quanto mais as condições exigidas para a concessão do perdão comportam importantes intervenções nos relacionamentos sociais, tanto mais a concepção do perdão dos pecados implica um ideal de transformação social. Se, pelo contrário, as exigências para a concessão do perdão não implicam consequências outras, além do rito, ou permanecem limitadas a um sentimento interior de confiança na misericórdia paterna de Deus, a remissão dos pecados tende a se limitar a uma simples sanção religiosa dos relacionamentos sociais existentes. E a mensagem religiosa torna-se historicamente irrelevante.[3]

O problema da eliminação das culpas é de tal modo um problema central para as diversas formas do judaísmo antigo e do cristianismo primitivo que a diversidade na concepção do perdão torna-se um dos elementos mais importantes para a diferenciação desses sistemas religiosos. No plano cultural mais amplo isso se deve ao fato – como já afirmamos – de que a culpa é o que torna o culpado um ser não funcional, ou antissocial, e, em casos extremos, até perigoso ou nocivo para a comunidade que se organiza dentro de um determina-

---

[3] Para uma tentativa parcialmente diferente sobre a concepção social de pecado, cf. Neyrey, 1991, p. 76-80, 90-92.

Formas Culturais do Cristianismo Nascente

do sistema religioso. Nos casos em que os sistemas religiosos tendem a coincidir com a organização social de um grupo humano ou de um povo, existem sempre os ideais de sociedade próprios da organização social às quais pertencem.

A diversidade dos procedimentos de expiação diferencia, portanto, os sistemas religiosos. A participação em um rito, e não em outro, ou então a não participação, contribui para diferenciar a configuração de um grupo ou a identidade religiosa de um indivíduo. Na sociedade judaica do primeiro século, por exemplo, o fato de que a comunidade de Qumram realizasse a grande celebração do *Yom ha-Kippurim* em uma data diferente daquela em que era celebrado no templo de Jerusalém confirmava também, socialmente, a separação do grupo do resto da sociedade.

O problema metodológico que se apresenta neste ponto é se, e desde quando, no movimento de Jesus e depois, no cristianismo primitivo, existiam não apenas teorias, mas práticas rituais de perdão, alternativas àquelas dos sistemas religiosos judaicos contemporâneos.

1. Jesus e o Batista

1. O batismo de Jesus por parte de João Batista[4] é um fato de cuja historicidade parece-nos difícil duvidar. Temos múltiplos testemunhos do acontecimento por parte de fontes independentes.[5] Isso pode colocar-nos em contato com a fase inicial do modo de Jesus se comportar. O

---

[4] Mc 1,9-11; cf. Lc 3,21-22; Mt 3,13-17; Jo 1,29-34; Evangelho dos Hebreus (Epifânio, *Pomarion*, 30.13,7s), Evangelho dos Nazarenos (Jerônimo, Adversus Pelagianos 3.2), Evangelho dos Hebreus, Jerônimo, 11,1-3).
[5] Crossan, 1994, p. 27-264, especialmente p. 232-234.453. Recentemente, porém, Mimouni (1998-1999, p. 286-288) começou a levantar questionamentos sobre a historicidade do fato.

fato de que Jesus quisesse ser batizado por João[6] significa que ele também criticava o *Yom ha-Kippurim* (cf. capítulo quarto) como instrumento fundamental para a remissão dos pecados individuais voluntários.[7] Essa distância crítica para com o *Yom ha-Kippurim* poderia explicar por que esse acontecimento fundamental tenha sido completamente esquecido pela tradição cristã, que, porém, manteve e tentou interpretar cristãmente tanto a *Pesach* (Páscoa) como *Shavuot* (Pentecostes).

Chegado um momento, contudo, Jesus parece ter-se afastado do Batista. O Evangelho de João (Jo 4,1-2) pressupõe uma tradição pela qual Jesus (logo depois do batismo recebido de João) também se dedicou a batizar e procura corrigir a tradição, não negando o fato, mas simplesmente esclarecendo que não era Jesus em pessoa, mas seus discípulos que batizavam. Essa afirmação é, com toda a certeza, historicamente tardia, mas justamente devido a sua divergência com o resto das informações evangélicas e pelo fato mesmo de o redator do Evangelho de João querer corrigi-la, poderia haver certa probabilidade de historicidade. Também

---

[6] Um dos mais interessantes livros escritos nestes últimos anos por escritores eclesiásticos italianos, *I ritratti originali di Gesù Cristo. Inizi e sviluppi della cristologia neotestamentaria*, de R. Penna, dedica pouco mais de uma página ao batismo de Jesus (Penna, 1998, p. 66-67) Ele, entre outros, cita uma frase sintomática de S. Legasse: "O seu forte conteúdo cristológico compensa, na cabeça do leitor, a desconcertante humilhação do batismo". Vale a pena citar mais longamente uma nota de Penna: "O problema suscitado pelo batismo de Jesus consiste, de uma parte, no fato de que ele se submete ao batismo, se bem que não seja um pecador que precisa se converter, e de outra, no fato de que ele é o Messias, 'o mais forte' (Mc 3,11; Jo 1.15)," (p. 67); essa é uma interpretação que parece sugerir uma teologia posterior, que já parece saber muita coisa sobre Jesus, e é esse saber preventivo a base do problema. Na verdade, ao historiador as narrativas do batismo não se constituem em um problema, quando comparadas com uma teologia posterior. De fato, pode-se saber mais sobre Jesus procurando analisar o melhor possível as narrações sobre o batismo. Nosso ponto de vista não é mais o mesmo da cristologia nascente.

[7] Sobre o batismo de Jesus, além das indicações bibliográficas que fornecemos no capítulo quarto, nota 38, recomendamos também Destro-Pesce, 2005b.

no Evangelho de Marcos parece que Jesus permanece junto do Batista antes de voltar para a Galileia, por um período de tempo indeterminado (até quando João foi preso). Não é, portanto, de excluir-se que Jesus, por certo período, tenha batizado na condição de discípulo do Batista. Depois desse provável início do costume de se batizar, a imersão na água desaparece completamente dos costumes. Jesus chegará, então, a uma escolha pessoal e a um posicionamento pessoal.

A mudança com respeito ao Batista nos parece que poderia, razoavelmente, ser atribuída à diferença de pensamento pela qual a imersão na água poderia descontaminar ou então à ideia de que o pecado moral contamina o corpo. Mas contra essa segunda interpretação está o escrito de Mc 7,20.23, que parece supor que o pecado moral contamina o homem: "Ora, o que sai do homem, isso é que mancha o homem" (7,20). "Todos estes vícios procedem de dentro e tornam impuro o homem" (7,23).

Nesse texto de Marcos, Jesus fica fiel à concepção do Batista à regra da Comunidade de Qumram (1QS), que talvez fosse levítica. Assim, se existir um distanciamento do Batista, ele deve provir da ideia de é preciso descontaminar o corpo.

Jesus se afasta do Batista também por uma segunda razão: o costume de jejuar (e a abstenção do vinho). Não se trata de uma denúncia genérica da ineficácia da ascese como caminho de salvação, mas, *talvez*, do abandono de um instrumento de autolimitação corporal que deve acompanhar o ato de justiça com o fim da obtenção do perdão dos pecados, visto que o jejum era um dos instrumentos fundamentais para a obtenção da remissão dos pecados no rito do *Yom ha-Kippurim* (cf. Is 58,3-7). Poder-se-ia, então, aventar a hipótese de que, talvez, qualquer comportamento delimitado ao corpóreo (purificação, auto-humilhação no sentido de jejuar) era tido por Jesus como ineficaz para remissão das transgressões voluntárias.

Contudo, o fato de que Jesus não ligasse a remissão e o perdão a nenhuma forma de sacrifício, nem mesmo ao *Yom ha-Kippurim*, não deve fazer pensar que ele negasse os ritos de oferta no templo de Jerusalém. O comportamento de Jesus no templo contra os mercadores, os cambistas (e talvez contra os que atravessavam a área do templo com mercadorias. Cf. Mc 11,15-17) é acompanhado pela afirmação de que o templo de Jerusalém é "casa de oração (*proseuche*)" (cf. Chilton, 1992). Isso pressupõe que Jesus dava importância ao templo, defendendo sua dignidade e função cultual.[8] Em segundo lugar, essa frase parece indicar que Jesus não excluía do culto do templo os sacrifícios[9] e que, por isso, atribuía-lhes um significado religioso positivo. Para levar mais avante o discurso, poder-se-ia dizer que, justamente porque os aceitava, não podia deixar de interpretá-los como meio para exprimir a mudança e a renovação que acontecem em quem faz a oferta.

2. Diversos textos trazem afirmações em que Jesus ou aconselha que se ofereça no templo de Jerusalém o sacrifício exigido ou explica as condições para que possam ser realizados. São duas as passagens fundamentais: a de Mc 1,40-45 (que chegou até nós também na redação de Mt 8,1-4 e Lc 5,12-14.15 e do *Papiro de Egerton 2* e a de Mt 5,23-24, que não possui paralelo nos sinóticos).

É necessário que se estude a fundo esses dois testemunhos. Uma primeira questão é se eles refletem o comportamento do Jesus histó-

---

[8] Embora seja uma citação de Isaías, a frase de Marcos confirma o templo como o lugar do culto. Isso significa que Jesus acredita que no templo está a presença de Deus e que ele seja o lugar por excelência onde se deve rezar a Deus, aproximando-se dele.

[9] O termo *proseuchê*, traduzido ordinariamente como *oração*, indica uma ação pela qual alguém se empenha por fazer qualquer coisa pela divindade e pode estar ligado ao sacrifício. Não faltam testemunhos literários do uso do verbo *proseuchomai* ou *euchomai* ligado ao sacrifício. Há quem afirme que a pureza é estritamente funcional do templo, mas Jesus não contesta o templo e não contesta as normas da pureza alimentar (somente Marcos o faz).

rico ou, pelo contrário, o dos redatores dos Evangelhos de Marcos e Mateus ou de tradições anteriores a eles, mas por eles aceitas. Vamos começar pelo texto de Marcos:

> Aproximou-se dele um leproso, suplicando-lhe de joelhos: "Se queres, podes limpar-me". Jesus compadeceu-se dele, estendeu a mão, tocou-o e lhe disse: "Eu quero, sê curado". E imediatamente desapareceu dele a lepra e foi purificado. Jesus o despediu imediatamente com esta severa admoestação: "Vê que não o digas a ninguém; mas vai, mostra-te ao sacerdote e apresenta, pela tua purificação, a oferenda prescrita por Moisés para lhe servir de testemunho" (1,40-44).

As outras versões desse episódio não nos são úteis agora. O evangelho perdido, testemunhado pelo *Papiro Egerton 2,* traz um texto fragmentário que se interrompe antes da frase de Marcos: "apresenta, pela tua purificação, a oferenda prescrita por Moisés" (Mc 1,44). Mateus 8,4 e Lucas 5,14 coincidem com Marcos e parece que coincidem mais com ele do que com uma fonte comum independente. Mateus quis deixar clara a expressão de Marcos (a oferenda prescrita por Moisés) com um termo que dissesse expressamente que se tratava de um *dom* ou oferta de sacrifício: *doron.*

De acordo com o Levítico 14,1-20, quando a lepra desaparece deve ser cumprida uma série de sacrifícios. Não são, porém os sacrifícios, nem prática ritual alguma que cura a lepra. As práticas rituais servem para a purificação tanto do corpo do leproso curado como dos lugares santos do santuário (Destro-Pesce, 2005b). Jesus, portanto, cumprindo o ato de curar um leproso, não substituiu ritual algum, nem sacrifício algum. Portanto, não se pode dizer que Jesus, fazendo ele mesmo a cura, tenha tornado *inútil* o mecanismo das ofertas sacrificiais. Não se pode, também, dizer que os ritos sacrificiais que deviam ser cumpridos no templo fossem supérfluos. Pelo contrário, eram prescritos obrigatoriamente pela

Torá, e o Jesus que fez essa afirmação mostra que quer respeitar essa norma divina codificada na Torá.

Contudo, de novo é preciso levar em consideração que os ritos sacrificiais para a purificação do corpo daqueles que foram curados da lepra e para a purificação dos lugares sagrados do templo não têm como finalidade a remissão dos pecados *voluntários* (cf. capítulo quarto). Em resumo, a frase atribuída a Jesus – "apresenta-te ao sacerdote e oferece pela tua purificação a oferenda prescrita por Moisés" – aceita esses sacrifícios, mas não a teoria pela qual o sacrifício expia os pecados voluntários. O sacrifício, como Marcos 1,44 afirma explicitamente, existe "para a tua purificação (*katharismos*)". O fato de que Jesus aceita os sacrifícios para a purificação do leproso, previstos em Lv 14,1-2, *nada* tem a ver com o perdão de suas eventuais transgressões (Destro-Pesce, 2005b).

A frase de Marcos 1,44 a "para te servir de testemunho", na cabeça do redator de Marcos, quer afirmar que a oferenda sacrificial do leproso purificado constituirá um testemunho, para o restante da população, a respeito do poder de Jesus. O que fica absolutamente claro com a análise do uso dessa frase nos sinóticos é, de fato, que ela não tem a função de atenuar, de algum modo, a ordem de Jesus ao leproso, para cumprir o que é mandado pelo Levítico, a oferta de uma série de animais. A frase não significa, também, que o leproso deva ofertar os sacrifícios prescritos somente porque os judeus que não creem em Jesus conservam ainda a crença nos sacrifícios, não obstante serem atos inúteis, ou mesmo reprováveis. A ordem de Jesus não é uma concessão, ela quer dizer o respeito ao preceito levítico, não sua desvalorização.

Examinemos, agora, a passagem de Mateus 5,23-24:

> Se estás, portanto, para fazer a tua oferta (*doron*) diante do altar (*thysiasterion*) e te lembrares de que teu irmão tem alguma coisa contra ti, deixa lá a tua oferta diante do altar e vai primeiro reconciliar-te com teu irmão; só então vem fazer a tua oferta.

Esse trecho permite que nós ultrapassemos os sacrifícios animais para ampliar nossas observações sobre as concepções gerais que parecem mover Jesus. Temos apenas o testemunho de Mateus sobre o quanto foi dito. O *thysiasterion* de que se fala só pode ser o altar exterior (cf. Mt 23,16-18). Com base nessa hipótese pode-se[10] pensar que a oferta consistia em uma *thysia*, pertencente à categoria do *doron*.

Parece, então, que, como João Batista pensava que a purificação devia ser precedida pelo perdão dos pecados mediante atos de justiça, o Jesus de Mateus 5,23-24 pensava que o ato da oferta de um sacrifício devia ser precedido por uma reconciliação pessoal.

Portanto, parece provável que Mateus esteja aqui afirmando que qualquer tipo de *thysia*, pelo simples fato de ser um ato de culto dirigido a Deus (e completamente independente do fato de estar em relação ou não com pecados voluntários ou involuntários), não pode ser realizado se não tiver sido precedido pela reconciliação. Aos que, com razão, se ressentem de atos reprováveis cometidos pelo oferente contra eles, é apresentada uma proposta de repacificação. E a reconciliação deve acontecer *antes* da oferta. Pareceria, assim, que para o Jesus de Mateus qualquer ato de culto para com Deus traz consigo a exigência de ações dirigidas a outros homens. O culto tem uma ligação inseparável com os relacionamentos entre as pessoas, com a mútua aceitação.

---

[10] A mesma observação pode ser encontrada em J. E. Taylor, para quem a característica inovadora do Batista era que ele julgava que a purificação do corpo não devia preceder, mas subseguir o perdão dos pecados. Cf. Taylor, 1997, p. 85-86 e mais geralmente p. 85-100. Nisso, Taylor encontra um fato relevante. Contudo julga que isso já estava suposto pelo rito de ingresso na comunidade, como também o imagina 1QS. Primeiramente vem a confissão dos próprios pecados, depois o batismo, pelo longo período de um ano a descontaminação para poder se aproximar do lugar dos alimentos sólidos, de dois anos para se chegar até a bebida pura do grupo (1QS III; cf. Destro-Pesce, 2001c).

A reconciliação entre as pessoas é, portanto, para Jesus, o pressuposto do relacionamento com Deus no sacrifício. A reconciliação aparece como condição *sine qua non* para que a prática do culto seja perfeita. Mas seria demasiado afirmar que a condição *sine qua non* para se apresentar diante de Deus seja somente a reconciliação que se dá no grupo, sem a pureza ritual. Se Jesus admite que as ofertas sejam apresentadas no templo, implicitamente poderia ter aceitado todo o sistema e admitido também a necessidade de se purificarem os lugares sagrados do templo (juntamente com o rito sacrificial). Essa purificação é obtida como efeito consequente ao próprio sacrifício. Mais ainda, o dito do Evangelho de Mateus não contém crítica alguma à concepção e à prática da purificação do templo, realizada pelos sacrifícios, e nem à necessidade de se purificar para entrar no templo. É de tudo ausente em Mateus a crítica às normas de pureza do culto do templo que encontramos, pelo contrário, no fragmento do evangelho que se encontra no *Papiro de Ossirinco 840*.

O que está em jogo é a condição pela qual alguém pode relacionar-se com Deus. Mas por que é necessária a reconciliação entre as pessoas como condição do ato sacrificial? A resposta deve ser procurada considerando-se o fato de que o ato de culto sacrificial, na visão do livro do Levítico, é aquilo que prepara algo ou alguém a se colocar na presença de Deus (cf. Lv 16,30 – a finalidade do rito é a purificação do povo). Somente é lícito colocar-se na presença de Deus depois de se ter feito a reconciliação, talvez porque ela seja a que realiza a remissão das transgressões voluntárias, como sustentava João Batista. Diferentemente, porém, de João, Jesus não exige também a imersão porque, provavelmente, não crê que os pecados de ordem moral tivessem também o efeito de contaminar o corpo do homem.

O fato fundamental, contudo, que se deve levar em consideração é que Mateus atribui a Jesus uma afirmação que pressupõe claramente a liceidade e a obrigatoriedade dos preceitos levíticos relativos aos sacrifícios. Quem quisesse sustentar que Jesus era contrário aos

Formas Culturais do Cristianismo Nascente

sacrifícios e que jamais tenha feito essa afirmação, e que ela não passa de uma construção de Mateus deveria atentar que é justamente essa presumida criação de Mateus que demonstra ser Jesus favorável aos sacrifícios. Mateus, de fato, poderia ter atribuído a Jesus uma frase que considerava implícita a liceidade dos sacrifícios somente se a tradição evangélica não houvesse conservado nenhuma afirmação de Jesus contra os sacrifícios.

Finalmente, para a compreensão do entendimento de Jesus existe uma passagem de Marcos (12,28-34), que possui um paralelo em Mateus (22,34-40). Também aqui o dado exegético é absolutamente fundamental para a interpretação. De acordo com a frase final, de acordo com a qual a observância dos preceitos que resumem a lei (isto é, o amor de Deus e o amor do próximo), "excede a todos os holocaustos e os sacrifícios". (Mc 12,33). É um acréscimo redacional que não pode ser atribuído a Jesus. Somente Marcos, e não Mateus, especifica que os dois preceitos em que se resume toda a lei são mais importantes (*perissoteron*) do que os holocaustos e os sacrifícios. Note-se, contudo, que essa frase não afirma a *substituição* dos sacrifícios por parte do duplo preceito, mas uma *subordinação* de importância. Marcos sabe que Jesus não manifestou nenhuma aversão e nem repudiou o sistema sacrificial. Poder-se-ia pensar que ele se encontra em uma situação em que a comunidade posterior a Jesus tem um comportamento de negação ou de crítica contra essa práxis religiosa e procurava encontrar em Jesus algum apoio para a nova prática e a nova teoria. Nossa hipótese é que o redator do Evangelho de Marcos tentou colocar na boca, não de Jesus, mas de um escriba, uma frase aprovada por Jesus e que sustenta que a observância dos dois preceitos do amor de Deus e do amor do próximo é muito melhor do que a prática sacrificial. Também esse texto, por isso, transmite-nos o mesmo quadro: os sacrifícios não são negados por Jesus, mesmo nos casos em que teria sido possível ou fácil negá-los com uma clara afirmação.

2. O comportamento de Jesus: o conceito de *hesed* (o amor misericordioso)

1. Depois da morte de Jesus surgiram tendências contraditórias e diversificadas entre seus seguidores a respeito da práxis sacrificial do templo. Ao lado da negação do templo, como parece ser afirmado por Estevão, de acordo com a narrativa dos Atos dos Apóstolos (6,13-14; 7,48-51), temos a comunidade de Jerusalém que recomenda a Paulo que se submetesse a práticas ligadas aos ritos sacrificiais. (At 21,23-36). O ambiente dos seguidores de Jesus, retratado por Mateus, aceita a práxis do perdão dos pecados indicada por Jesus. Somente pelo fim do século encontramos a negação radical do culto sacrificial em favor de uma "adoração em espírito e verdade", em Jo 4,21-24. Mas não deixa de ser interessante notar que também na passagem joanina a afirmação sobre o fim do culto no templo é colocada na boca de Jesus como algo que se dará somente no futuro. O que parece implicar a consciência de que Jesus, em seu tempo, não havia combatido ou negado abertamente o culto das imolações que se realizava no templo.

Essa multiplicidade de tendências poderia ser justificada por um comportamento bastante benigno de Jesus para com os sacrifícios. O comportamento de Jesus não atingia diretamente as normas da Torá porque nela, como já repetimos mais vezes, não eram previstas imolações de animais para a expiação dos pecados voluntários das pessoas. Também o bode expulso vivo para o deserto na cerimônia do *Yom ha-kippurim* não era a imolação ritual de um animal. O bode, de fato, não era morto, mas apenas expulso para o deserto. Finalmente, os modos como eram vivenciados os sacrifícios podiam ser vários, e o próprio mecanismo do *Yom ha-kippurim*, como dissemos, possuía uma expressividade riquíssima que parece permitir não só uma pluralidade de finalidades, mas também de interpretações.

Dentro do sistema usual do templo, Jesus recomendava a função expiatória do jejum e da auto-humilhação corpórea e também a necessidade de uma descontaminação do corpo após as transgressões morais. Também essas duas tendências de Jesus podiam ser interpretadas diferentemente, conforme o interesse das pessoas. Por alguns, de modo radical, e por outros, de maneira moderada, isto é, de modo que permitia juntar uma fidelidade à orientação de Jesus com a fidelidade à práxis normal das instituições religiosas judaicas. O ambiente, a sociedade, os grupos tinham orientações variadas e, provavelmente, no final, também práticas diferenciadas.

Veremos logo que Jesus sustentava a necessidade do perdão por parte de Deus, que devia ser imitado também por parte dos homens, uns para com os outros: a misericórdia (ḥesed).

2. Jesus aceita os sacrifícios do templo de Jerusalém, mas parece possuir uma visão própria da remissão ou eliminação das culpas e dos atos de transgressão, a ponto de fazer dela um dos pontos centrais do sistema religioso que a ele se refere. E é por essa mudança de foco que se percebe a religiosidade de Jesus. Essa religiosidade, que no fundo não se situa no templo, faz surgir uma forma de organização religiosa sem um rito particular para a remissão dos pecados.

Não existe dúvida alguma de que, segundo os escritos protocristãos, o tema da remissão dos pecados tenha um lugar central nas palavras e na atividade de Jesus. O início da atividade de Jesus está ligado, como mais vezes já foi dito, com sua participação no batismo de João Batista que, como sabemos, tinha como meta o cancelamento dos pecados. O anúncio da chegada do reino de Deus por parte de Jesus (cf. Mc 1,15) implica como consequência primeira a conversão para Deus, e, com isso, a negação das culpas precedentes está em primeiro plano. Não se pode, de fato, falar desse tipo de conversão se não existem transgressões, inadimplências ou pecados, seja lá como for que se entenda essa conversão. É particularmente importante sublinhar que o imperativo "convertei-vos" (Mc 1,15) exprime um convite aos homens para que realizem uma transformação de caráter moral. O acento não recai sobre a oferta ou dom gratuito da graça, mas sobre a conversão como uma ação que os homens devem fazer ao buscar o reino de Deus.[11]

O significado fundamental do texto é ressaltar a necessidade da conversão como primeira atitude que deve ser assumida pelo homem, com a proximidade da chegada do reino de Deus. Esse significado fundamental não pode ser atenuado para aproximá-lo das concepções ideológicas sobre o primado da graça ou para defender o início "pré-pascal" da cristologia. Seria, pois, inadequado considerar que a concepção hebraica da *tešuvâ* implica somente um retorno à Torá e não também um retorno pessoal a Deus. E, de resto, é uma ilusão pensar que seja possível um relacionamento com um Deus "pessoal" independentemente de uma cultura particular, de uma teologia específica, de um conjunto de normas exclusivo. Trata-se somente de perceber quais. Um relacionamento pessoal com Deus, sem conotações culturais, jamais existiu e nem é possível.

---

[11] O dever principal do exegeta é destacar o significado próprio e específico de cada texto ou de cada autor, e não o de fazer concordar os textos de Marcos com os de Paulo ou de tentar afastar Jesus de uma suposta concepção rabínica do *tešuvâ*. Por isso o texto fica deturpado se, baseando-se, por exemplo, nas passagens em que o Jesus de Marcos come com os pecadores, faz-se a hipótese de que em Mc 1,15 não seja primária, na ênfase explícita do redator, a conversão do homem, mas a oferta gratuita aos pecadores da participação no reino de Deus, à qual se seguirá a conversão do pecador. Se o redator do Evangelho tivesse querido dizer isso, não haveria escrito "Convertei-vos e acreditai no Evangelho", mas: "Aceitai o ingresso no reino que vos é oferecido gratuitamente, sem necessidade de nenhuma outra condição". Se esse era o centro da mensagem "cristã", por que ocultá-lo com uma frase que diz justamente o contrário: "Mudai de vida se quereis entrar no reino"? Com certeza, a boa notícia vem primeiro, mas deve induzir à conversão, à mudança de vida. Por esse motivo somos constrangidos a discordar de algumas observações de Penna, 1996, p. 82-84.

Formas Culturais do Cristianismo Nascente

O desejo de encontrar uma ligação "pré-pascal" para a cristologia às vezes leva a desvalorizar a função da conversão. Mas o tema da conversão é muito importante na pregação de Jesus e não é bom adaptá-lo aos significados da cristologia posterior.

No Evangelho de Mateus uma das invocações da oração do Pai-Nosso diz: "perdoai (*afes*) as nossas ofensas, assim como nós perdoamos (*afekamen*) os que nos têm ofendido" (Mt 6,12).[12] A versão do Pai-Nosso, em Lucas (11,4), em lugar do termo "ofensa" usa o termo "pecados" (*hamartiai*). Conserva, porém, a palavra "devedores" ("assim como nós perdoamos os nossos devedores"). Isso nos leva a pensar que a versão de Mateus seja a mais original e que Lucas haja corrigido apenas uma parte da invocação, sem conseguir eliminar completamente a metáfora dívida/pecado que a estruturava.[13] Provavelmente o problema surgiu quando da passagem do aramaico para o grego. Em aramaico o termo "dívida" já há tempo assumira, além de seu significado econômico-social, também o significado de culpa religiosa. Em grego, porém, a palavra "dívida" não parece veicular essa complexidade de significados religiosos e sociais intimamente ligados, e por isso era oportuno escolher o termo "pecado", por possuir uma conotação mais clara.[14] O sentido metafórico se amplia, se se considera que também a *Didaque* (8,2) afirma: "e perdoai-nos as nossas dívidas, assim como nós perdoamos nossos devedores". Esse texto confirma assim a versão de Mateus no que diz respeito ao termo dívida, mesmo que, diferentemente de Mateus, não tenha

---

[12] Harringhton, 1991, p. 95: "The idea of granting a release of debts appears *in Deut* 15:1-2", isto é, no contexto das leis sobre o ano sabático. Para a tradução cf. Jeremias, 1993, p. 48.

[13] Malina-Rohrbaugh, 1992, p. 62-64, destacam alguns elementos dos pressupostos sociais da ofensa e do motivo pelo qual justamente essa metáfora era usada para o pecado.

[14] Cf. Jeremias, 1993, p. 318-346; no caso, p. 48.

o passado "temos perdoado", mas, como Lucas, o presente "perdoamos".[15] Com essa invocação nos aproximamos ao máximo da aceitação histórica do pensamento de Jesus. O termo "dívida" (e os derivados) polariza a atenção sobre a obrigatoriedade e inevitabilidade da remissão ou restituição. Uma dívida cria relações vinculantes, intensifica a dinâmica interna do dar e do receber. Falar de débito significa aludir a uma dualidade de sujeitos e ao entrosamento de seu agir recíproco que impõe soluções e medidas que possam ser compreendidas e praticadas pelas duas partes. Falar de "pecado" significa acentuar claramente os comportamentos voluntários de uma pessoa (sem ignorar que as consequências atingem uma pluralidade de pessoas e de circunstâncias). É o sujeito do pecado que é colocado na origem do processo que exige a remoção ou remissão.

Culturalmente é importante notar uma circunstância: o fato de que a concepção de Mateus sobre a remissão (*afesis*) dos pecados seja transmitida principalmente por uma oração, e não simplesmente como um ensinamento, o que significa que, de acordo com a intenção de Jesus, ela deveria marcar profundamente a vida religiosa das pessoas e da comunidade de seus seguidores. Não existe doutrina mais fundamental do que aquela que um mestre transmite mediante o desenrolar do ato mais íntimo e concretizador da vida religiosa, como o são a oração e os ritos.

O próprio Jesus, segundo o Evangelho de Mateus, comenta a invocação "e perdoa-nos as nossas dívidas como também nós perdoamos aos nossos devedores" com outra palavra de Jesus,[16] que conserva plenamente o mesmo sentido:

---

[15] Gnilka atribui grande importância ao aoristo usado por Mateus, pois se trataria de um ato que acontece somente uma vez, por assim dizer: o cancelamento final que o homem deve fazer perdoando seus devedores antes de chegar ao julgamento (escatológico) de Deus (p. 337). Lc 11,4b teria eliminado essa perspectiva escatológica.

[16] Gnilka, 1990, p. 350, reconhece que Mateus depende aqui de um arquétipo e que Mc 11, 25 é um paralelo e principalmente que permanece fielmente na linha da invocação do perdão do Pai-nosso. Gnilka conclui: "o *logion* adapta-se à mensagem de Jesus e na sua versão original pode ser tido como palavra de Jesus".

Porque, se perdoardes (*afete*) aos homens as suas ofensas, vosso Pai celeste também vos perdoará (*afesei*). Mas se não perdoardes (*afete*) aos homens, tampouco vosso Pai vos perdoará (*afesei;* (Mt 6,14-15).[17]

Essa explicação, que não consta no Evangelho de Lucas, pode ser encontrada, de forma diferente, no Evangelho de Marcos:

E quando vos puserdes de pé para orar, perdoai (*afiete*), se tiverdes algum ressentimento contra alguém, para (*ina*) que também vosso Pai, que está nos céus, vos perdoe (*afe*) os vossos pecados (Mc 11,25).

A condição imprescindível para se obter a remissão ou o perdão dos pecados, por parte de Deus, é a remissão ou o perdão preventivos aos outros. Nesse contexto, a concessão do perdão por parte de Deus não parece exigir uma expiação nem por parte do pecador, nem por parte de um salvador que o substitua. A morte de Jesus não parece ter alguma relação com a remissão dos pecados. Nem a pessoa de Jesus exerce alguma função de mediação para sua obtenção. O perdão parece depender do relacionamento direto entre Deus, a pessoa e os outros homens.[18]

---

[17] Cf. Gnilka, 1990, p. 348-350. No que diz respeito ao aspecto social, cf. Malina-Rohrbaugh, 1992, p. 63-63. Os comentaristas com razão lembram a semelhança desse dito com Eclo 28,2.

[18] Gnilka, 1990, com razão reconhece que "o Pai-nosso não deixa transparecer nenhum reflexo pospascal" (p. 350). E admite: "A afinidade do Pai-nosso com o mundo conceitual veterotestamentário-judaico é indiscutível. E é bem verdade que ele poderia ter sido elaborado também por um judeu que não soubesse ou nada quisesse saber de Jesus".

3. O enfoque dessa concepção da remissão dos pecados sem expiação não estaria completo se não se esclarecessem as condições necessárias para se obter a remissão.[19] Entende-se por condições necessárias uma determinada modalidade de comportamento que é exigida do homem para que possa chegar à remissão propriamente ou as formas e os mecanismos ao alcance do homem que a possam tornar possível. Aqui se torna necessário fazer uma referência às condições sociais em geral. A compreensão das esferas comportamentais não pode não partir da dimensão do humano. O conhecimento das experiências humanas, em particular das intelectuais, só se torna possível depois de um atento exame dos modelos emotivos programados culturalmente em termos de tempo e de ocorrências (Destro, 2001, p. 143). No Evangelho de Mateus, Pedro pergunta a Jesus:

> Senhor, quantas vezes devo perdoar a meu irmão, quando ele pecar contra mim? Até sete vezes? Respondeu Jesus: Não te digo até sete vezes, mas até setenta vezes sete (Mt 18,21; cf. Lc 17,4).

Pela comparação com o Evangelho de Lucas, vê-se que Mateus quis aqui insistir sobre a absoluta disponibilidade para perdoar sempre, e não sobre as condições exigidas ao devedor para que possa ser perdoado (isto é, o arrependimento). Lucas deixa claro que é necessário o arrependimento por parte do pecador:

---

[19] J. Jeremias (1993, p. 58-59) teve o mérito de sublinhar as especificações da segunda súplica do Pai-nosso (que condiciona o perdão de Deus ao perdão entre os homens) mesmo contrariando sua teoria da salvação, agora já realizada em Jesus Cristo. A segunda súplica, escreve Jeremias, "surpreende-nos porque é a única ocasião, no Pai-nosso, em que se refere ao comportamento humano. Dessa unicidade pode-se deduzir a importância que Jesus queria atribuir a essa condição [...]. Por diversas vezes Jesus repetiu que não se pode pedir o perdão a Deus se nós mesmos não estivermos dispostos a perdoar os outros" (58). Mas, em seguida, Jeremias se esquece completamente de esclarecer as consequências sociais do perdão que deve ser concedido pelo homem à pessoa que o ofendeu.

Se teu irmão pecar, repreende-o; se se arrepender, perdoa-lhe (*afes*). Se pecar sete vezes no dia contra ti e sete vezes no dia vier procurar-te, dizendo: "Estou arrependido", perdoar-lhe-ás (*afeseis;* Lc 17,3-4).[20]

Mas também para Mateus essa condição é indispensável.[21] Como afirma explicitamente em uma passagem imediatamente precedente, que os exegetas julgam ser da "escola de Mateus" (isto é, uma palavra não autêntica de Jesus).[22]

Se teu irmão tiver pecado contra ti, vai e repreende-o entre ti e ele somente; se te ouvir, terás ganho teu irmão. Se não te escutar, toma contigo uma ou duas pessoas, a fim de que toda a questão se resolva pela decisão de duas ou três testemunhas. Se recusa ouvi-los, dize-o à Igreja. E se recusar ouvir também a Igreja, seja ele para ti como um pagão e um publicano. Em verdade vos digo: tudo o que ligardes sobre a terra será ligado no céu, e tudo o que desligardes sobre a terra será também desligado no céu (18,15-18).[23]

Também em uma famosa parábola, contada somente por Mateus (Mt 18,23-35),[24] é confirmada a necessidade de se perdoar repetidamente os irmãos, como condição para se obter o perdão da parte de Deus.[25] A narrativa encaixa esse princípio em um contexto social de

---

[20] Sobre a reconstituição das palavras originais de Jesus, cf. Segalla, 1992, p. 35-36.

[21] Segalla (1992, p. 36) apresenta a hipótese: "a sequência lógica é [...]: ofensa-correção-arrependimento a uma ofensa repetida, o perdão repetido. Essa é a estrutura do ensinamento original de Jesus".

[22] Cf. Gnilka, 1991, p. 204 e também as páginas 210-213.

[23] Cf. Segalla, 1992, p. 28-31, 41-45; Duling, 1995, p. 167-169; Malina-Rohrbaugh, 1992, p. 119-120, que colocam em relevo a dimensão social do ensinamento.

[24] Cf. Segalla, 1992, p. 31-35; 37-39; Gnilka, 1991, p. 214-223; Malina-Rohrbaugh, 1992, p. 119-120. Do ponto de vista do gênero literário e da história da tradição é preciso distinguir a parábola (18,23-34) da explicitação conclusiva (18,35); sobre a autenticidade de ambos, cf. Segalla, 1992, p. 37-38. 38-39.

[25] Tem razão Gnilka, 1991, p. 221, ao assumir o v. 33 como parte essencial da parábola original anterior a Mateus.

relacionamentos interpessoais hierarquicamente organizados, em que um patrão, em primeiro lugar, perdoa um inferior. Ele, apesar de estar em um grau superior, perdoou, sem ser obrigado, uma grande dívida de seu subordinado. Mas esse escravo não perdoa uma pequena dívida que outro escravo tinha para com ele. O patrão fica irado com esse comportamento:

> Então o senhor o chamou e lhe disse: Servo mau, eu te perdoei (*afeka*) toda a tua dívida, porque me suplicaste. Não devias também tu compadecer-te de teu companheiro de serviço, como eu tive piedade de ti? E o senhor, encolerizado, entregou-o aos algozes, até que pagasse toda a sua dívida. Assim vos tratará meu Pai celeste, se cada um de vós não perdoar a seu irmão, de todo o seu coração (Mt 18,32-35).[26]

Por outra parte, também no Evangelho de Lucas o perdão dos pecados é comparado a um perdão de dívidas, sem devolução:

---

[26] É muito importante dar-se conta de que também essa parábola não possui conteúdos cristológicos. Gnilka (1991, p. 221), procura evitar essa que, para ele, é uma dificuldade (visto que se preocupou em procurar uma ligação com a cristologia assim chamada de pós-pascal afirmando: "Sem uma referência cristológica a parábola fica sem colorido, torna-se apenas um ensinamento moral". Obviamente esse julgamento depende inteiramente das ideias teológicas de Gnilka que, francamente, não deveriam transformar o sentido do texto. Mas é importante notar que Gnilka teve de reconhecer que, se existe um sentido cristológico, ele está apenas implícito. Ele procura explicitá-lo levantando a hipótese de que "Jesus havia prometido aos pobres a *basileia*, havia os acolhido em sua comunhão libertadora, havia tomado refeições com eles, havia lhes prometido a bondade de seu Pai. E isso não podia não trazer consequências para sua vida". E a consequência seria que Jesus convida os pobres a não julgarem que é "legal" exigir a restituição da dívida do devedor, mas deviam considerar o devedor como "um homem a quem foi perdoado" (p. 221). Isto é, fica forçadamente inserida no texto da parábola uma específica teologia da graça, para torná-la coerente com a ideia de que se está fazendo "cristologia".

> Um credor tinha dois devedores: um lhe devia quinhentos denários e o outro, cinquenta. Não tendo eles com que pagar, perdoou (*eucharisato*) a ambos a sua dívida (Lc 7,41-42).[27]

De todas essas passagens de Lucas e Mateus conclui-se que o perdão dos pecados, por parte de Deus, traz consigo uma tríplice condição, entendida como um pressuposto necessário em sua unidade: 1. o arrependimento dos próprios pecados; 2. o perdão das dívidas dos outros, sem que se exija restituição ou compensação; 3. o arrependimento da parte dos outros. Levando a observação para um nível mais geral, pode-se dizer que essa tríplice condição nos afasta definitivamente dos rígidos esquemas tanto da reciprocidade equilibrada e balanceada como do relacionamento desordenado patrão-cliente, sobre o qual fizemos anteriormente uma pequena exposição (cf. capítulo 3).

Concluindo, o que diferencia essas passagens é o fato de que a remissão dos pecados depende de um sistema de perdão-remissão. O sistema, em alguns casos, centra-se (Lc 7,41-42) em uma ação inicial de Deus, o qual perdoa espontaneamente, e a todos, as culpas de cada um, porque ninguém está capacitado para restituir. Ou então, em outros casos (Mt 18,15-18; 32-35), o sistema de remissão se desenvolve de modo circular, a partir do perdão de um homem a outro homem, e termina com o perdão de Deus ao homem que já perdoara outro homem. O perdão de Deus é, nesse caso, especular e dependente do primeiro. O primeiro ato de perdão, por parte de um homem, torna-se assim essencial para o processo de construção dos relacionamentos entre sujeitos e de reconstituição do poder liber-

---

[27] Note-se que Lucas usa palavras diferentes para o perdão das dívidas (*charizomai*), em 7,42, e para o perdão dos pecados (*afiemi*), em 7,42.

Jesus e o Perdão dos Pecados

tador do próprio Deus. Em todo caso, os processos não dependem nem do julgamento da comunidade, nem de um ritual, nem de um ato concreto de reparação.[28]

O ponto de maior interesse cultural nesse sistema de perdão-remissão é, de um lado, como já vimos, a concatenação das ações de remissão e de eliminação de atos necessários ou deveres pendentes, e, de outro, a total ausência de equilíbrios ou de re-equilíbrios. Quanto ao que se refere a esse segundo ponto, a visão de Jesus, como foi transmitida

---

[28] Pode-se limitar o exame desses textos a um ponto de vista muito particular, isto é, se primeiramente é necessário o perdão por parte de Deus ou então a conversão e o arrependimento por parte do homem. É uma questão legítima, à qual já demos uma resposta, mas é uma perspectiva que perde de vista grande parte do fenômeno que estamos estudando. Segalla (1992, p. 41) dedica-se a ela de preferência a outros aspectos: "O tema do perdão concedido aos homens estava presente no ambiente judaico do Novo Testamento. Mas jamais se vê o tema do perdão de Deus como acontecimento primário, que fundamenta a exigência do perdão. Isso é específico do perdão cristão e se realiza no evento singular que é Jesus Cristo, tanto o Jesus histórico como o Cristo morto 'para a remissão dos pecados'". Aqui grande parte depende dos conceitos usados: "judaico" opõe-se a "cristão". Se "judaico" significa a cultura, isto é, o conjunto dos esquemas sobre que se baseiam a concepção, as práticas, as instituições, a vida material de uma sociedade, então se torna bastante difícil sustentar que Jesus não faça parte da cultura "judaica" e que qualquer "singularidade" (esse é o conceito usado por Segalla) de Jesus e da primeiríssima igreja, como de qualquer outro grande líder religioso judeu da época, só pode ser "judaica". Consequentemente, não se pode opor a "judaico" o conceito de "cristão", não apenas porque o cristianismo nos tempos do movimento de Jesus e a primeiríssima igreja ainda não existiam, mas porque Jesus e o grupo dos seus seguidores após sua morte não haviam ainda criado sua cultura autônoma com uma própria subdivisão do tempo, organizações do espaço urbano, elaboração de símbolos válidos para toda uma sociedade. Para que se possa falar de uma cultura "cristã" nesse sentido, é preciso esperar o império bizantino, certos ambientes medievais do ocidente ou algo semelhante nos séculos consecutivos ou pelo menos a conjuntura do império romano entre os séculos IV e VI. Do ponto de vista da cultura, a concepção que atribui a Deus a primazia é integral e totalmente parte da cultura judaica. Sobre o problema metodológico da oposição incorreta entre "judaico" e "cristão", cf. também Schüssler Fiorenza, 1998, p. 124-135. Mas não é sobre isso que centramos nosso estudo.

Formas Culturais do Cristianismo Nascente

pela narração dos Evangelhos sinóticos, não oferece nenhum apoio às modalidades do perdoar, às maneiras de se perdoar as dívidas. Grandes perdões não se diferenciam de pequenos perdões. Deus perdoa muito, o homem perdoa na medida humana. O evidente significado utópico contém em si uma força propulsora para a regulação de todo tipo de relacionamento entre indivíduos e para a solução das mais diferentes condições existenciais.

4. Aprofundando o que já dissemos, note-se que, se em todo texto está implícita uma concepção da sociedade, uma visão ideal dos relacionamentos interpessoais, então é preciso interrogar-se quais são os modelos sociais e interpessoais que Jesus se propunha tanto quando pensava no reino de Deus como quando falava da remissão dos pecados, obtida mediante esse particular mecanismo de que falamos.

Para isso será útil recapitular os pontos essenciais da parábola dos dois escravos, de Mateus (18,23-35), porque contêm – sempre usando uma forma idealizada – uma clara referência à ordem social e ao mundo dos relacionamentos reais. E é justamente o relacionamento ou o modelo patrão-escravo (e, consequentemente, escravo-escravo) que explicita o pressuposto do sistema. A restituição de uma dívida seria em si um ato obrigatório: não restituir acarretaria uma pena. Somente a eliminação do débito elimina a eventual pena. O comportamento do patrão é o de cancelar um dever (a restituição do débito) e de mudar a posição do escravo, fazendo-o livre da dívida sem que ele tenha feito alguma coisa. Isso para que ele siga ou repita o mesmo princípio para com outros homens. O ideal buscado pelo sistema é a reciprocidade alargada, ampla e não limitada de homem para homem: ninguém deve estar atado por vínculos de débito (ou culpas) a outras pessoas, mas cada um liberte gratuitamente seus devedores. Trata-se de um mecanismo de reações em cadeia para o restabelecimento ou a criação da ordem ideal. Cf. também a já citada passagem de Mateus 5,23-24:

Se estás, portanto, para fazer a tua oferta diante do altar e te lembras de que teu irmão tem alguma coisa contra ti, deixa lá a tua oferta diante do altar e vai primeiro reconciliar-te com teu irmão; só então vem fazer a tua oferta.

O ponto central do mecanismo de remissão consiste em capacitar o devedor (isto é, o culpado) para readquirir, dessa maneira, o poder de, por sua vez, realizar atos gratuitos e livres. Na realidade, a justa restituição do débito não é eliminada incondicionalmente, mas, como já dissemos muitas vezes, somente se o devedor, por sua vez, corresponde com o mesmo mecanismo.[29] Se isso não acontece o patrão exige a devolução da dívida que havia perdoado anteriormente.

Nesse caso, dentro da visão escatológica, Deus vai punir o pecador: "E o senhor, encolerizado, entregou-o aos algozes, até que pagasse toda a sua dívida" (Mt 18,34).

Aqui se pode perceber, claramente, qual é o relacionamento entre perdão dos pecados e juízo final de Deus ("Assim também o meu Pai celeste fará com cada um de vocês"). Na visão de Jesus existem dois momentos diversos na sucessão dos acontecimentos escatoló-

---

[29] A respeito da parábola de Mateus 18,23-35, veja Gnilka, 1993, p. 129-132, que vê nessa parábola, assim como em Lucas 7,41ss., o propósito de revelar a bondade de Deus "que faz com que se excedam todos os modelos de um comportamento humano normal. É uma bondade que doa sem ser convidada a fazê-lo [...] bondade que quer transformar os homens" (p. 132). Mas não é verdade que a bondade de Deus dá sem que seja incitada, porque o escravo pede que seja perdoada sua dívida ("eu perdoei toda a sua dívida porque você pediu", Mt 18,32). É verdade que a bondade de Deus quer transformar os homens, mas Gnilka não observa que a bondade de Deus exige que o homem, por sua vez, também perdoe; esquece de se perguntar qual tipo de transformação Deus – de acordo com Jesus – espera introduzir na vida do homem. O pecado é uma infração social e pressupõe, em qualquer sistema de remissão das culpas, uma reintegração social. Jesus não cria do nada cultural a concepção da bondade de Deus. A bondade de Deus possui conteúdos culturais e efeitos sociais.

gicos. Primeiramente acontece o perdão dos pecados, depois o juízo universal.[30] É o que se conclui também do Pai-nosso: primeiro acontece o perdão entre os homens e depois o perdão escatológico de Deus.

Resumindo, a justa punição da culpa somente é aplicada se quem perdoado por Deus não perdoa os outros. A ameaça da punição da culpa (bastante explícita em diversas passagens: Mt 11,21-24; 12,41-42; Lc 13,7-5)[31] transforma-se em incentivo para o perdão do próximo e para a instituição de sólidos relacionamentos sociais.

5. A pergunta que agora se faz é a seguinte: se o ideal religioso social que está implícito na concepção de Jesus sobre a remissão dos pecados é o de um mecanismo de reações em cadeia para uma reordenação ideal, deveríamos nos perguntar se esse ideal é uma criação ou se já existia nas concepções religiosas de seu tempo. Nós pensamos que essa segunda hipótese é a mais provável.

O projeto de sociedade que serve de pano de fundo para as palavras de Jesus se inspira em alguns aspectos do ideal bíblico do jubileu,[32] como pode ser visto especialmente no capítulo 25 do Levítico

---

[30] Cf. Weiss, 1993, p. 134: "Entre as palavras autênticas de Jesus, Mc 9,43ss exprime do modo mais claro o nexo entre juízo e instauração do reino. Como sempre se pressupõe que quem escuta estará ainda vivo no advento do reino. Coloca-se a alternativa: ou entrar no reino (ou na vida eterna) com um membro mutilado, ou ser atirado no inferno com todos os membros. Portanto, a estrada para a vida ou o reino passa pelo juízo, pelo qual se decide o destino de cada um". Assim teremos a sucessão: julgamento, reino. O perdão dos pecados se situa antes do julgamento. Cf. Jeremias, 1993, p. 58-59.

[31] Cf. Barbaglio, 1974, p. 89-90.

[32] Diferentemente de Pina, 1998, nosso propósito é mostrar a existência, no cristianismo mais primitivo, e até no próprio Jesus, de uma concepção da remissão dos pecados *sem expiação*, que pressupõe um ideal religioso que pode ser reencontrado no ideal religioso-social do jubileu tal como reinterpretado no judaísmo da época de Jesus. Os textos protocristãos, dos quais partimos, são os de Mt 6,12; cf. Lc 11,4; Mt 6,14; Mc

(Lv 25,8-55).[33] É sabido que o jubileu é um conjunto de regras que, a cada cinquenta anos, propõem uma reorganização social do povo de Israel. No ano jubilar, toda a sociedade judaica, no país de Israel, deveria ser submetida a uma espécie de revisão total, um reinício de suas estruturas sociorreligiosas fundamentais. Esse mecanismo de reorganização coletiva consiste essencialmente no fato de que todo e qualquer membro do povo deve re-entrar na posse de sua liberdade pessoal, se tiver sido reduzido à escravidão, bem como recuperar a posse da casa própria e de sua terra, se as tiver cedido por causa de suas dívidas pessoais:

> Santificareis o quinquagésimo ano e publicareis a liberdade na terra para todos os seus habitantes. [...] Voltareis cada um para as suas terras e para a sua família (Lv 25,10).

11,25; Mt 18,21; Lc 17,4; Mt 18,15-18; 18,22-35; Lc 7,41-42; Mt 5,23-24; Mt 11,21-24; 12,41-42; Lc 13,5. A pregação na sinagoga de Nazaré, de acordo com Lc 4,17-19, é, para nós, como se verá, um texto que confirma a presença da concepção do jubileu em meio aos que primeiro eram o grupo de Jesus, mas não pode ser o texto fundamental porque não trata da remissão dos pecados. Além disso, nossa busca é, em primeiro lugar, delinear uma concepção que pode ser encontrada em alguns textos protocristãos. Somente depois procuramos reconstruir os pressupostos judaicos em que ela se inspira e a encontramos no ideal levítico do jubileu, reinterpretado no ambiente histórico-religioso, o mais próximo de Jesus que seja possível para nós reconstruir. Pitta, pelo contrário, procede de acordo com o esquema "promessa-cumprimento". Nos primeiros capítulos delineia a evolução da concepção do jubileu bíblico. Depois dedica o terceiro capítulo ao "cumprimento da profecia" em Lc 4,16-30. Por agir assim seu texto principal para o delineamento da concepção do jubileu em Jesus é o texto de Lucas. Os textos que nós examinamos permanecem fundamentalmente estranhos à sua explanação. Em alguns momentos, porém, Pitta amplia sua visão também para outros textos, e entre eles encontramos coincidências que assinalamos em nota. Pitta procura também reconduzir as passagens dos Atos (1,6-11 e 4,32-33) a um ambiente que se assemelha aos ideais do jubileu bíblico.

[33] Para melhor conhecimento da literatura específica sobre o Levítico recomendamos os comentários de Levin, 1989, e Budd, 1996. Veja também Sawyer, 1996.

Formas Culturais do Cristianismo Nascente

O extraordinário significado de reordenação e renovação social coletiva que o ano jubilar idealmente devia ter é ressaltado também pela solenidade do soar da trombeta, na verdade um chifre (*šofar*). Poderia ser oportuno falar, para simplificar, de um ritual da trombeta que, contudo, não podemos analisar aqui. Limitamo-nos a ressaltar que o início formal de uma atividade simbólica, de forte significado, constitui claramente um sinal da importância do acontecimento. Lembramos também que o jubileu tinha de ser proclamado de acordo com um protocolo bem estabelecido: era obrigação levar o *šofar* de aldeia em aldeia e de cidade em cidade, como forma de anunciar publicamente a libertação: "Tocarás então a trombeta no décimo dia do sétimo mês: tocareis a trombeta no dia das Expiações em toda a vossa terra" (Lv 25,9).

O mais importante é que o projeto social do jubileu encontra-se centrado no mecanismo da reconstituição da sociedade de Israel, no "retorno" a sua situação original. No plano ideal, o esquema do jubileu corresponde a um processo regulador que reaviva as bases formadoras de uma cultura.

Fica claro que devemos deixar de lado os dispositivos concretos através dos quais o livro do Levítico imagina que essa operação, muito complexa, possa verificar-se. O que queremos colocar em evidência é que as passagens dos Evangelhos nas quais Jesus exorta ao perdão de todo tipo de ofensa sofrida implicam como pressuposto a aspiração pela reconciliação coletiva, uma reorganização-refundação da sociedade de Israel que corresponde ao que é proposto no jubileu.

Pode-se então perguntar por que Jesus estabeleceu uma conexão entre esse ideal social e a remissão dos pecados. A resposta está justamente no livro do Levítico. É de grande importância o momento em que, de acordo com Lv 25,9, devia ser proclamado o ano jubilar. O redator do livro do Levítico estabeleceu que devia ser proclamado no décimo dia do sétimo mês, justamente no começo do rito anual do *Yom ha-kippurim*. A coincidência desses dois eventos explica os valores implícitos de suas *performances*.

O cancelamento dos pecados do povo, por parte de Deus, e a reorganização social do povo deviam acontecer juntos porque o rito de expiação e a radical renovação social eram entendidos como necessariamente ligados um ao outro. Uma volta de todos os judeus à condição original de igualdade e liberdade exigia que se realizasse um ato coletivo de expiação e profunda conversão. Somente a conversão, que é essencial na concepção levítica do *Yom ha-kippurim,* permite a renovação social.[34] Ao mesmo tempo, no ano do jubileu também a terra do povo de Israel devia ser regenerada ou reintegrada e, portanto, como no ano sabático, não podia ser submetida ao cultivo. De fato, o quadragésimo nono ano coincidia com o ano sabático, e por isso no ano jubilar não se podia cultivar a terra:

> A terra vos dará os seus frutos, comereis até vos saciardes e vivereis em segurança. Se disserdes: que comeremos nós no sétimo ano, se não semearmos, nem recolhermos os nossos frutos? Eu vos darei a minha bênção no sexto ano, e a terra produzirá uma colheita para três anos. Semeareis no oitavo ano, e comereis da antiga colheita até o ano novo: comereis da antiga colheita até que venha a nova (Lv 25,19-22).

Assim, o jubileu é um retorno às origens que possui não somente um aspecto social, mas também natural e cósmico.

A conexão entre *Yom ha-kippurim* (isto é, a remissão dos pecados) e um ideal social, obtida mediante o respeito das leis de caráter social do ano sabático (ajuda aos pobres e concede perdão das dívidas), é encontrada também em um texto de Qumram: 1Q22. Trata-se de um texto que re-elabora o Deuteronômio e tem também o nome de *Palavras de Moisés.*[35] O documento é importante porque testemunha concepções cronologicamente vizinhas do movimento de Jesus. É de fato essencial

---

[34] Cf. também Deiana, 1995, p. 109.
[35] Segundo Martone (1996, p. 454), o texto "pode ser datado paleograficamente para o início do século primeiro antes da era comum.

Formas Culturais do Cristianismo Nascente

dar-se conta de como as concepções bíblicas eram efetivamente interpretadas no contexto histórico de Jesus. As passagens que nos interessam são as seguintes:

4. Aquele ano será o ano do perdão.
5. [Todo credor] que tenha emprestado alguma coisa a outrem, ou [que está na posse de alguma coisa do seu irmão] dará o perdão a seu próximo porque
6. [Deus], o vosso [Deus proclamou a remissão. Exigirás a restituição] ao estran[geiro, mas não a exigirás do teu irmão], porque nesse ano
7. [Deus vos abençoará perdoando-vos os vossos pecados...]
8. [...] no ano [...] do mês de [...]
9. [...] naquele dia [... porque] erraram
10. [pelo deserto vossos [pa]is até o dia décimo do mês {o [... no dia dé]cimo do mês}
11. Tu te absterás [de todo trabalho]. E no décimo dia do mês expiarás [...] do mês (1Q22 Col III 4-11).[36]

Nesse texto fica muito clara a conexão entre um ato de perdão das dívidas que deve ser praticado coletivamente, isto é, por toda a sociedade, e a remissão dos pecados por Deus no *Yom ha-kippurim*. A conexão está clara na frase:

não exigirás devolução, porque nesse ano [Deus vos abençoará, perdoando os vossos pecados...] (1Q22 Col III 6-7).

Para a forma de judaísmo que se manifesta nesse texto, o perdão dos pecados por parte de Deus está ligado ao perdão das dívidas por parte dos homens. Quando se pensa que o *Yom ha-kippurim* exige uma

---

[36] Martone, 1996, p. 456.

conversão concreta e interior por parte do homem para que se possa obter o perdão dos pecados por parte de Deus, fica claro que o texto exprime um ideal religioso pelo qual não pode haver conversão e perdão dos pecados a não ser que se realize também o ideal de fraternidade concreta e de igualdade econômica que não suporta a riqueza de alguns e a indigência causada pelas dívidas. A conversão e o perdão exigem a reconstrução de um relacionamento de igualdade entre os membros do povo. Tanto em 1Q22 como no Levítico 25,8-55, estamos diante de uma grandiosa visão em que é central a ação de Deus. É muito ingênuo pensar que se trata de uma visão "moral" ou "legal" da qual Jesus e o cristianismo primevo se teriam afastado por possuírem uma visão mais "espiritual" ou de um "relacionamento direto e pessoal" com Deus.

O fato de que Jesus junte num só ato a remissão dos pecados e o perdão e a libertação jubilar tem, com toda a probabilidade, raiz na concepção levítica que já havia concebido que devia fazer parte integrante e necessária do jubileu a cerimônia do *Yom ha-kippurim* para o perdão dos pecados. Aqui se desvela como o comportamento de Jesus perante o ritual do *Yom ha-kippurim* é de atribuição de extrema importância e muito complexo. De um lado, nas pegadas de João Batista, Jesus desloca para fora do templo o conteúdo central da remissão dos pecados, que era o núcleo do *Yom ha-kippurim*. De outro, e fora de qualquer *script* espacial (cf. Destro, 2005, p. 204-210), isso parece estar em função de reforçar sua missão. É como se a própria andança de Jesus por toda a terra de Israel fosse, de algum modo, inspirada no projeto utópico do Lv 25,9 de "levar a trombeta por todo o país", ou, em termos mais próximos da sensibilidade contemporânea, de "divulgar" e "comunicar" com um sinal claro dirigido a todos.

6. Agora se faz necessário voltar ao fato de que nos Evangelhos o substantivo mais usado para definir a remissão dos pecados é *afesis*. O termo *afesis* é exatamente o termo com o qual é definido o jubileu na

tradução grega dos setenta, utilizada pelos redatores dos Evangelhos. No Lv 25,10, a palavra hebraica que indica o jubileu (*yobel*, que significa "carneiro" e também a "trombeta feita com chifre de carneiro")[37] é traduzida pelos LXX com a expressão "ano sinal de *afesis*" (*eniautos afeseos semasia*)[38], isto é, o tempo em que se sinalizava – com a *Yobel* – o início do quinquagésimo ano. Em Lv 25,30 o termo *afesis* é usado somente para traduzir *yobel* e parece ser também o termo usual que os hebreus de língua grega usavam para indicar o jubileu (veja também Lv 25,28). Em Lv 27,17-24 o jubileu é definido como "o ano da *afesis*" e no livro dos Números como "a *afesis* dos filhos de Israel" (Nm 36,4).

O caráter social do termo *afesis* é, assim, muito significativo. Na bíblia grega aparece com grande multiplicidade de sentidos que sinalizam delicadas situações socioculturais. No livro do Êxodo (Êx 18,12), indica o "repúdio da mulher" com o sentido de dissolução-libertação do vínculo matrimonial.[39] Em Lv 16,26 é aplicado ao ato de soltar o bode expiatório no deserto. Em Judite, 11,14, significa "permissão"; em Ester, 2,18, "dia de repouso". No primeiro livro dos Macabeus (10,28.30.34; 13,34) indica "isenção". No profeta Isaías, no capítulo 58,6, significa a "liberdade" para os encarcerados e traduz o hebraico *hofsi*, ao passo que no capítulo 61,1 significa "libertação dos prisioneiros de guerra (em hebraico *deror*) e o consequente retorno à casa. Em Ezequiel 46,17 indica o ano da libertação (em hebraico *deror*) do escravo, e em Jeremias 34,17 indica a libertação do irmão e do próximo (cf. Budd, 1996, p. 346; Levine, 1989, p. 171).

---

[37] A hipótese de Pitta (1998, p. 13) é impossível do ponto de vista filológico. Ele escreve: "síntese de uma curta profissão de fé que professa JHWH (prefixo *Yô*) como o Baal ("Bêl"). Veja-se D. Cohen, *Dictionaire des racines sémitiques ou attestées dans les langues sémitiques, II*, Lovaina, Peeters, 1996, p. 485-486 e particularmente n. 4, p. 485.

[38] Cf. Harlé-Pralon, 1988, p. 198: "um ano sinal para o perdão".

[39] Em hebraico, o termo oposto é *'agunâ*, que indica a mulher ligada ao marido que dela se afastou sem desfazer o vínculo matrimonial.

Queremos relembrar que *afesis* significa também perdão dos pecados. Mas não expiação. De fato, a bíblia grega usou um verbo diferente para expiação/remoção, *exilaskomai* (expiar), ao passo que para indicar a concessão do perdão dos pecados usou o verbo *afiemi*:

> o sacerdote fará a expiação (em hebraico: *kipper*, em grego: *exilasetai*) por eles, e serão perdoados (em hebraico: *nislah*; em grego *afethê*) os pecados (Lv 4, 20).

O perdão ou a remissão[40] do pecado é, pois, o efeito que "segue" o ritual sacrificial, e não o ato ritual em si. Deus concede a remissão do pecado (*afesis*) depois que a imolação sacrificial e o uso ritual do sangue e qualquer outro ato exigido pelo ritual estejam concluídos. A operação ritual expressa pelo verbo *kipper* é uma fase precedente que condiciona a fase seguinte, a da *afesis* (expressa em hebraico pelo verbo *nislah*).

Concluindo, o termo *afesis* usado pelos textos evangélicos indica não somente o perdão religioso por parte de Deus, mas se refere também a um vasto conjunto de princípios estreitamente conexos com a libertação pessoal e a reordenação social.

7. À luz dessas considerações podemos compreender melhor outra passagem evangélica. Segundo o Evangelho de Lucas, Jesus se inspira no ideal de libertação do jubileu desde sua primeira pregação na sinagoga de Nazaré, lugar "onde ele havia sido criado" (Lc 4,16):

---

[40] Não queremos tratar da distinção entre perdão e remissão. Note-se somente que no âmbito religioso o primeiro é muito amplo. Ressaltamos que "remissão", na presente análise, é entendida em sentido jurídico, ou seja, como o cancelamento das transgressões, no sentido de que a autoridade que os deveria punir se comporta como se eles não tivessem acontecido. Para uma reflexão mais abrangente sobre o "perdão", cf. J. Derrida, *Perdonner*, Paris, 2005.

Entrou na sinagoga em dia de sábado, segundo seu costume, e levantou-se para ler. Foi-lhe dado o livro do profeta Isaías. Desenrolando o livro, escolheu a passagem onde está escrito (Is 61,1s. LXX): "O Espírito do Senhor está sobre mim, porque me ungiu, e enviou-me para anunciar a boa nova aos pobres, para sarar os contritos de coração, para anunciar aos cativos a redenção (*afesis*), aos cegos a restauração da vista, para pôr em liberdade (*afesis*) os cativos (Is 58,6 LXX), para publicar o ano da graça do Senhor" (Is 61,2 LXX). E, enrolando o livro, deu-o ao ministro e sentou-se (Lc IV, 17-19).

É verdade que a citação de Isaías é uma composição de ao menos duas passagens diferentes do livro de Isaías na tradução grega que remonta ao redator do Evangelho ou talvez também a alguma outra tradição. O núcleo histórico do evento da pregação na sinagoga de Nazaré não pode ser aplicado à forma literária da citação de Isaías 61,1-2 e 58,6.[41] O contexto do tema de Israel 61,1-9 é o de um ano de libertação como pressuposto da restauração do povo de Israel e de seu domínio ou primado sobre os outros povos, posterior a uma nova aliança. Também

---

[41] De fato, Isaías 61,2 fala de: *liqr'* [...] *drwr*, como o Levítico 25,10: *qr'tm drwr*. A respeito desse nexo entre Is 61,1-2 e Lv 25,8ss., veja-se também Monshouwer, 1991 e Esler, 1987. Prior, 1995, p. 139-141, é contrário à hipótese de que Lucas faça alguma referência ao ano jubilar, baseando-se em que "Luke does not use the terminology peculiar to the Jubilee (no sowing, no pruning, no rest for the land, non day of atonement, and so on, although the *eis ten patrida autou*, "each returning to his family", cfr. Lv 25,10 LXX finds a resonance). Neither does he develop peculiarly Jubilee concepts in the course of this writing. Luke's own understanding of *aphesis* must be an important element in the discussion" (p. 139). Mas justamente *afesis* e a referência ao *Yom ha-kippurim*, implícitos na citação provam o contrário. Além disso, Prior ignora o fato de que 11QMelquisedeque – como veremos mais adiante – oferece uma interpretação escatológica do último jubileu e ajunta o jubileu de Lv 25,8ss com Is 61,1-2. Portanto, também sua ulterior objeção, que opõe o elemento escatológico característico do Jesus de Lucas à temática do jubileu, perde seu valor. A respeito da ligação de Is 61,1-2 com o jubileu de Lv 25, cf. também Pitta, 1998, p. 55-56; p. 56-62.

aqui o ideal do jubileu está inserido em um quadro de renovação sociorreligioso abrangente, em uma sucessão de acontecimentos de algum modo relacionados à escatologia. A diferença fundamental com o texto de Levítico 25,8 está no fato que este último projeta e sonha com uma reconstituição cíclica de sociedade israelita, ao passo que em Is 61,1-2 parece prevalecer a expectativa de um acontecimento particular.[42] Contudo, é muito importante levar em consideração que Isaías 58.1-12, de onde foi tirada a passagem incluída na citação de Isaías 61,1-2, é um trecho que diz respeito propriamente ao *Yom ha-kippurim*. Igualmente na fusão dos textos de Isaías em Lucas também se fundem as tradições do *Yom ha-kippurim* e do ano jubilar.[43]

Nos textos de Isaías existe muito mais do que a presença do ideal da celebração do *Yom ha-kippurim* em relação ao ano jubilar (Is 61,1-2). Existe a conversão, entendida igualmente como reparação das injustiças sociais (Is 58,6-7) e a restauração do Israel originário, entendida como condição para o advento de um período de restauração da nação e de suas relações com os povos (Is 58,12; 61,4-9).[44]

---

[42] Pitta, (1998, p. 56) deixa evidente que o caráter cíclico, típico do Levítico, está ausente em Isaías 61. Mas nos parece que tenha uma tendência exagerada de construir uma teologia da revelação progressiva que, da dimensão cíclica do Levítico, passa, em Isaías, para uma presumida expectativa de uma "realização" definitiva para, depois, encontrar em Lucas 4,17-19 o "cumprimento".

[43] Meynet, (1994, p. 158-165), afirma que, com a citação de Isaías, Lucas tenha pretendido construir uma estrutura quiasmática em que as duas referências à *afesis* conteriam a proclamação da recuperação da vista dos cegos (Meynet, 1994, p. 158). Desse modo ficariam submetidas à recuperação da vista pelo menos duas referências à *afesis*, isto é, à libertação. Isso nos parece um procedimento unilateral, que não considera o fato de que quem compôs a citação de Isaías foi procurar, voluntariamente, no capítulo 58 de Isaías, uma citação que fala da libertação. Pitta, 1998, p. 81, parece não se dar conta da provável conexão entre Isaías 58,6 e *Yom ha-kippurim*.

[44] Contudo é preciso levar em consideração que a versão dos LXX de Is 61,1 inseriu uma referência aos cegos, que não consta no TM, mas sim em Is 35,5.

Portanto, em primeiro lugar, nessa passagem de Lucas fica bastante declarado, de forma particular, aquilo que resulta claramente das passagens que citamos precedentemente. Jesus destaca muito os devedores, os escravos e os que, por causa das próprias dívidas, podem tornar-se escravos. O desígnio social que dá sentido ao jubileu, nas palavras de Jesus, torna-se um dos pressupostos de seu ideal religioso.

O segundo elemento é que, na concepção levítica do jubileu, trata-se da libertação de Israel, de um reingresso dos pobres, dos devedores e dos escravos no ordenamento legal e nos relacionamentos com os grupos familiares e dos clãs de origem. Como o jubileu comporta a reintegração dos devedores, assim também a remissão das culpas comporta a repacificação e o reequilíbrio entre os homens. Aqui o conceito de um jubileu religioso funde-se com o do reino de Deus. A impostação de Jesus aparece ou é representada principalmente como teológica: é Deus que intervém.

A conexão lógica entre o dia da expiação e o ano jubilar é o pano de fundo que explica a conexão entre perdão dos pecados e os sucessivos eventos escatológicos em Jesus: o juízo universal e o reino de Deus.

8. A pergunta que agora se faz é a seguinte: no livro do Levítico o ano do jubileu não parece ser um acontecimento escatológico. De que modo, então, o jubileu pode ser tido como a matriz cultural de uma concepção escatológica tão essencial e central para Jesus? A resposta poderia ser encontrada em um texto localizado nas vizinhanças de Qumram, 11QMelquisedeque[45] (que pode ser datado entre o fim do século segundo e a primeira metade do primeiro século da era cristã).[46] Esse texto contém não somente, de modo explícito, a conexão entre o jubileu

---

[45] Cf. Gianotto, 1984, p. 64-75 e 1984b; Martone, 1996, p. 253-255; Maier I, 1995, p. 361-363; Puech, 1993, I, p. 516-526.

[46] Cf. Martone, 1996, p. 253; Maier, I, 1995, p. 361; Puech 1993, I, p. 519-522.

levítico e Isaías 61,1-2 (cf. 11QMelquisedeque 2.2.9), que encontramos em Lucas 4,18-19, mas mostra principalmente que o quinquagésimo jubileu estava conectado com o perdão dos pecados e era considerado o acontecimento escatológico último.

1 [...] o teu Deus [...]

2 [...] e como havia falado "Nesse ano do jubileu [cada um volte para suas posses (Lv 25,13). Como está escrito: Esta]

3. é a condição da [remissão]: todo credor perdoará aquilo que havia emprestado [ao seu próximo, não cobrará do seu próximo nem do seu irmão, porque foi proclamada] a remissão

4. por Deus" (Dt 15,2). [A inter]pretação [da passagem] para os últimos dias refere-se aos prisioneiros [dos quais] se afirma: "para proclamar aos prisioneiros a libertação" (Is 61,1). E

5. aprisionará seus revoltosos... e da descendência de Melquisedeque, pois [...] e eles são a des[cendência de Melquisedeque, que

6. os fará retornar a eles. E proclamará para eles a libertação (*deror*)[47], livrando-os [do peso de] todas as suas iniquidades (*awonot*). Isso [acontecerá]

7. quando se completar o sétimo jubileu que vem depois dos no[ve] jubileus. O di[a da ex]piação (Lv 25,9) é o final do décimo jubileu,

8. quando se deverá fazer a expiação por todos os filhos de De[us e os ho]mens por parte de Mel[qui]sedeque. [Nas altur]as se manifestará [a seu] favor, de acordo com seus grupos, pois

9. este é o ano da graça (Is 61,2) para Melquisedeque, para exal[tar durante a pro]clamação os santos de Deus para a vitória do juízo, como está escrito

10. Nos cânticos de Davi onde diz: "Deus se levanta na assembleia [divina], em meio aos anjos proclama sua sentença" Sl 82,1).[48]

---

[47] Aqui se vê com clareza que *deror* se refere tanto à remissão dos pecados como à remissão das dívidas, exatamente como *afesis*.

[48] Seguimos a tradução de Martone, 1996, p. 253-254. Cf. Puech, 1993, I, p. 524-526, embora as traduções divirjam muito entre si; cf., por exemplo, Gianoto, 1984, p. 65-66.

A conexão entre Dt 15,2 e Is 61,1 baseia-se também no fato de que ambas as passagens usam o mesmo verbo "proclamar" (*qr'*). A remissão (*semiṭah*, traduzido nos LXX como *afesis*) que, segundo o Dt 15,2 – de acordo com 11QMel – é a libertação dos escravos (*deror*, que os LXX traduzem como *afesis*) que será proclamada no jubileu (talvez) escatológico segundo Is 61,1. O versículo 2 do capítulo 61 de Isaías refere-se, contudo, ao *Yom ha-kippurim*, assim como é previsto pelo jubileu levítico em Lv 25,9. Portanto, a sequência parece ser: primeiro vem a realização do ideal sociorreligioso do ano sabático (como consta em Dt 15,2) e do jubileu, e depois acontecerá a remissão dos pecados, por ocasião da celebração do *Yom ha-kippurim* que se dará no início do quinquagésimo jubileu (e que se identifica com o ano da graça de Is 61,2).[49] A sucessão dos acontecimentos nem sempre aparece claramente. Contudo, o que importa é que o fim dos tempos é situado no quinquagésimo jubileu que está ligado com o perdão dos pecados, que não coincide com o juízo universal e, finalmente, que existe uma conexão entre jubileu e o *Yom ha-kippurim*, embora possa parecer que a celebração do *Yom ha-kippurim* aconteça no fim do jubileu.

---

[49] A respeito disso Puech escreve: "Em 11QMelquisedeque II 4ss. [...] 'o fim dos tempos' significa proclamação da restituição das dívidas na primeira semana do último dos dez jubileus [...] O dia da expiação é o final do décimo jubileu, quando Melquisedeque, sumo sacerdote celeste, proclamará o juízo. A expressão é, por isso, sinônima a *b'hryt ha't* de 4QMMT C 31: 'a fim de que possa alegrar-se no fim dos tempos'. Essa última concepção do fim dos tempos em que o juízo final acontece na décima semana aproxima-se do *Apocalipse das Semanas* em 1 Henoch 93,1-10 + 91,11-17 + 93,11-14", "A concepção da escatologia essênica – conclui Puech – está perfeitamente de acordo com a noção bíblica desse tema e numa linha que é o prolongamento direto dos livros proféticos, aí compreendidos o cálculo dos atrasos: 490 anos ou 10 jubileus em Dn 9 e 11QMelquisedeque" (Puech, 1997, p. 264). Cf. também Puech, 1993, I, p. 516-526. A respeito de 11QMelquisedeque, cf. também Gianoto, 1984, p. 64-75, que se referem aos textos paralelos sobre o jubileu escatológico.

3. O novo reino e a anistia[50]

1. O que pode explicar o mecanismo em que Jesus se inspira é um duplo relacionamento entre a figura real e a figura do súdito. Na configuração atribuída a Jesus, que espera a vinda iminente do novo reino (aquele que ele chama de "reino de Deus"), a figura do rei parece estar na posição dominante. Jesus, portanto, pode ter tido em mente um perdão concedido pelo rei no início de seu reinado (Assmann, 1991, p. 53-70).[51] O começo de um novo reinado dos soberanos orientais, por exemplo, egípcios, era marcado por uma anistia. Por ela se exprimia a convicção de que o ideal da reintegração e da equidade é superior às leis em vigor. A anistia reabilitava uma justiça ideal, suspendendo, momentaneamente, as leis.

As *prostagmata philantropa*[52] eram editadas pelos reis ptolomaicos (como, por exemplo, no segundo século) costumeiramente no início do reinado.[53] Essas disposições consistiam em uma anistia que zerava os reatos fiscais, sobretudo as dívidas. Graças a esse perdão o súdito podia,

---

[50] A palavra anistia é aqui usada para significar a eliminação da pena que é devida ou que está sendo aplicada contra os transgressores de uma lei. Por "perdão", porém, indica-se o cancelamento da própria transgressão, que não mais é levada em consideração pela autoridade que deveria puni-la.

[51] "Der Richter als Retter: das ist die Quintessenz der altorientalischen Gerechtigkeitsidee, die ganz aus der Sichs der Armen und Schwachen, der «Witwen und Waisen» her gedacht ist, denen der Staat zu ihrem Recht verhilft. Was hier in Blick steht, ist das Problem der gerechten Verteilung. Die Götter schaffen die Fülle, aber menschliche Bosheit und habgier erzeugen Knappheit. Damit die Schwachen nicht zungrudengehen unter der Raffigier der Starken, muss es den König, d.h. den Staat geben, der für die gerechte Verteilung sorgt. Die vormehste Aufgabe des Königs ist die Verwirklichung der Gerechigkeit, und die typischste Form dieser Verwirklichung sind Edikte der Begnadigung. Freilassung Amnestie (akk. *anduraru*, hebr. d*eror*, griech *philantropa*), wie sie mesopotamische und ptolomäische Herrscher anlasslich ihrer Thronbesteigung zu erlassen pflegten – also ein Akt, den wir ehen als Rechtsaufhebung denn als Rechtsstiftung einstufen würden" (Assmann, 1991, p. 54).

[52] Agradecemos Lucia Criscuolo pelas indicações contidas neste trecho.

[53] M. T. Lenger, *Corpus des ordonnances des Tolémés*, 1962 (primeira edição).

por exemplo, continuar a trabalhar na própria terra sem ter a obrigação de vendê-la por causa de seus débitos. Os reatos que eram zerados eram apenas aqueles contra o rei ou o Estado. Essas anistias favoreciam, de fato, os mais pobres, que eram os mais endividados. Assim como os reatos fiscais eram controlados pelos funcionários burocráticos, a anistia, de algum modo, sobrepujava os grupos fiscais, criando um relacionamento direto entre o rei e os súditos.[54]

Tudo isso nos leva a dizer que se poderia levantar a hipótese de que Jesus tivesse a concepção do Deus de Israel como um soberano que, no início de seu reinado, concede a anistia aos súditos e restabelece a justiça suspendendo a lei.

Jesus, portanto, referindo-se a um Deus-rei, utiliza uma figura típica das religiões do templo. Contudo, ele a remodela profundamente e em certo sentido a destaca do templo (mesmo que, como já afirmamos, esse distanciamento não seja completo). Jesus, então, imagina, superando o esquema patrão-cliente, que a ação de Deus não seja a de assegurar direitos hereditários e adquiridos, mas a de revolucionar a ordem em vigor, para instaurar a justiça. De resto, B. Malina (1996) já havia notado que no Levítico assistimos a uma evolução para a figura de um Deus concebido como rei e um abandono do relacionamento patrão-cliente.[55]

2. Jesus idealiza esse relacionamento entre o rei e o povo de seus súditos. Ele imagina que a anistia do Deus-rei siga um processo de perdão de pessoa a pessoa (no sentido de que cada um deveria cancelar as

---

[54] Essas disposições podiam também ser tomadas durante o reinado, depois de períodos de grandes crises políticas, como no caso das revoltas dos camponeses, no Egito, durante o segundo século. A anistia, nesse caso, assumia um sentido de pacificação.

[55] "What is distintictive of Israelite sacrifice in its Levitical reform is that it is confined to the Jerusalem Temple. This makes all sacrifice political sacrifice, with God understood in political terms. He is no longer 'patron' (a kinified relationship), but 'king' or 'lord' (a politified relationship). With the politification of religion, the Levitical reform comes to dominates domestic religion as secondary" (Malina, 1996, p. 35-36).

dívidas que os outros têm para consigo), o que no mecanismo da anistia dos soberanos orientais não era pensado. Para Jesus, esse tipo de comportamento do soberano para com seus súditos (e de uma pessoa para a outra) cria um perfil de sujeitos em que se torna importante a autonomia e sua libertação. Nisso, ele idealiza e reconfigura o modelo social em que se inspira.

Mais particularmente, e sem pretender construir um esquema totalmente coerente, podemos dizer que: a) Na posição de Jesus não é tão perceptível o problema do acesso à esfera do divino por meio do mecanismo de "santificação" quanto o problema da instituição de um regime diferente de relacionamento entre Deus e o homem. O acesso a Deus ou ao soberano é direto. O rei-Deus interage com os súditos diretamente, sem mediação de elites ou de grupos burocráticos. A lei, defendida pelos burocratas, foi suspensa em nome da justiça, que somente Deus ou o soberano representa. b) À anistia pura e simples, típica do ato do rei, na inauguração do reinado, Jesus acrescenta a necessidade de um perdão em cadeia (cf. Mt 6,12-14; 18,25-35), que se inspira no mecanismo jubilar da *afesis*. Como se disse, mesmo inspirando-se em um procedimento que tem sua origem no templo, Jesus faz interagirem entre si os súditos com exclusão das elites e dos grupos de sacerdotes. Jesus, portanto, parece depender de um modelo de reconstrução social ou retorno à situação original de paridade ou de igualdade imaginado pela utopia do jubileu levítico. c) O perdão é concedido por Deus seguindo outros e precedentes perdões entre os homens, como uma cadeia de remissões. Aparece em Jesus uma ideia de perdão condicionado que reativa a vida relacional em seu conjunto.

Colocar em situação igual os direitos e os deveres permite que se fuja da condenação do juízo final iminente e, em última palavra, da morte. Jesus imagina que o reino de Deus está iminente; que no reino de Deus se dá o juízo final, no qual as transgressões serão punidas com a condenação, a destruição, o *gehinnom*. No começo do reino de Deus deve-se verificar uma anistia que permitirá a fuga da condenação sem que seja preciso recorrer aos sacrifícios.

A oferenda sacrificial que Jesus exige que aconteça depois da reparação-reconciliação (Mt 5,23-24) é a conclusão solene e o testemunho moral e social da resolução dos conflitos. A oferta-sacrifício é sinal do que já aconteceu, e não instrumento da transformação do negativo em positivo.

6

Conflitos e Soluções dos Conflitos no Cristianismo Primitivo

Hoje em dia, muitas vezes, surge a indagação sobre a maior ou a menor facilidade com que no cristianismo primitivo eram encontrados motivos ou situações que contribuíssem para a superação ou para a solução dos conflitos. Na perspectiva das ciências sociais os conflitos não são considerados apenas por sua função destrutiva, mas também em sua dinâmica de correção, construção e unificação. Os grupos sociais, de fato, podem ser concebidos como um conjunto de partes (estratos, níveis, grupos, classes) em interação e em competição, e os conflitos podem ser definidos como "relações opositivas" dessas partes.[1] O conflito pode ser sintoma de situações históricas complexas, de processos de mudanças ou de substituições de uma forma organizacional por outra. Uma leitura do conflito implica, portanto, a avaliação de normas, proibições, hierarquias, igualdade-fraternidade, mecanismos e soluções simbólicas de contrastes.

---

[1] O conflito pode assumir formas muito diferentes e mais atenuadas do que o encontro físico como, por exemplo, a competição ou a disputa verbal, o debate ideológico, a ameaça.

O escopo da análise antropológica, de acordo com F. Héritier, é o de articular elementos da natureza do homem e do cosmo com "instrumentos reflexivos e afetivos humanos" para chegar a compreender os sistemas e as representações sociais (2005, p. 322). Partindo do critério reflexivo-emotivo, é útil notar que, em termos de conflito, toda ação e todo projeto humano (tanto nas sociedades mais conservadoras como nas que passam por muitas mudanças e variações culturais) podem suscitar simultaneamente compreensões e discussões, chegando até a separações, contraposições de grupos, guerras violentas e armadas.[2]

É a essa reflexão que queremos trazer nossa contribuição, principalmente a propósito do Evangelho de João.

1. Os conflitos na perspectiva da construção de formas sociais

1. Primeiramente, é oportuno esclarecer nossa posição teórica no conjunto dos estudos sobre a natureza dos conflitos. As razões do explodir dos conflitos podem ser facilmente encontradas na pluralidade dos grupos e das pessoas que se influenciam e se confrontam mutuamente. Todavia, como L. Kriesberg (1998, p. 2-3) já notou, "pode-se dizer que para se poder falar de conflito não basta estar em presença de uma disparidade de vistas, de pontos de vista [...]. Deve ser evidente que as pessoas em confronto possuam opiniões e perspectivas que não se coadunam" (cf. Destro, 2005, p. 212).[3] De resto, competir e estar em litígio são processos suficientemente compatíveis com as várias formas

---

[2] A guerra, a morte do adversário ou a agressão física não são a única forma ou a forma mais problemática do conflito, mas são algumas das modalidades possíveis (cf. também Viti, 2004).

[3] Uma síntese de análise antropológica dos conflitos, até os de natureza simbólica e abstrata, pode ser encontrada em Guckman, 1956; Barth, 1998 (1969); Izard, 2004; Kriesberg, 1973; 1982; 1998; Schmidt-Schröder, 2001; no que diz respeito ao cristianismo primitivo, cf. Destro-Pesce, 1995, p. 39-63; 2003b; 2005d; Esler, 2003; Theisen, 199; Fiorano, 2005, p. 129-148.

de grupos humanos historicamente verificáveis. Essas observações não são sem consequência para a análise que pretendemos empreender neste capítulo. A pluralidade, de fato, é um dado poderosíssimo que leva a se pensar no início do cristianismo como uma época que não pode ser imaginada apenas por meio de concepções monolíticas, estáveis, sem paixões e tendências conflitantes.

Já em 1908, G. Simmel afirmava, em um célebre tratado que hoje está novamente em evidência, que o conflito pode ser definido como o resultado de uma "relação recíproca opositiva" entre pessoas. De outro lado, ele pode ser considerado um instrumento ou um mecanismo que exerce importante papel em vários tipos de formas associativas. O processo conflitante pode levar um grupo a se juntar contra outro para obter força contra o próprio adversário. Tudo isso corresponde a situações sociais de divisão, "dualismo" ou bipolarismo em constante evolução. A contribuição mais importante de Simmel parece-nos, portanto, sua ideia de que o conflito seja um caminho para se obter de algum modo a recomposição das divisões, de busca de unidade (Simmel, 1908, p. 213, 216, 218). A luta, ele escreveu, "é propriamente o movimento reparador do dualismo que divide um caminho, para chegar, mesmo que por meio do aniquilamento de uma das duas partes, a alguma espécie de unidade" (Simmel, 1908, p. 213). O antagonismo – continua ele – exerce um papel "absolutamente positivo e integrador" (p. 216). "As relações de contraste, isoladamente, não produzem uma formação social, mas sempre em correlação com energias unificadoras" (p. 218). Em outras palavras, o conflito não pode ser isolado da divisão de que se inicia e das escolhas unitárias a que se pretende ou se pode chegar.

No aspecto antropológico, a escola de Manchester (M. Gluckman, 1956 e 1965) visualizou uma teoria, ou talvez mais ainda, uma estreita interdependência que une profundamente os laços entre contrastes e acordos, uma alternância que encadeia situações de coesão e de conflito. Essa escola, juntamente com uma parte da escola francesa (Balandier,

1955), acentuou algumas descontinuidades internas à sociedade que, como se disse, são frequentes, mas não são eternas ou unidirecionais.

Um aspecto da teoria dos conflitos gira em torno do fato de que eles, por causa de sua função de integração (por exemplo, com respeito aos outros), frequentemente possuem uma solução rotineira. Às vezes seguem um protocolo, implicam uma instrumentação específica de natureza intelectual ou simbólica. Não sendo simplesmente sinais de patologias, seu sentido é, antes de tudo, uma resposta às necessidades simbólicas e a determinadas estruturas de significado. Os conflitos que não são também "explosão anárquica" devem ser considerados "fatos sociais iguais aos outros" (cf. P. Laburthe Tolra – J. P. Warnier, 1993, p. 136) e podem ser profundamente estruturados e regulamentados por várias normas.

Se o conflito surge com base, de acordo com o afirmado, no fato de que toda organização social pretende para si a gestão de vários recursos, diferentes entre si e muitas vezes escassos, é necessário admitir que não pode ser excluído da vida social. Os atores sociais, pessoas e comunidades, no momento em que participam de uma mesma organização ou da gestão dos mesmos recursos ou projetos (ou simplesmente pertencem a um mesmo conjunto de organizações sociais), realizam atos ou fazem escolhas que se podem traduzir como hostis. Os procedimentos sociais não são neutros,[4] lineares ou unívocos, mas não necessariamente produzem desencontros irreparáveis ou totalmente estéreis.

O problema da conflitualidade pode ser inserido ou aproximado ao da descontinuidade (cf. Sahlins, 1985) e da elaboração de formas sociais alternativas. A estrutura social, por meio de vários tipos de conflitos

---

[4] Também aqueles que são mais simples se desenvolvem por meio de um duplo percurso operacional ou intelectual, que pode apresentar caracteres superficiais ou profundos, vistosos ou pouco visíveis, extrovertidos ou latentes. Por vezes, essa dualidade pode alcançar formas estáveis e até institucionais (cf. Goody, 2000).

Conflitos e Soluções dos Conflitos no Cristianismo Primitivo

(da disputa à luta política, à insurreição etc.), mostra-se em movimento e produz mutações. É, de fato, no amplo contexto das descontinuidades que brotam necessariamente as escolhas, as estratégias opositivas ou compensatórias, que oferecem não apenas confrontos e desencontros, mas também úteis ligações entre passado e presente, entre conservação e inovação.[5] O conflito religioso pode manifestar ou assinalar pertenças e funções que normalmente passam despercebidas ou que, à primeira vista, parecem neutras (Destro, 2005, p. 213).

2. Neste trabalho queremos aplicar os conceitos relativos aos conflitos a situações do cristianismo primitivo, limitadas e precisas. Conhecemos, das origens do cristianismo, uma série de conflitos com o judaísmo, e também uma série de divisões e cismas internos. Cremos que uma consequência não secundária da aplicação desses aspectos teóricos ao cristianismo nascente possa contribuir para uma mais correta compreensão dos múltiplos antagonismos que caracterizaram as origens cristãs. Parece-nos, de fato, que, nessa perspectiva teórica, possam ser superadas ou substituídas categorias como as de "perseguição" e possa ser substancialmente corrigido um esquema interpretativo como o da contraposição entre judaísmo e cristianismo, visto como uma diversidade essencial de natureza de duas religiões ou grupos.

O contraste ou conflito pode dar-se em busca do controle de recursos limitados ou para eliminar "situações-limite" (Schroeder-Schmidt, 2001, p. 1-24) que produzem carências e desequilíbrios. As "situações-limite" funcionam como o alicerce da revolta, da separação de um grupo ou da divisão entre os sujeitos sociais. Mais comumente, principalmente

---

[5] Qualquer modelo de teoria que se refira à conflitualidade tem o objetivo de fornecer explicações gerais e se apoia em modelos universais. Na realidade, como acontece muitas vezes, toda explicação é encravada em dados particulares e contingentes.

no campo religioso, podem traduzir-se como confronto entre um e outros para a defesa da própria identidade (aqui os recursos limitados são representados, por exemplo, por nomes e designações religiosas, lugares exclusivos, templos etc.).

A linguagem assume um papel especial no conflito. Nele pode prevalecer a linguagem das elites ou do líder à qual se adapta a linguagem dos que aderem (Schroeder-Schimidt, 2001, p. 1-24). A linguagem exprime, de fato, a ideia, o ponto de vista, a força combativa do líder ou das elites que são tidas como as que possuem uma função decisiva nos conflitos (Brown, 2001). É um instrumento dúctil, muito eficaz tanto para desencadear ou para sedar conflitos como, naturalmente, para atribuir funções significativas às pessoas religiosas implicadas (como, por exemplo, na hora da pregação).

Por meio da linguagem, a ação social do conflito intensifica sua própria função cognitiva, que é uma das características da luta. De fato, nos desencontros (e em todas as escalas de relações opositivas, das mais dramáticas às mais insignificantes), a natureza das partes em luta se manifesta de um modo que antes não era manifestado. Dito em outras palavras, ela é um meio, se bem que particular, de comunicação, e por isso de conhecimento: pelo simples fato de estar em oposição pressupõe uma representação do outro como "oponente", "diferente" e "inimigo", criando sua identidade. No conflito também o nós se define, o si (Bowman, 2001, p. 29), pelo menos pela diferenciação, com efeitos semelhantes na construção da identidade. O bipolarismo do conflito concebe a realidade social em relação e em função de antíteses (por exemplo, o "nós" é concebido como antítese a "eles"; os "contaminados" em antítese aos "puros" etc.). Além disso, o conflito polarizado faz com que se unam, provisoriamente, e em várias frentes, grupos diferentes sob uma única denominação. Por exemplo, quando se depara com textos redigidos em função de um conflito, é essencial decodificar as definições do adversário que está nesses textos porque tais conteúdos não refletem uma realidade histórica. Existem somente em função dos movimentos conflitivos, são instrumentos de luta, elaborados para vencer mais facilmente os embates.[6]

Sempre do ponto de vista do conhecimento, é importante ressaltar outro aspecto que influencia o campo religioso. A produção de conhecimento que acontece durante um embate polêmico significa um momento fundamental para a construção da memória, de "destruição do conhecimento" do passado, que se realiza em função de sua reconstrução à luz dos resultados dos conflitos (Halbwachs, 1997; Assmann, 1999). Está-se diante de uma "re-invenção da história"[7], por meio de intervenções reinterpretativas e adoção de dados inéditos. É como dizer que, nas oposições, a história passa por uma filtragem por meio de situações contingentes ou que dependem estreitamente do conflito. Do confronto-conflito emergem ou se originam também movimentos para a construção do futuro.[8] Seguindo essa perspectiva, as pessoas em conflito intentam criar um fundamento que justifique e explique o presente e o futuro próprio, a partir das questões e dos temas disputados (legitimidade, erro, limitações, concessões etc. das várias partes em causa).

Obviamente, falar da função cognitiva do conflito não contradiz a afirmação de que ele seja sempre a mola propulsora de uma transformação real e histórica, determinada pela sequência de resultados do conflito

---

[6] Adotando o esquema das três possíveis soluções dos conflitos elaborado por Simmel, poder-se-ia dizer que a vitória consagra a definição conceitual; o compromisso leva a uma redefinição da identidade da maioria (veja-se, por exemplo, o caso do compromisso de Atos, 15,6-29), e a reconciliação (Mt 6,12) deixa ao adversário a própria autodefinição não conflitual.

[7] Veja-se a re-elaboração da história passada nos discursos dos Atos dos Apóstolos, 13-14, analisados em Destro-Pesce, 2002a.

[8] Os confrontos entre os fariseus e as comunidades joaninas, mais tarde, por exemplo, provavelmente levaram primeiramente à construção da memória e a uma invenção da história precedente e, por isso, também a uma transformação do passado em função do presente.

e de momentos de paz. O conflito traz em si uma força transformadora. A vitória engrandece, a derrota exerce o papel oposto. A denúncia, a destruição ou mesmo o processo de persuasão do adversário produzem efeito sobre o vencedor. A vitória sobre um adversário não se exaure, de fato, em sua destruição, mas em sua transformação ulterior, na medida em que provoca uma reação contrária que atinge tanto o vencedor como o vencido e também seus grupos respectivos.

Concluindo, o resultado de uma situação de conflito se perpetua em uma série de reações que eventualmente envolvem grupos religiosos diferentes dos que deram origem ao conflito. Também as soluções não violentas ou diplomáticas dos conflitos não chegam a eliminar a interdependência das reações necessariamente conexas com o resultado de um conflito (Gluckman, 1962). Podem, porém, às vezes, torná-las sem efeito. Contudo, elas podem retornar num breve espaço de tempo.

2. Os conflitos no cristianismo primitivo

É preciso começar pela pluralidade dos posicionamentos e dos estilos do primevo cristianismo. A pluralidade e a diversidade dos cristianismos são perfeitamente reconhecíveis pela pesquisa histórica dos dois primeiros séculos, pelo menos a partir do livro de W. Bauer, de 1934 (pode-se ver também Simonetti, 1994; Mimouni, 1998; Blanchetière, 2001; Vouga, 2001). Na pesquisa referente aos textos coligidos na coleção canônica do Novo Testamento, admite-se normalmente a diferença entre a teologia paulina e a joanina, a de Tiago, como também as diferenças entre a visão do Evangelho de Mateus, de Lucas e de Marcos. No interior do primeiro cristianismo (que produziu grande quantidade de escritos e grupos, além dos recolhidos e mencionados no Novo Testamento), reconhece-se sempre mais uma multiplicidade de correntes. F. Vouga julga que já no período entre a morte de Jesus e o início da

Conflitos e Soluções dos Conflitos no Cristianismo Primitivo

atividade de Paulo podem ser distinguidos quatro grupos diferentes: uma pregação itinerante na Galileia, um grupo sapiencial, também na Galileia, um grupo judeu-cristão[9] em Jerusalém e um grupo helenista em Jerusalém e depois em Antioquia (Vouga, 2001, p. 36-52; cf. p. 60-67). S. C. Mimouni (1997 e 2004) e Blanchetière (2001) tentaram estabelecer uma multiplicidade de grupos assim chamados judeu-cristãos (nazireus, ebionitas, elcasaítas etc.). P. Lampe descreveu em Roma, no segundo século, tendências muito diversas: "Grupos cristãos que seguiam os ensinamentos dos valentinianos, marcionitas, carpocracianos, teodozianos, modalistas, montanistas, ou quartodecimais; seguidores de Cerdo; facções que somente mais tarde seriam chamadas de 'fé ortodoxa'; um círculo judeu-cristão que ainda observava a Torá; grupos com uma teologia do *Logos* que era muito difícil de ser compreendida pelos cristãos menos cultos; círculos que acreditavam no milenarismo, e outros que não creditavam" (Lampe, 1995, p. 90).

Desde o início, os diversos grupos de Jesus foram marcados por questões de conflitos internos. Os contrastes internos entre as tendências dos seguidores de Paulo ou de Tiago, entre os assim chamados judeus-cristãos e étnicos-cristãos, são testemunhados, por exemplo, nas cartas de Paulo e na literatura pseudo-clementina e atenuados pela versão conciliatória dos Atos dos Apóstolos. Contudo, existem também ecos de embates polêmicos internos às comunidades joaninas, como até o Evangelho de João deixa entrever (cf. Theissen, 1996) e como se vê nas Cartas de João e no Apocalipse. A conflitualidade externa é exemplificada por uma série de entreveros mortais que parecem ter início com o mestre de Jesus, João Batista, que acabou sendo morto. O próprio Jesus aparece como figura no centro de um conflito do qual, finalmente, se torna vítima. Mas o conflito se perpetua com a morte de Estevão, de Tiago e depois com as tradicionalmente atribuídas a Pedro e Paulo. A

---

[9] A respeito da problemática do uso do termo "judeu-cristão", cf. Pesce, 2003.

pregação de Jesus, como também a de Paulo, de resto, sempre insistiram sobre a inevitabilidade do conflito (cf., por exemplo, Lc 12,5; cf. Mt 10,36; 1Ts 3,4).

O conflito externo, em breve, provirá de duas fontes diversas: o que se dá entre as comunidades seguidoras de Jesus e as comunidades de origem hebraica e o que se dá entre as comunidades dos seguidores de Jesus e os gentios. Os Atos dos Apóstolos criam um cenário em que as três fontes de conflitos são situadas dentro das cidades da Ásia Menor, de acordo com uma concepção que nós já definimos como "conflitos de integração" (cf. Destro-Pesce, 1995, p. 39-63).

Qual é a raiz desses conflitos internos e externos? Trata-se não somente de sua dinâmica necessária para a construção da identidade? Ou então a dimensão de conflito é um caráter não eliminável da percepção que Jesus tinha da realidade,[10] e que pelo menos alguns de seus discípulos partilharam com ele?

3. Estrutura dramática e conflitual do Evangelho de João

1. Desde o início do Evangelho de João, o prólogo, que de algum modo é a estrutura programática ou ideal de toda a narração, resume a trajetória de Jesus em uma frase: "Veio para o meio dos seus, mas os seus não o acolheram" (1,11). E é justamente porque sempre houve essa negação de acolhimento e de hospitalidade que Jesus concede somente a alguns – aqueles que o acolheram – tornarem-se "filhos de Deus". Na própria organização que estrutura o Evangelho existe, portanto, a contraposição entre os que negaram e os que acolheram.

O recurso à imagem da hospitalidade negada pelos "seus" é o sintoma de que quem escreve quer evidenciar uma forte situação de conflito.

---

[10] A respeito do caráter de conflito ínsito no comportamento de Jesus, cf. Destro-Pesce, 2003b e as passagens de Lc 16,13; cf. Mt 6,24; cf. Tomé 47; Lc 2,49-53.

O fato de que o conflito seja expresso em termos de negação da hospitalidade (que representa um dos valores culturais mais relevantes, de acordo com o dito, no capítulo 3) mostra como ele se coloca numa posição mais alta e mais importante para o redator. A negação anunciada é apresentada explicitamente como conflito nos primeiros doze capítulos. A oposição dos adversários culmina, na visão do redator, com a vontade de matar Jesus, que se manifesta desde João 5,18. Essa vontade de matar é a mais forte expressão do conflito criado no ambiente descrito por João. Em geral, uma ameaça é mais um sintoma de uma situação em que se dá o conflito. A ameaça de morte é o caso mais típico de oposição perigosa e ameaçadora. O redator insiste muito sobre essa vontade de matar Jesus (bem onze vezes: 5,18; 7,19.10.25; 8,37.40; 8,59; 10,31; 10,39 – retomado em 11,8 – 11,53; 12,10).[11] É bom frisar que João ressalta ou focaliza um conflito provocado pelos outros contra Jesus. Jesus não parece ser o responsável por ele. Segundo o redator, por várias vezes ele se esquiva das tentativas de prisão ou de sequestro, organizadas com a finalidade de matá-lo (7,1; 8,59; 10,39; 11,28; 11,54; 12,36). Nas passagens em que descreve esse comportamento de Jesus, João usa as expressões "esconder-se" (8,59; 12,36), "escapar de suas mãos" (10,39), agir "às escondidas" (11,28); "ir embora" (11,54, cf., 7,30.44; 8,20). Desse modo Jesus responde ao período de agressão, com a fuga e o retirar-se. As ameaças de morte provocam repercussões nos deslocamentos de Jesus, que busca ficar na Galileia e evitar a Judeia (7,1) ou ir sozinho para Jerusalém (7,10), ou então, quando está na Judeia, refugiar-se além do Jordão (10,39-40) e depois em Efraim (11,54). As estratégias das viagens e dos deslocamentos de Jesus poderiam ser analisadas sob esse ponto de vista.

---

[11] Essa vontade de matar, de acordo com o redator, estende-se às comunidades joaninas (cf. 16,2).

Formas Culturais do Cristianismo Nascente

2. Toda a atividade de Jesus no templo mostra-nos não somente sua distância do comportamento dos outros, mas também a negação e o desejo da eliminação da presença adversária no espaço do templo. A relação opositiva chega a um nível muito alto. Jesus, de fato, parte para uma denúncia muito forte e um ataque decidido, com a intenção de destruir tudo aquilo que não aprovava. Não busca convencer ou agir politicamente para proporcionar uma mudança, mas agride e provoca um embate. A violência se manifesta no uso do chicote, na expulsão dos animais do templo, na derrubada das bancas de câmbio. Também nas palavras o comportamento é agressivo, sobretudo na resposta aos judeus do v. 19, quando Jesus lhes diz: "Destruí este templo". É um desafio extraordinariamente ostensivo (e que posteriormente seja referido a sua morte e ressurreição é outra coisa, que pode ser deixada de lado). A esse comportamento conflitual de Jesus segue uma reação, por parte dos judeus, de tipo apenas verbal, que assume um aspecto de desprezo.

É interessante que o modo de agir de Jesus se volte contra os vendedores de animais para os sacrifícios e contra os cambistas, mas que, segundo o redator, o desencontro verbal aconteça entre Jesus e os que ele define "os judeus" (v. 18 e 20). É como se existissem dois níveis, e somente no segundo (o dos judeus) se situassem os adversários típicos de Jesus, de acordo com o redator.

O fato de que João tenha colocado no início, no capítulo segundo, (e não no fim da vida de Jesus como nos evangelhos sinóticos) essa situação de conflito provavelmente é devido à sua intenção de esclarecer, desde o início, a oposição à religiosidade dos templos que culmina nas afirmações extraordinárias, desconhecidas dos sinóticos, sobre o culto "em espírito e verdade", que não precisa nem do templo de Jerusalém, nem daquele do Garizim (4,21-24).

O Evangelho de João, porém, deixa de transmitir os ditos de Jesus que exprimem com mais clareza sua visão conflitual, como, por exemplo, os ditos dos Evangelhos sinóticos sobre a oposição entre Deus e o dinheiro, sobre trazer o fogo, a espada e a divisão. O fato histórico do comportamento explicitamente hostil de Jesus é, portanto, de algum modo, transmitido, mas não é explicitado em seus detalhes. Sob o ponto de vista interpretativo, a responsabilidade pelo conflito, como acima afirmamos, é atribuída aos "judeus". Isso se dá especialmente por ocasião da cura de paralítico no sábado (5,5-18): "Por isso os judeus perseguiam Jesus e procuravam matá-lo, porque fazia tais coisas no sábado" (5,36). É nessa ocasião que se manifesta, pela primeira vez, a intenção de "os judeus matarem Jesus" que depois, como vimos, continuará durante toda a sua atividade subsequente. Nesse caso é evidente que o conflito contra Jesus, originado inteiramente da parte de seus adversários, consiste em uma reação àquilo que Jesus faz e, portanto, não se trata de uma relação de oposição sem motivações.

Na verdade, a narração que se segue a esse episódio mostra o relacionamento de oposição dos adversários de Jesus como reação, sobretudo, às palavras de Jesus que desta vez têm, claramente, um caráter provocador. De tal modo que o redator atribui, sim, aos adversários uma intenção agressiva muito forte – na medida em que pretendem aniquilar Jesus fisicamente –, mas não esconde a atitude agressiva de Jesus. Comportamento esse que se manifesta claramente nas acusações que ele faz contra seus adversários em 5,38.43.44.45.47; 6,36.64; 7,6-7.19.28. Em três polêmicos diálogos, igualmente (cf.8,12-20; 21-29; 34-37), a batalha ideológica que Jesus conduz contra os adversários é bastante ressaltada. A reação a tais acusações é sempre a tentativa de matá-lo. A irredutibilidade e a radicalidade das denúncias contidas nas palavras de Jesus contra seus interlocutores se manifesta, por exemplo, em 8,37-47, quando ele transforma em inimigos mortais alguns que, no início do diálogo, eram discípulos.

Em todas as passagens que citamos, o comportamento conflitivo de Jesus se manifesta apenas nos diálogos, isto é, como elemento de sua atividade de pregação. Nela Jesus dirige a seus interlocutores acusações, denúncias que nos parecem classificáveis sob a forma histórico-religiosa da contestação profética que consiste em dirigir, por parte do profeta ou do líder carismático, uma acusação ao próprio interlocutor, na qual são censurados seus pecados ou um comportamento contrário à vontade de Deus (muitas vezes o verbo usado é *elenkein*. Cf. Pesce, 1994, p. 163-218). Não se trata de abstratas controvérsias doutrinais.

Sob outro aspecto, esses diálogos conflituosos de Jesus surgem como ataque ideológico, como tentativa de mostrar a ilegitimidade religiosa de seus adversários, de acordo com um tipo de pensamento que expõe uma alternativa excludente entre verdadeiro e falso. Parece que o Jesus de João, em sua polêmica contra "os judeus", expressa a contraposição entre duas visões religiosas irreconciliáveis. Provavelmente o pressuposto sociológico desses diálogos não é mais o de Jesus, mas sim o das comunidades joaninas que viviam uma contraposição frontal entre dois grupos religiosos que se julgam diferentes. Como sustentamos em outro lugar, de fato, o Evangelho de João já estava fora do judaísmo (cf. Destro-Pesce, 2000, p. 137-140). Em todo caso, João apresenta Jesus como uma pessoa que combate sozinha, tendo a convicção de ter uma missão de Deus e de possuir uma consciência comunicada a ele diretamente por Deus. Em sua luta ele não pede apoio nem dos discípulos, nem dos parentes. Leva adiante sua missão, pronto para, sozinho, enfrentar qualquer conflito.

4. Os conflitos não verbais: a prisão de Jesus em João

1. Passemos agora à análise de outro tipo de testemunho textual de conflitos. Até agora, de fato, examinamos exemplos de diálogos e disputas conflituais, de contestações proféticas, isto é, de contraposições verbais. Mas agora queremos ocupar-nos de uma cena que descreve um desencontro concreto entre grupos e pessoas: o dramático fato da prisão de Jesus. A descrição do conflito é aqui muito mais significativa do que a

Conflitos e Soluções dos Conflitos no Cristianismo Primitivo

representação ideológica ou metafórica. Estamos diante da narrativa de um conflito que tem todos os sinais de uma dinâmica social muito real.

Já afirmamos que o desenrolar social do conflito inclui algumas normas que se referem ao *status* dos sujeitos em conflito, as *ações* que podem ser feitas e os *instrumentos* aptos para se concretizar o processo. Os comportamentos permitidos variam de acordo com a posição que se ocupa na estrutura religiosa e social e da pertença a grupos particulares. Na análise dos processos conflituais é muito importante – e isto também em João – distinguir as diversas funções e posições das elites (entre as quais se inclui também o líder de um movimento religioso. Cf. Brown, 2001, p. 17-23) e os estratos mais baixos ou mais anônimos do grupo religioso em luta.[12] A propósito, e para esclarecer a função das pertenças e das posições, diga-se que o conflito não é conflito se não incluir também a participação daqueles que estabelecem os rumos. Esses constituem o cenário que torna possível a vitória ou a derrota, enfim, a solução do conflito. No que diz respeito às ações, toda cultura prevê certo tipo de cenário ritual, um certo conjunto de ações. Em outras palavras, existem protocolos para o embate direto, para o simbólico e indireto, para o embate polêmico verbal ou escrito. Tudo isso está bem visível na cena da prisão de Jesus.

Nessa cena (18,1-12) encontramos vários sujeitos que reagem entre si. No horto o qual Jesus tinha o costume de frequentar (18,2), reúnem-se seus discípulos. O grupo, à primeira vista, parece compacto. Porém, esse grupo não é descrito. Diz-se que vai para além da torrente do Cedron, talvez em busca do isolamento e do descanso, para se proteger criando um espaço entre si e o mundo que pesava sobre Jesus. Nesta última hi-

---

[12] O embate físico na guerra, por exemplo, é reservado às camadas inferiores, enquanto aos grupos mais altos fica confiada a direção do acontecimento. Os sujeitos são divididos em combatentes e os dirigentes. Os atores do conflito têm a sua disposição muitas estratégias, e na escolha das estratégias se explicita a tentativa de definir a função da liderança.

pótese, a ameaça de morte pode ter influído. Esse grupo foi delineando-se melhor durante a última ceia que precede imediatamente a reunião no horto. Durante a ceia Judas abandonou o grupo e o mestre com a intenção de fazer com que fosse preso. O afastamento do discípulo Judas aconteceu depois de um rito iniciático particularmente importante, o do lava-pés (cf.13,30-31). O grupo no horto, como dissemos anteriormente, é formado pelo conjunto daqueles que estão vivendo um processo iniciático que se concluirá somente no capítulo 20 (v. 1-23; Destro-Pesce, 2000, p. 41-110). Eles adotam um comportamento de expectativa (cf. Jo 14-17) e parecem mostrar inteira confiança no mestre, não obstante o comportamento de Simão Pedro, na cena sucessiva, demonstrar que ele tem ideias diferentes das de Jesus.

Para um exame mais atento, contudo, esse grupo apresenta vários aspectos singulares. Sobretudo, nele se revela uma forte distância estrutural entre Jesus e os discípulos. Suas ações e suas estratégias não seguem a mesma dinâmica. Na primeira fase da iniciação (Jo 13-17) Jesus procurou criar a unidade do grupo (cf. capítulo primeiro) e introduzir seus discípulos na "estrada" que ele pretende percorrer. Já durante a primeira fase da iniciação manifestaram-se incertezas e expectativas divergentes nas perguntas que os discípulos dirigiam ao mestre (13,36; 14,5; 14,8; 14,22). Mas é no momento do desencontro e do conflito que as diversas expectativas e trajetórias dos discípulos a respeito de Jesus se manifestam.

Existem pelo menos três elementos que devem ser levados em consideração. De uma parte está Jesus, que não foge dos inimigos e que reúne seus discípulos. Ele não quer contar com eles no embate que está prestes a se iniciar. Isto deixa claro que Jesus e os discípulos não formam um bloco monolítico. Jesus é o chefe de um grupo que vive uma fase incerta, não porque não haja adesão dos discípulos para com ele: os discípulos estão claramente com ele. Porém Jesus não tem a intenção de afastá-los de si e deixá-los fora de seu próprio destino; embora peça que sejam deixados em liberdade (Jo 18,8). Ele aplica aqui a doutrina iniciática fundamental que, durante a ceia, repassou aos discípulos: "Aonde eu vou vós não podeis ir" (13,33).[13] O motivo pelo qual Jesus quer deixar livres seus discípulos é porque a iniciação não estava ainda concluída, e os discípulos não estavam ainda em grau de poder "ir aonde o mestre ia" (veja o capítulo primeiro).

Justamente porque o processo iniciático tinha como finalidade tornar o grupo mais coeso e mais homogêneo, é importante ver que, de acordo com o redator, existe ainda uma diferença mesmo entre os discípulos que se escondiam no horto. Aparentemente não têm intenções agressivas, mas entre eles está Simão Pedro que está armado (18,10) e é o primeiro a usar a espada (corta a orelha do "servo" Malco).[14] O comportamento de Pedro, que tenta uma resistência armada, demonstra que a trajetória de Jesus é ainda diversa daquela de alguns de seus discípulos.[15] Pedro parte para um entrevero contra Judas e seu grupo armado. Jesus não (18, 10-11).

O Evangelho de João evidencia fortemente essa distância entre Jesus e os discípulos, afirmando, diferentemente dos sinóticos, que Jesus "vai para fora" do horto, vai ao encontro do grupo de Judas e primeiramente pergunta quem é que veio prendê-lo. Interrogar primeiramente pode significar não se subtrair a eventuais conflitos ou convidar os adversários a declarar suas próprias razões.

---

[13] Sobre a importância dessa afirmação em todo o Evangelho (cf. Jo 7,34; 8,21; 13,36-38; 16,10) veja Destro-Pesce, 2000, p. 62; Destro-Pesce, 2000b.

[14] João é o único dos quatro Evangelhos canônicos a atribuir a Simão Pedro a ação violenta. Os outros Evangelhos canônicos não dão nome ao discípulo que usa a espada (Mc 14,47; Lc 22,49-51; Mt 26,51-54). O fato de atribuir a Simão Pedro esse ato violento poderia ser atribuído à tendência do redator, de colocar numa relação de conflito Simão Pedro e o discípulo "sem nome" ou "amado".

[15] Cf. também Theissen, 1996, p. 209-226.

2. Da comparação com os sinóticos vê-se bem que o redator desse Evangelho destaca com vigor a figura de Judas.[16] É ele que, na cena da prisão, guia o grupo armado (*speira*). Imediatamente depois de ter dito que Jesus com seus discípulos entrou no horto, o redator desvia de improviso a atenção para Judas: primeiramente diz que ele conhecia o lugar (18,2)[17] e depois que ele "arrumou uma tropa" (18,3) com os "servos" dos sumos sacerdotes e dos fariseus e, finalmente, que se dirige ao lugar (18,3). Do ponto de vista do conflito que se delineia com a prisão, temos três pontos de referência: Jesus, isoladamente; seus discípulos; Judas (que cooptou ao seu redor dois grupos: os romanos[18] com seus soldados e os servos dos sumos sacerdotes e dos fariseus).

Judas parece dirigir um grupo preparado para uma operação (sabia que naquele lugar encontraria Jesus). Tem um plano e conquista outros para esse projeto. Contudo, o texto não desvela a intenção final de Judas nem as convicções que o levaram a prender Jesus. Judas está à frente de um grupo que (se quisermos buscar a verdade histórica) parece que lhe foi dado por alguém. Parece que se coloca à frente de pessoas que nada têm a ver com ele, que fazem parte de grupos e de interesses outros.

---

[16] Brown (1996, p. 810) pensa que nos sinóticos Judas "has a more important role". Parece-nos, porém, o contrário, porque somente João diz que Judas acompanhou a coorte e explica a função de Judas em 18,5. Somente João relaciona a prisão de Jesus à iniciativa de Satanás, por meio de Judas, desde Jo 13,21 (cf. Mt 14,28-21; Lc 22, 21-23, em que Judas não é citado explicitamente, nem é feita menção ao nome de Satanás; cf. Mt 26,24-25, em que Judas é citado, mas não Satanás).

[17] Bauer (1933) observa, justamente, que Jesus "queria ser encontrado". Ele sabia que Judas o traia e sabia que Judas conhecia o lugar costumeiro de encontro, e por isso vai para o horto sabendo que lá Judas o haveria de encontrar (Lagrange, 1948, p. 455, não é tão convicto). Também esse é um elemento que falta nos sinóticos.

[18] Já se discutiu longamente se os termos *speira* (18,3) e *quiliarcos* (18,2) podem se referir também a soldados não romanos. Parece-nos decisivo o argumento contrário de Brown, 1996, p. 807-808.

Conflitos e Soluções dos Conflitos no Cristianismo Primitivo

O redator do Evangelho, em resumo, na cena da prisão, coloca em primeiro plano a iniciativa de Judas, não a dos romanos, dos sumos sacerdotes e dos fariseus.[19] O papel ativo fundamental atribuído a Judas fica claro pelo fato de que o redator fala que ele "assumiu" a coorte.[20] É difícil de compreender como ele possa ter tido o poder de comandar uma coorte inteira. O fato de que, junto com a coorte, estão representantes e serviçais ou enviados do sinédrio, ou de uma parte dele, dos sumos sacerdotes e de alguns fariseus indica que de um ponto de vista lógico isso não pode ter acontecido sem um acordo político entre as autoridades judaicas e as autoridades romanas. É impossível que toda uma coorte se desloque por Jerusalém sem um acordo prévio entre as autoridades romanas e as judaicas.[21] Não é consistente a observação de que Pilatos parece não saber nada a respeito de Jesus, porque sabe muito bem que a acusação contra ele é de caráter político ("rei dos judeus"), embora os judeus tenham permanecido fora do palácio.

---

[19] A esse respeito, Léon-Dufour (1996, p. 25) engrandece a oposição entre Jesus e "os judeus". Mas, para nós, não parece verdadeiro que Jesus se entrega "aos judeus". Melhor é que ele se entrega a Judas e a seu grupo armado. Não nos parece verdadeiro que a passagem de 18, 1-12 ponha Jesus "face au chef spirituel des Juifs". Ele se vê diante de Judas e do grupo por ele dirigido. O redator não diz nunca que "la troupe armée" tenha sido "enviée par lês autorités juives (p. 28), mas que Judas comanda a coorte. Léon Dufour se sai melhor quando afirma que Jesus "affronte délibérément le cambat avec l'Adversaire" (p. 30).

[20] Acreditamos que Moloney (1998, p. 484) deixa de valorizar o papel central de Judas quando diz "he plays no active role in the arrest". Sua afirmação é um pouco paradoxal, visto que o papel de Judas é justamente o de tornar possível a prisão, conduzindo o grupo armado para o lugar desconhecido em que se encontrava Jesus.

[21] Mas, talvez, como observam muitos, e com razão (cf. Léon-Dufour, 1996, p. 31, nota 160), não se pode entender ao pé da letra a palavra *speira* e pensar que realmente o redator esteja falando de 600 (seiscentos) soldados. Morris (1995, p. 656, nota 5) escreve corretamente que a coisa não seria totalmente inverossímil se colocada em comparação com Atos 23,23. João, de resto, teria querido sublinhar a enormidade da situação, exasperada pela cena da queda em terra de toda a tropa.

O destaque dado a Judas é absolutamente funcional em razão do discurso sobre o conflito. Ele é central para a intenção do redator, que faz começar a série dos acontecimentos que levarão à morte de Jesus com a decisão de Judas, de trair o mestre. O narrador sublinha a mudança durante a cena, mostrando que Jesus, de improviso, muda sua decisão e exclama: "Alguém de vocês me trairá" (13,21).[22] Na mente do redator trata-se de uma previsão por parte de Jesus do que acontecerá em seguida, isto é, que Satanás vai "entrar" em Judas (e que, por isso, Judas decide trair Jesus naquele momento). É por isso que Jesus, logo depois que Satanás entrou em Judas, diz: "Aquilo que deves fazer, faze-o logo" (13,37). Portanto, a centralidade atribuída a Judas na prisão, sua parte ativa no conflito e sua aliança (com estranhos) estão de acordo com a ideia de que tudo tem começo com Satanás, que entra em Judas.

Do ponto de vista da análise sociológica, estamos sintomaticamente diante de uma cisão interna ao movimento de Jesus, da qual João não fornece a razão histórica, mas apenas uma interpretação sobrenatural: Satanás. Uma cisão precedente havia aflorado no fim do capítulo sexto (Jo 6,64). Mas também aqui não é oferecido nenhum indício sobre a motivação da futura traição.[23]

---

[22] Judas é chamado de "traidor", por três vezes, ainda no capítulo 13 (13,2; 11-21). Cf. Brown, 1996, p. 807. "Traidor" é um apodo que tem sua origem nas categorias próprias do grupo de seguidores. Trata-se de uma terminologia que, como se disse no início, propõe uma divisão de oposição entre dois grupos em conflito e é semelhante aos pares de opostos como dentro-fora, aliado-adversário etc.

[23] Em resumo, vemos no Evangelho de João um duplo nível. De um lado, o redator sabe que Judas tomou a iniciativa de fazer com que Jesus seja preso e não somente por isso se afastou do grupo a que pertencia, mas delineou com sucesso uma estratégia hostil e radical contra o líder do grupo abandonado. De outro lado, o Evangelho interpreta esse ato como influenciado por Satanás e por isso esconde ou ignora completamente a natureza sociorreligiosa da separação de Judas do movimento de Jesus. Hipóteses e interrogações históricas não podem deixar de ser feitas, mesmo que não se possam dar respostas devido à falta de informações. Se Judas tivesse sido alguém infiltrado no

Conflitos e Soluções dos Conflitos no Cristianismo Primitivo

A narrativa, contudo, não elimina os elementos de caráter histórico. Mostra, pelo contrário, querer intencionalmente colocá-los em evidência, visto que, diferentemente dos sinóticos, introduziu a presença dos soldados romanos e do *quiliarca* (tribuno) exatamente numa posição que parece ser hegemônica se comparada com a dos sumos sacerdotes e dos fariseus.

Portanto, é desse grupo heterogêneo que faz parte também o *quiliarca*, citado somente no momento em que Jesus é amarrado, mas presumivelmente estava presente desde o início. Provavelmente é o chefe da coorte e, embora seja citado sem menção a ela, isso não é casual. O acontecimento em si mostra sua importância. É romano (embora isso não possa ser afirmado com certeza absoluta). Possui uma função militar. Sua presença se impõe na cena e faz com que os ponteiros da balança pendam para o epílogo dramático.

Foi afirmado que esse grupo, com certeza, era heterogêneo, porque de um ponto de vista tanto histórico como lógico os romanos e as autoridades judaicas deveriam ter interesses diferentes ou convergentes em um ponto singular. Na verdade, pelo confronto com a narrativa dos Evangelhos sinóticos pode-se ver que o Evangelho de João atribuiu maior importância à responsabilidade dos romanos. Põe em cena tanto a coorte como o *quiliarca* (v. 3 e 12).

Da comparação com os sinóticos conclui-se que é o próprio João que introduz a referência aos fariseus na cena da prisão. Trata-se de uma observação que esclarece o papel dos fariseus na ação contra os

---

grupo, a ponto de se tornar um dos doze, seria explicável seu relacionamento com as autoridades militares romanas e com algumas personalidades religiosas judaicas de Jerusalém. Se, contudo, Judas era um discípulo convicto, sua decisão não somente de se afastar, mas sim de combater, prender e talvez até provocar a morte de Jesus poderia estar ligada a uma dúvida ideológica.

discípulos de Jesus.[24] É provável que faça parte do grupo também um escravo (*doulos*) do sumo sacerdote (18,10) de quem Simão Pedro cortará a orelha. O fato de que seja citado como *doulos* e não *iperetes*, como os servidores ou representantes dos sumos sacerdotes e dos fariseus, deixa transparecer que o redator queria separá-lo dos demais. Alguns pensaram que se tratasse de um sacerdote da alta classe (o que significa que a amputação da orelha o teria tornado inapto para o culto sacrificial. Cf. Léon-Dufour, 1996, p. 39).

Entre Judas, os chefes dos judeus e os romanos não existe nenhuma homogeneidade, existe apenas a coincidência de intenções conflituais. Todos e cada um julgam estar diante de uma ameaça religiosa e política. Judas se sente talvez diante de ambas. Os romanos talvez tenham a percepção mais exata, a da insurreição de caráter político. Com toda a certeza os chefes ou representantes do sinédrio tinham um temor mais de caráter institucional e doutrinal, e também político (cf. as afirmações políticas de Caifás em Jo 11,50).

No final aquele encontro, de acordo com João, fica reduzido exclusivamente a Jesus, como uma pessoa individual, separada e distinta de seus discípulos, e o grupo guiado por Judas, do qual, como se viu, fazem parte vários tipos de autoridade, tanto judaicas como romanas (os militares). Contra Jesus se juntaram muitas forças, unificadas sob o comando do discípulo prófugo.

Vale a pena examinar a maneira com que João (18,12) apresenta e agrupa os adversários de Jesus no momento da prisão: a coorte, o *quiliarca* e os judeus. O destaque de dois elementos romanos é particu-

---

[24] A expressão "os servos dos sumos sacerdotes e dos fariseus" retoma, tanto do ponto de vista literário como da intenção da narrativa, a frase de Jo 7, 32, em que se afirma que os "sumos sacerdotes e fariseus mandaram servidores (*iperetai) para capturá-lo*". Os *iperetai* dos sumos sacerdotes e dos fariseus voltam depois, em 7, 45, quando o narrador diz que a missão deles havia fracassado. Diferentemente de 7, 32.45, em 18,3 é Judas quem toma a iniciativa.

larmente relevante e deve ter sua explicação. O versículo 12 parece explicar a cena da prisão em um enquadramento diferente daquele que se vê nos versículos precedentes. Enquanto anteriormente o redator havia falado distinguindo os sumos sacerdotes e os fariseus (e seus enviados) e também o *escravo* do sumo sacerdote, agora, pelo contrário, fala indistintamente de "os judeus". Parece que ele se coloca num ponto de vista do fim do primeiro século, quando os judeus se apresentam como o grupo adversário das comunidades joaninas ou dos seguidores de Jesus em geral. Desse ponto de vista, a não-distinção entre judeus e romanos poderia exprimir um comportamento antirromano do redator do fim do primeiro século.[25]

3. A esse emaranhado de tensões, preocupações e perigos imaginados, Jesus responde de um modo absolutamente fora de todo e qualquer esquema. Não tem respostas políticas, não entra em polêmica. O Jesus de João leva o conflito para outro nível. Desde o começo dá consentimento a Judas para que vá fazer aquilo que deve fazer (13,27) e depois não foge ao encontro com os inimigos. Sai do horto para encontrá-los e manda Pedro guardar a espada na bainha.

No modelo de Simmel, ao qual nos referimos apenas como ponto de partida, os conflitos podem ser resolvidos de três modos: o aniquilamento do adversário, o compromisso entre as duas partes, a reconciliação. O Jesus de João não pode ser identificado com nenhuma dessas três posições. Aceita a luta e aceita a morte, mas não aceita levar a luta

---

[25] Sob esse aspecto é importante que o redator não use o termo "gentios". Ele não tem a intenção de falar daquela que – com respeito aos judeus – é a outra metade do mundo, mas somente dos romanos que estão presentes com sua força militar. Parece-nos, por isso, que dizer que "o evangelista quis expressar que todos, judeus e pagãos, participaram da trama" (Léon-Dufour, 1996, p. 32) é um exagero que não capta a intenção do redator. Mais ainda, "os judeus" não são os hebreus enquanto tal, mas somente aquele grupo conotado socialmente, que se opõe à comunidade joanina no fim do primeiro século.

até o fim com o aniquilamento do adversário. O adversário, para João, não é Judas, nem os romanos e muito menos os judeus, mas "o príncipe deste mundo, ou seja, Satanás" (12,31; 14,30; 16,11). A revelação do verdadeiro adversário acontece junto com a revelação de Jesus. Geralmente, de fato, os conflitos oferecem elementos suficientes para delimitar o campo identitário. Para entrar em conflito as identidades se revelam. Alguma vez, para defender a própria posição ou os próprios interesses, é necessária uma revelação explícita da identidade. A interação conflitual não pode acontecer entre grupos cuja identidade seja obscura ou indefinida.

O diálogo de Jesus com os homens armados versa sobre a identidade e a identificação como premissa do conflito. Jesus se declara como aquele que procuram: "Sou eu!" (aquele que deverá ser submetido à coorte). Jesus se identifica e confirma que o trabalho deles teve um final positivo. Somente depois dessa identificação é que se dá a agressão verdadeira e própria por parte dos outros. A cena ilumina a dimensão cognitiva que apontamos no começo. Sendo identificado pelas próprias palavras, Jesus se torna um autêntico inimigo, confirmado e encontrado. Essa verificação abala os presentes. O confronto é inevitável e parece ser visto como decisivo. É nesse momento que pode ser capturado, isto é, privado de qualquer possibilidade de reação. É o triunfo de quem tem de efetuar uma ação contrária e perigosa contra a pessoa de Jesus. Judas e Pedro são figuras emblemáticas do conflito, mas não no procedimento da identificação Jesus, como é apresentado por João.

O primeiro ato de participação no conflito que começou é, portanto, responder - "Sou eu". Caem por terra os soldados armados, todo o grupo e o próprio Judas. O segundo ato é a negação de uma luta armada, isto é, de uma batalha sangrenta. Como essa negação acontece depois que foi manifestado um poder superior ao dos adversários, poder-se-ia deduzir que João, implicitamente, quer dizer que Jesus tem o poder de vencer a batalha. De fato, todos caem, romanos, judeus e Judas. A vitória, contudo, é obtida com outros instrumentos. Efetuada a prisão, o Jesus de João se entrega à força de Deus: "Não beberei do cálice que o Pai me deu?". O terceiro momento é deixar-se amarrar (18,12), o que significa render-se também às forças humanas que lhe são contrárias e inferiores. O fato de se amarrar uma pessoa que é dócil e que não se subtrai é uma vitória duvidosa. É um sinal de agressão e de prepotência, sem proporção com a situação (trata-se de uma ação efetuada por 600 soldados). Portanto, o conflito é desequilibrado e não serve para tornar evidentes as razões e a capacidade de quem vence, nem mesmo sua força.

O fato descrito pela narrativa, ou seja, que Jesus foi amarrado (ou rodeado e amarrado) pela coorte, pelo quiliarca e "pelos judeus", no desenrolar de situações conflituais complexas, ilustra que os fins e os meios podem divergir em eficácia e possuem uma racionalidade que se diversifica de acordo com as pessoas e seus pontos de vista. Quem amarrou Jesus, amarrou, cada um por sua vez, um homem político revolucionário, um líder religioso não alienado, um "rei dos judeus" usurpador. O conflito, portanto, colocou em movimento dinâmicas específicas e produziu efeitos colaterais que se somaram uns aos outros e que impulsionaram poderosamente as mudanças e a renovação sociorreligiosa. É nessa situação de entrelaçamento das partes conflitantes que se manifestam as diversas políticas de identidade e sobretudo a representação que uns possuem dos outros, na ausência de uma exposição teórica abstrata do conflito.

4. Tem-se a impressão de que o redator do Evangelho de João achava que os discípulos deviam pensar que não tinham os romanos como adversários (os romanos, de acordo com a narrativa joanina, têm, na hora da prisão, um papel bem mais importante do que o dos judeus), nem os "judeus", nem elementos que se separaram do movimento de

Jesus (aqui representados por Judas). A leitura se desenvolve em outro patamar. O adversário é o "Príncipe deste mundo". A luta será vencida (e este é o ponto central), as forças das trevas e de Satanás serão derrotadas, mas de um outro modo que vai além das práticas humanas. Contudo, como veremos, esta é somente uma das interpretações que o redator nos transmitiu.

O fato de que Jesus se negue a vencer o conflito mediante a força das armas não deve ser interpretado no sentido de que ele aceita a violência usada pelos inimigos contra ele sem resistir violentamente.[26] O Jesus de João não tem ilusões. Sabe que a força violenta prevalece contra aquele que é fraco ou menos forte, podendo até aniquilar o adversário, mas acredita que existe uma força divina, que não pode ser controlada pelo homem, à qual ele se entrega.[27]

O Jesus de João reage contra os atos de agressão com a fuga ou se subtraindo do inimigo. Também a fé na intervenção direta de Deus pode ser uma solução estratégica baseada em uma concepção religiosa da realidade, na qual os valores sociais reais são religiosa ou misticamente subvertidos. O rebaixamento da humilhação torna-se a exaltação obtida mediante a reabilitação, por parte de Deus, e o esplendor do poder e da força, que pode até vencer pela violência, torna-se aviltamento aos olhos de Deus.

---

[26] Esse seria um comportamento típico de Gandhi. Aceitar o sofrimento físico e interior da violência sofrida é, para Gandhi, uma força mais forte do que a violência e que, por isso, pode vencer uma luta.

[27] Essa força tem o poder de ressuscitar os mortos. A ressurreição é um mecanismo que neutraliza a derrota e a transforma em vitória. O cristianismo primitivo não viveu – em alguns de seus setores – a morte de Jesus como um ritual de degradação e como uma derrota, que exigisse vingança, compensação social e religiosa. O término do conflito contra Jesus, no Evangelho de João, é sua vitória, não sua derrota.

5. Um ambiente problemático: entidades e forças superiores

Como afirmamos no início, de acordo com as teorias socioantropológicas,[28] a condição de conflito é muito difusa e insita em todo processo de desenvolvimento, de evolução ou de renovação. Mas não é destrutiva, necessariamente. As instituições e as pessoas investidas de poder e de responsabilidade, em particular, muitas vezes estão às voltas com fortes antagonismos e com o problema de não encaminhar a vida social rumo a embates dolorosos ou sem caminho de saída.

No campo religioso, muitas vezes a conflitualidade é atribuída a entidades e espíritos inimigos ou a demônios (aqui não podemos enumerar as várias técnicas de distinção dos espíritos maus que se encontram nas práticas divinatórias, nos rituais de exorcismo, na luta contra a bruxaria em suas várias formas). Na definição das causas do mal, nesses casos, o ordinário se torna extraordinário. Torna-se ou é interpretado como força ameaçadora e extremamente poderosa. E é logo, de modo mais ou menos direto, sintetizado e configurado como encontro entre o bem e o mal.

Os sinóticos nos apresentam um Jesus que vem para enfrentar "mammona" ou trazer, como se viu, "divisões nas *oikoi*, trazer a espada e o fogo" (cf. Lc 1,13; Mt 6,24). Em João, esse comportamento de Jesus é muito menos evidente. Jesus, contudo, assume comportamentos conflitantes de outro ponto de vista. Na maioria das vezes os outros se opõem a ele, muitos se juntam para agredi-lo ou matá-lo. E o espírito demoníaco por excelência, Satanás, entra em um de seus seguidores. Em seu conjunto, porém, a narrativa de João desloca o conflito para um campo muito específico. O redator traz três séries de conflitos que possuem sig-

---

[28] Aqui fazemos referências gerais, como aquelas que falam de "fabricação do humano" (ver, por exemplo, Calame-Kilani, 1999).

nificados diversos, internos e externos. De fato, a defecção de Judas deve ser vista como um caso de cisão interna. Outro conflito interno acontece entre Jesus e Simão Pedro. O texto deixa entrever uma situação de conflito entre determinados grupos religiosos dos judeus (sumo-sacerdotes, fariseus) contra Jesus. Enfim, da visão de João aflora uma situação de conflito com os "judeus", considerados como grupo indiferenciado e, portanto, estereotípico. É importante notar, contudo, que "os judeus" são um grupo visto como de oposição não somente a Jesus, mas também ao "nós" implícito, que exprime o ponto de vista do redator de João no qual as comunidades joaninas do fim do século estão representadas.[29] O redator, em resumo, interpretando a conflitualidade entre específicos grupos judaicos contra Jesus com a categoria indiferenciada de "judeus", tende a explicar a conflitualidade que levou à morte de Jesus com aquela que se vê entre os discípulos de João e os judeus, alguns decênios depois e talvez no mesmo momento da redação do Evangelho.

No assunto "conflito", no Evangelho de João, está-se diante de uma possível estratificação de leituras. No texto, cremos, podem-se individualizar duas explicações heterogêneas dos três níveis de conflitualidade que acabamos de ver. Uma *primeira* explicação é a que atribui a Satanás--Judas a responsabilidade pelo ataque mortal contra Jesus. A *segunda* é a que atribui aos "judeus" como grupo estereotípico indiferenciado. Na primeira explicação, dado que a responsabilidade é de Satanás, *não* são determinados grupos sociais, enquanto tais, que devem ser responsabilizados, mas pessoas em particular ou qualquer um que tenha sido dominado por Satanás. A solução para o conflito fica reduzida unicamente à conversão para Jesus, em um processo iniciático de transformação, não na luta contra grupos específicos de adversários. Na segunda explicação, contudo, o redator mostra ser conforme a dialética normal do conflito entre grupos contrapostos.

---

[29] Um "nós" que, porém, torna-se explícito em Jo 14 e 21,24.

Uma interpretação da presença dessas duas explicações em João poderia ter sua origem nas teorias antropológicas (por exemplo, nas que se inspiram em M. Gluckman), que insistem na impossibilidade de não haver conflitos, por assim dizer comuns e fragmentados em muitas ações e reações, presentes em qualquer grupo social. Nessa última perspectiva, é relativamente aceitável o fato de que a conflitualidade dê vida a ulteriores configurações sociais que se originam por meio de novas alianças e de novos pactos. Quando um adversário é duramente derrotado em uma refrega, o processo conflitual não acaba. Toda vitória-derrota cria reações por parte de quem foi vítima da força adversária (isto é, empobrecido, humilhado, subjugado). O grupo derrotado procurará meios e estratégias para se recompor. Acabará por procurar um jeito de se revoltar, e, por sua vez, atacar. Poderá, de maneira não indolor, mimetizar-se com os vencedores, buscar sua proteção ou desfrutar de seu poder e reconhecê-lo como único e invencível.

O redator do Evangelho de João parece ser um bom exemplo de como a tentativa de não perpetuar os conflitos (atribuindo a responsabilidade não a um grupo, mas a Satanás) na verdade *fracassa,* porque o redator depois acaba por atribuir, definitivamente, a culpa "aos judeus", isto é, a um grupo indiferenciado, quando ele mesmo, pelo contrário, havia explicitamente afirmado que na prisão estavam comprometidos somente os sumo-sacerdotes e os fariseus, e não os "judeus" em seu todo.

Isso tem sua explicação ao se lembrar que a comunidade joanina, no fim do primeiro século, reage à derrota – sofrida dezenas de anos antes pelos discípulos de Jesus, com sua morte – com um conflito contra "os judeus", atribuindo a eles parte da responsabilidade pela prisão e morte de Jesus.

Resumindo, procuramos ver como esse nível de conflitualidade que perpassa todo o Evangelho e tem sua raiz, não secundária, nas lutas que grupos judaicos particulares travam contra as comunidades joaninas, expulsando-as das sinagogas (cf. Jo 12,42) pode coexistir com uma outra explicação que poderia não admitir a perpetuação social do conflito. Essa última explicação coloca tanto as razões do conflito como sua solução em um nível que podemos definir como sobre-humano, ou sobrenatural, e explicita bem uma convicção essencial da escola joanina: a luta se dá entre o *Logos* (cf. Jo 1,1) e o "Príncipe deste mundo" (cf. Jo 12,31; 16,11).

Bibliografia

AFERGAN F., 1997. *La pluralité des mondes. Vers une autre anthropologie,* Paris, Albin Michel.

ALLOVIO S. - FAVOLE A. (a cura di), 1996. *Le fucine rituali. Temi di antropo-poiesi,* Torino, Il Segnalibro.

AMSELLE J.-L., 1999. *Logiques metisses. Anthropologie de l'identitè en Afrique et ailleurs,* PARIS, PAYOT (tr. it. *Logiche meticce. Antropologia dell'identità in Africa e altrove,* Torino, Bollati Boringhieri, 1999).

AMSELLE J.-L., 2001. *Branchements: Anthropologie de l'universalité des cultures,* Flammarion, Paris (tr. it. *Connessioni. Antropologia dell'universalità delle culture,* Torino, Bollati Boringhieri, 2(01).

ANDERSON P. N., 1997. *The Sitz im Leben of the Johannine Bread of Life Discourse and Its Evolving Context,* in R. A. Culpepper (Ed.), *Critical Reading of John* 6, Brill, Leiden, p. 1-59.

ARZT-GRABNER P., 2002. "Brothers and Sisters in Documentary Papyri and in Early Christianity", Rivista Biblica 50, p. 185-204.

ASSMANN A., 1999. *Erinnerungsräume. Formen und Wandlungen des kulturellen Gedächtnisses,* C. H. Beck'sche Verlagsbuchhandlung, München.

ASSMANN J. - HARTH D. (Hrsg.), 1996. *Kultur und Konflikt,* Frankfurt a.M., Suhrkamp.

ASSMANN J., 2004. "Confession in Ancient Egypt", in A. Destro and M. Pesce (Eds.), *Ritual and Ethics. Patterns of Repentance, Judaism, Chris-*

tianity, Islam. Second International Conferente of Mediterraneum, Leuven, Peeters, p. 1-12.

AUGÉ M, 1997. *La guerre des rêves,* Paris, Ed. du Seuil (tr. it. *La guerra dei sogni.* Milano, Elèuthera, 1998).

AUGÉ M., 1994. *Le sens des autres,* Paris, Fayard (tr. it. *II senso degli altri: attualità dell'antropologia,* Torino, Bollati Boringhieri, 2000).

BALANDIER G., 1955. *Sociologie actuelle de l'Afrique noire,* Paris, Presses Universitaires de France.

BARBAGLIO G., 1974. *L'anno della liberazione. Riflessione biblica sull'anno santo,* Brescia,Queriniana.

BARCLAY J. M. G., *Deviance and Apostasy. Some applications of the Deviance Theory to First-Century Judaism and Christianity,* in Ph. Esler (Ed.), 1995, p. 114-127.

BARRETT C. K., 1967. *The Cospel According to St. John,* London, SPCK.

BARRETT C. K., 1979. *La Prima lettera ai Corinti,* Bologna, Edizioni Dehoniane.

BARTH F., 1969. *Ethnic Groups and Boundaries. The Social Organization of Cultural Difference,* Prospect Heights Illinois, Waveland Press.

BARTH F., 1966. *Models of Social Organization,* London, Royal Anthropological Institute.

BARTH F., 1975. *Ritual and Knowledge Among the Baktaman of New Guinea,* Oslo, Universitetsforlaget - New Haven, Yale University Press.

BARTH G., 1992. *Der Tod Jesu Christi im Verständnis des Neuen Testaments,* Neukirchen (tr. it. *Il significato della morte di Gesù,* Torino, Claudiana, 1995).

BASLEY-MURRAY G. R., 1999. *John. Second Edition* (World Biblical Commentary, 36), Nashville, Thomas Nelson.

BAUER W., 1933. *Das Johannesevangelium. Dritte Auflage,* Tübingen, Mohr.

BAUER W., 1934. *Rechtgläubigkeit und Ketzerei im ältesten Christentum,* Tübingen, Mohr.

Bibliografia

BAUMANN G., 2003. *L'enigma multiculturale. Stati, etnie, religioni*, Bologna, Il Mulino (or. ingl. *The Multicultural Riddle. Rethinking National, Ethnic and Religious Identity*, London, Routledge, 1999).

BELL C., 1992. *Ritual Theory, Ritual Practice*, Oxford, Oxford University Press.

BERTMAN, S. (Ed.), 1976. *The Conflict of Generations in Ancient Greece and Rome*, Amsterdam, Grüner.

BLANEHETIERE F., 2001. *Enquête sur les racines juives du mouvement chrétien (30/35)*, Paris, Cerf.

BOISSEVAIN J., 1974. *Friends of Friends: Networks, Manipulators and Coalitions*, Oxford, Basil Blackwell.

BONAEKER, T., 2002. *Sozialwissenschaftliche Konflikttheorien*, Opladen, Leske-Budrich.

BORG M. J. (Ed.), 2000. *Jesus at 2000*, Boulder Colorado, Westview Press.

BOTHA, P. J. J., 1998. "Houses in the World of Jesus", Neotestamentica 32, 37-74.

BOURDIEU P., 1982a. "Les rites comme actes d'institution", Actes de la Recherche en Science Sociales 43, p. 58-63.

BOURDIEU P., 1982b. "Les rites d'institution", in *Ce que parler veut dire*, Paris, Fayard, p. 121-134.

BOVON, F., 2001. *L'Évangile selon Saillt Luc* (15,1-19, 27), Genève, Labor et Fides.

BOYER P., 2001. *Religion Explained. The Evolutionary Origins of Religious Thought*, New York, Basic Books.

BOWMAN G., 2001, "The Violence in Identity", in B. E. Schmidt - I. W. Schröder (Eds.), *Anthropology of Violence and Conflict* (EASA), Routledge, London and New York, p. 25-46.

BROER I., 1992. "Jesus und das Gestetz. Anmerkungen zur Geschichte des Problems und zur Frage der Sündenvergebung durch den historischen Jesus", in I. Broer (Hrsg.), *Jesus und das Jüdische Gesetz*, Stuttgart-Berlin-Köln, p. 61-104.

BROWN M. E., 2001. "The Causes of Internal Conflict. An Overview", in M. E. BROWN - O. R. Coté Jr. - S. M. Lynn-Jones - S.E. Miller (Eds.), *Nationalism and Ethnic Conflict. Revised Edition*, Cambridge MA - London, The MIT Press, p. 3-25.

BROWN R. E., 1991. *Giovanni. Commento al vangelo spirituale*, Assisi, Cittadella.

BROWN R. E., 1996. *The Gospel According to John (XIII-XXI)*, London, Chapman.

BROWN S., 1993. *The Origins of Christianity. A Historical Introduction to the New Testament*, Oxford, Oxford University Press.

BUDD Ph. J., 1996. *Leviticus*, Grand Rapids, Eerdmans.

BURKE P., 1992. *History and Social Theory*, Cambridge, Polity Press (tr. it. *Storia e teoria sociale*, Bologna, Il Mulino, 1995).

CALAME C. - Kilani M., 1999. *La fabrication de l'humaine dans les cultures et en anthropologie*, Lausanne, Payot.

CAMPLANI A, 2002. "Forme di rapporto maestro/discepolo nei testi magici e alchemici della tarda antichità", in G. Filoramo (a cura di), 2002, p. 107-126.

CANÇIK H.,1996. "Persona and Self in Stoic Philosophy", in A Baumgarten, G. Stroumsa e J. Assmann (Eds.), *The Self, The Soul, and the Body*, Leiden, Brill, p. 335-346.

CANCLINI N. G., 1998. *Culture ibride*, a cura di A. Giglia e A. Signorelli, Guerini, Milano.

CARDELLINI L., 2001. *I sacrifici dell'antica alleanza. Tipologie, Rituali, Celebrazioni*, Cinisello Balsamo, San Paolo.

CHILTON B., 1992. *The Temple of Jesus. His Sacrificial Program Within a Cultural History of Sacrifice*, University Park Pennsylvania, The Pennsylvania State University Press.

CIMMA, M. R., 1981. *Ricerche sulle società di pubblicani*, Milano, Giuffré.

CLASTRES P., 1980. *Recherches d'antlhropologie politique*, Paris, Editions du Seuil.

Bibliografia

CLIFFORD J., 1988. *The Predicament of Culture*, Cambridge MA, Harvard University Press (tr. it. *I frutti puri impazziscono*, Torino, Boringhieri, 1993).

CLIFFORD J. - Marcus G. F., 1986. *Writing Cultures. The Poetics of Ethnography*, Berkeley - Los Angeles - London, University of Califomia Press (tr. it. *Scrivere le culture. Poetiche e politiche in etnografia*, Roma, Meltemi, 1997).

COHEN A, 1974. *Two-Dimensional Man. An Essay on the Anthropology of Power and Symbolism in Complex Societies*, London, Routledge and Kegan.

COHEN A. P., 1994, *Self Consciousness. An Alternative Anthropology of Identity*, London and New York, Routledge.

COHEN S. (ed.), 1993. *The Jewish Family in Antiquity*, Atlanta, Scholars Press.

CORSANI B., 1989. *Lettera ai Calali* (CSANT Nuovo Testamento 9), Genova, Marietti.

CROSSAN J. D., 1985. *Four Other Gospels. Shadows on the Contours of Canon*, Minneapolis, Winston/Seabury.

CROSSAN J. D., 1992. *The Historical Jesus. The Life of a Mediterranean Jewish Peasant*, San Francisco, Harper.

CROSSAN J. D., 1997. *The Birth of Christianity. Discovering What Happened in the Years Immediately After the Execution of Jesus*, San Francisco, Harper.

DEIANA G., 1995, *Il Giorno dell'espiazione. Il* kippur *nell tradizione biblica*, Bologna, EDB.

DESTRO A., 1996b. *Le vie dell'Antropologia*, Bologna, Patron.

DESTRO A., (Ed.), 1998. *La famiglia islamica*, Bologna, Patron.

DESTRO A., 2000. "La costruzione dei testi.Una lettura antropologica", SOL XII, p. 41-56.

DESTRO A., 2001. "Il dispositivo sacrificale. Strumento della morte e della vita", Annali di Storia dell'Esegesi 18, p. 7-45.

DESTRO A. (Ed.), 2004. *Terreni dell'antropologia*, Bologna, Patron.

DESTRO A., 2005. *Antropologia e religioni. Sistemi e strategie*, Brescia, Morcelliana.

DESTRO A. - Pesce M., 1992. "Il rito ebraico di Kippur: Il sangue nel tempio, il peccato nel deserto, in G. Galli (a cura di), *Interpretazione e Perdono. Atti del Dodicesimo Collquio sull'interpretazione* (Macerata, 18-19 marzo 1991), Genova, Marietti, p. 47-73.

DESTRO A. - Pesce M., 1994. "Conflitti di integrazione: la prima chiesa e la comunità ebraica nella polis", in L. Padovese (a cura di), *Atti del IV Simposio di Efeso su* S. *Giovanni apostolo*, Roma, Pontificio Ateneo Antoniano, p. 105-138.

DESTRO A. - Pesce M., 1995. *Antropologia delle origini cristiane* (Quadrante 78), Bari-Roma, Laterza (2005)[3].

DESTRO A. - Pesce M., 1996. "La normatività del Levitico: interpretazioni ebraiche e protocristiane", Annali di Storia dell'Esegesi 13, p. 15-37.

DESTRO A. - Pesce M., 1998a. "Self, Identity, and Body in Paul and John", in A. I. Baumgarten, J. Assmann, G. Stroumsa (Eds.), *Self, Soul and Body in Religious Experience*, Leiden, Brill, p. 184-197.

DESTRO A. - Pesce M., 1998b. "Identità collettiva e identità personale nel cristianesimo paolino e giovaneo", I quaderni del ramo d'oro. Università di Siena. Centro Interdipartimentale di Studi Antropologici sulla Cultura Antica 2, pp. 33-63.

DESTRO A. - Pesce M., 1999a. "La remissione dei peccati nell'escatologia di Gesù", Annali di Storia dell'Esegesi 16, p. 45-76.

DESTRO A. - Pesce M., 1999b. "Rapporti tra istituzioni e nuove espressioni religiose nel cristianesimo originário", in Relazione tenuta al VI Simposio intercristiano *Carisma e istituzione nella tradizione orientale e occidentale. Thessaloniki 4-9 settembre* 1999. Texto inédito.

DESTRO A. - Pesce M., 2000. *Come nasce una religione. Antropologia e esegesi del Vangelo di Giovanl1i* (Percorsi, 8), Bari-Roma, Laterza.

DESTRO A. - Pesce M., 2000b. "Il discepolato e l'iniziazione di Pietro nel Vangelo di Giovanni", in L. Padovese (a cura di), *Atti del VI Simposio di* S. *Paolo Apostolo*, Roma, Pontifico Ateneo Antoniano, p. 77-96.

DESTRO A. - Pesce M., 2001a. "Forgiveness of Sins without a Victim and the Expiatory Death of Jesus. From Matthew 6:12 to Matthew 26:28", in A. I. Baumgarten (Ed.), *Altenatives to Sacrifice*, Leiden, Brill.

Destro A. - Pesce M., 2001b. *The Gospel of John and the Community Rule of Qumran. A comparison of systems,* in J. Neusner - A Avery-Peck (Eds.), *The Writings of Qumran,* Leiden, Brill, p. 201-229.

Destro A. - Pesce M., 2001c. "Il Vangelo di Giovanni e la Regola della comunità di Qumran", in L. Padovese (a cura di), *Atti dell'VIII simposio su S. Giovanni apostolo,* Roma, Pontificio Ateneo Antoniano, p. 81-107.

Destro A - Pesce M., 2002a. "Paul's Speeches at Pisidian Antioch and Lystra: 'Mise en histoire' and Social Memory", in *The Drew-Bear,* M.Tashalan and Ch. M.Thomas (Eds.) *Actes du Ier Congres International sur Antioche de Pisidie* (Collection d'Archeologie et d'Histoire de l'Antiquite de l'Université Lumière – Lyon 2), Paris, de Boccard, p. 26-36.

Destro A. - Pese M., 2002b "Between Family and Temple: Jesus and the Sacrifices", Hervormde Teologiese Studies 58, p. 1-36.

Destro A. - Pesce M., 2002c. "I corpi sacrificali: smembramento e rimembramento. I presupposti culturali di Rom 13,1-2", in L. Padovese (a cura di), *Atti del VII simposio di Tarso su S. Paolo Apostolo,* Roma, Pontificio Ateneo Antoniano, p. 85-113.

Destro A.- Pesce M., 2003a. "Die zentrale Rolle des Konflikts in Verkündigung und Handeln Jesu", in G. Gelardini - P. Schmid (Hrsg.), *Theoriebildung im christlich-jüdischen Dialog. Kulturwissenschaftliche Reflexionen zur Deutung, Verhältnisbestimmung und Diskussionfähigkeit von Religionen,* Stuttgart, Kohlhammer, p. 131-149.

Destro A. - Pesce M., 2003b. "Codici di ospitalità. Il presbitero, Diotrefe, Gaio, itineranti delle chiese e membri estranei", in L. Padovese (a cura di), *Atti del IX Simposio di Efeso su S. Giovanni Apostolo,* Roma, Pontificio Ateneo Antoniano, p. 121-135.

Destro A. - Pesce M., 2003c. "Fathers and Householders in Jesus' Movement: the Perspective of the Gospel of Luke", Biblical Interpretation 11, p. 211-238.

Destro A. - Pesce M. (Eds.), 2004a. *Rituals and Ethics. Patterns of Repetance Judaism, Christianity, Islam,* Leuven, Peeters.

DESTRO A. - Pesce M. 2004b. "Repentance as Forgiveness and the Role of Sacrifices in Jesus", in A. Destro - M. Pesce (Eds.), *Ritual and Ethics. Patterns of Repentance, Judaism, Christianity, Islam. Second International Conferente of Mediterraneum*, Leuven, Peeters, p. 29-54.

DESTRO A. - Pesce M., 2004c. "Plurality of Christian Groups at Antioch in the First Century: The Constellations of Texts", in L. Padovese (a cura di), *Atti dell'Ottavo Simposio Paolino, Paolo tra Tarso e Antiochia. Archeologia / Storia / Religione*, Roma, Pontificio Ateneo Antoniano, p. 139-156.

DESTRO A. - Pesce M., 2005a. "The Levitical Sacrifices in Anthropological Perspective: The Case of the Ritual for a Leper (Lev. 14: 1-32)", in Esler Ph. F. (Ed.), *The Old Testament in its Social Contert*, Augsburg Fortress, Minneapolis, 2005, in corso di stampa.

DESTRO A.- Pesce M., 2005b. "Continuità o discontinuità tra Gesù e i suoi seguaci nelle pratiche culturali di contatto con il soprannaturale?" (Articolo inedito presentato al IV convegno di G.E.R.I.C.O. a Salamanca il 9 giugno 2005).

DESTRO A. - Pesce M., 2005c. "Conflitti e soluzione dei conflitti nel *Vangelo di Giovanni*", in L. Padovese (a cura di), *Atti del X Simposio di Efeso su S. Giovanni Apostolo*, Roma, Pontificio Ateneo Antoniano, p. 87-113.

DESTRO A., 1996a. "The Witness of Times: An Anthropological Reading of Niddah", in J. F. A Sawyer (Ed.), *Reading Leviticus. A Conversation with Mary Douglas*, Sheffield, Sheffield University Press, p. 124-143.

DETIENNE M. - Vernant J.-P., 1979. *La cuisine du sacrifice en pays grec*, Paris, Gallimard (tr. it. *La cucina del sacrificio in terra greca*, Torino, Boringhieri, 1982).

DETIENNE M., 1979. "Pratiques culinaires et esprit de sacrifice", in M. Detienne J.-P. Vernant, 1979, p. 24-35.

DIETZFELBINGER C., 1997. *Der Abschied des Kommenden. Eine Auslegung der johanneischen Abschiedsreden*, Tübingen, Mohr.

DIXON S., 1992. *The Roman Family*, Baltimore and London, The Johns Hopkins University Press.

Douglas M., 1966. *Purity and Danger. An Analysis of Pollution and Taboo*, London (tr. it. *Purezza e pericolo. Un'analisi dei concetti di contaminazione e tabù*, Bologna, Il Mulino, 1968).

Douglas M., 1993. "The Forbidden Animals in Leviticus", Journal for the Study of Old Testament, 59, p. 3-23.

Douglas M., 1993/1994. "Atonement in Leviticus", Jewish Studies Quarterly 1, p. 109-130.

Douglas M., 1996. "Sacred Contagion", in J. F. A. Sawyer (Ed.), *Reading Leviticus. A Conversation with Mary Douglas*, Sheffield, Sheffield University Press, p. 86-106.

Douglas M., 1999. *Leviticus as Literature*, Oxford, Oxford University Press.

Duling D., 1995. "The Matthean Brotherhood and Marginal Scribal Leadership", in Ph. F. Esler (Ed.), *Modelling Early Christianity*, p. 159-182.

Dupont J. (Ed.), 1978. *La parabola degli invitati al banchetto*, Brescia, Paideia.

Dupont J., 1987. *Le tre apocalissi sinottiche. Marco 13. Matteo 24-25. Luca 21*, Bologna, EDB (or. fr.: *Les trois apocalypses synoptiques*, Paris, 1985).

Dupront A, 1993. *Il sacro. Crociate e pellegrinaggi. Linguaggi e immagini*, Torino, Bollati Boringhieri.

Durkheim E., 1990. *Les structures élémentaires de a vie religieuse. Le système totèmique en Australie*, Paris, Quadrige PUF (tr. it. *Le forme elementari della vita religiosa*, Milano, Comunità, 1963).

Eisenstadt S. E. - Roniger L., 1984. *Patrons, Clients and Friends. Interpersonal Relations and the Structure of Trust in Society*, Cambridge, Cambridge University Press, 1984.

Eilberg Schwartz H., 1990. *The Savage in Judaism*, Bloomington and Indianapolis, Indiana University Press.

Elbogen I., 1931. *Der jüdische Gottesdienst in seiner geschichtlichen Entwicklung*, Frankfurt (terza edizione, ristampa Darmstadt 1962).

ELIADE M., 1959. *Initiations, rites, sociétés secrètes, naissances mistiques,* Paris, Gallimard.

ELIADE M., 1973. *Il sacro e il profano,* Torino, Bollati Boringhieri.

ELIADE M., 1976. *Trattato di storia delle religioni,* Torino, Bollati Boringhieri.

ELLIOT J. H., 1991. "Temple versus Household in Luke-Acts: A contrast in Social Institutions", in J.H. Neyrey (Ed.), *The Social World of Luke-Acts: Models for Interpretation,* Peabody, Hendrickson, p. 211-240.

ELLIOTT J. H., 1990. *A Home for the Homeless. A Sociological Exegesis of 1 Peter. Its Situation and Strategy,* Philadelphia, Fortress (1 ed. 1981).

ELLIOTT J. H., 1995. "The Jewish Messianic Movement, From Faction to Sect", in Ph. F. Esler (Ed.), 1995, p. 75-95.

ESLER Ph. F., 1987. *Community and Gospel in Luke-Acts. The Social and Political Motivations of Lucan Theology,* Cambridge, Cambridge University Press.

ESLER Ph. F., 1994. *The First Christian in Their Social World. Social-scientific Approaches to New Testament Interpretation,* London and New York, Routledge.

ESLER Ph. F. (Ed.), 1995. *Modelling Early Christianity. Social Scientific Studies of the New Testament in its Context,* London-New York, Routledge.

ESLER Ph.F., 2003. *Conflict and Identity in Romans. The Social Selling of Paul's Letter,* Minneapolis, Fortress Press.

ESLER Ph.F. (Ed.), 2005. *Ancient Israel: The Old Testament in Its Social Context,* Minneapolis, Fortress Press.

EVANS-PRITCHARD E. E., 1940. *The Nuer,* Oxford, Oxford University Press (tr. it. *I Nuer: un'anarchia ordinata,* Milano, Franco Angeli, 1975).

FABIAN J., 1983. *Time and the Other. How Anthropology Makes its Objects,* New York, Columbia University Press (tr. it. *Il tempo e gli altri. La politica del tempo in antropologia,* Napoli, L'Ancora, 2000).

FABIETTI U., 1999. *Antropologia culturale. L'esperienza e l'interpretazione,* Roma-Bari, Laterza.

Bibliografia

FIEDLER P., 1976. *Jesus und die Sünder* (BBET 3), Frankfurt a. M.

FILORAMO G., 1993. *Figure del sacro. Saggi di storia religiosa*, Brescia, Morcelliana. FILORAMO G., 1994. *Le vie del sacro. Modernità e religione*, Torino, Einaudi.

FILORAMO G. (a cura di), 2002. *Maesto e discepolo. Temi e problemi della direzione spirituale tra VI secolo a.C. e VII secolo d.C.*, Brescia, Morcelliana.

FILORAMO G. 2003. "Aspetli dell'identità religiosa", Annali di Storia dell'esegesi 20, p. 9-23.

FILORAMO G., 2005. *Veggenti Profeti Gnostici. Identità e conflitti neI cristianesimo antico*, Brescia, Morcelliana.

FINNNEGAN R., 1992. *Oral Traditions and the Verbal Arts.* London / New York, Routledge.

FIRTH R., 1996, *Religion. A Humanistic Interpretation.* London, Routledge.

FORTES M., 1971. "The developmental cycle in domestic groups", in J. Goody (Ed.), *The Developmental Cycle in Domestic Group*, Cambridge, Cambridge University Press, p. 85-98.

FOX R., 1973. *La parentela e il matrimonio*, Roma, Officina.

FREDRIKSEN P., 1988. *From Jesus to Christ: The Origins of the New Testament Images of Jesus*, New Haven, Yale University Press.

FREUND J., 1983. *Sociologie du Conflit*, Paris, Presses Universitaires de France.

FREY J., 1997. *Die johanneische Eschatologie. Band I. Ihre Probleme im Spiegel der Forschung seit Reimarus*, Tübingen, Mohr.

FREY J., 1998. *Die johanneische Eschatologie. Band II. Das johanneische Zeitverständnis*, Tübingen, Mohr.

FREYNE S., 1995. "Herodian Economics in Galilee. Searching for a suitable model", in Ph. F. Esler (Ed.) *Modelling Early Christianity*, London, Routledge, p. 23-46.

FUÀ O., 1995. "Da Cicerone a Sêneca", in U. Mattioli (a cura di), *Senectus.* Vol. II, Bologna, Pàtron, p. 183-238.

FUSCO V., 1995. *Le prime comunità cristiane. Tradizione e tendenze nel cristianesimo delle origini*, Bologna, EDB.

GARDNER F. - WIEDEMANN T., 1991. *The Roman Household: A Source-book*, London and New York, Routledge.

GEERTZ C., 2000. *Available Light. Anthropological Reflections on Philosophical Topics*, Princeton and Oxford, Princeton University Press.

GIANOTTO C., 1984. *Melchisedek e la sua tipologia. Tradizioni giudaiche, cristiane e gnostiche (sec. II a.C. - III d.C.)*, Brescia, Paideia.

GIANOTTO C., 1984b. "La figura di Melchisedek nelle tradizioni giudaica, cristiana e gnostica (sec. II a.C. – sec. III d.C.), Annali di Storia dell'Esegesi 1, p. 137-152.

GIANOTTO C., 1998. "Il millenarismo giudaico", Annali di Storia dell'Esegesi 15, p. 21-51.

GLUCKMAN M. (ed.), 1962. *Essays on the Ritual of Social Relations*, Manchester, Manchester University Press (citato dalla traduzione italiana: *Il rituale nei rapporti sociali*, Roma, Officina Edizioni, 1972).

GLUCKMAN M., 1956. "The Peace in the Feud", in M. Gluckman (Ed.), *Custom and Conflict in Africa*, Oxford, Basil Blackwell, pp. 1-26.

GLUCKMAN M., 1965. *Politics, Law and Ritual in Tribal Societies*, Oxford, Blackwell (tr. it. *Potere, diritto e rituale nelle società tribali*, Torino, Boringhieri, 1977).

GNILKA J., 1987. *Marco*, Assisi, Cittadella.

GNILKA J., 1990. *Il Vangelo di Matteo. Testo greco, traduzione e commento. Parte prima*, Brescia, Paideia.

GNILKA J., 1991. *Il Vangelo di Matteo. Testo greco, traduzione e commento. Parte seconda*, Brescia, Paideia.

GNILKA J., 1993. *Gesù di Nazareth. Annuncio e storia*, Brescia, Paideia (or. ted., *Jesus von Nazareth. Botschaft und Geschichte*, Freiburg i.B., Herder, 1993²).

GOODY J., 1983. *The Development of the Family and Marriage in Europe*, Cambridge, Cambridge University Press.

GOODY J., 1986. *The Logic of Writing and the Organization of Society*, Cambridge, Cambridge University Press.

Bibliografia

GOODY J., 1990. *The Oriental, the Ancient, the Primitive. Systems of Marriage and the Family in the Pre-industrial societies of Eurasia*, Cambridge, Cambridge University Press.

GOODY J., 2000. *The Power of the Written Tradition*, Washington--London, Smithsonian Institution Press (tr. it.: *Il potere della tradizione scritta*, Torino, Bollati Boringhieri, 2002).

GROTTANELLI C., 1988. "Aspetti del sacrificio nel mondo greco e nella Bibbia ebraica", in Grottanelli C. - Parise N. F. (a cura di), *Sacrificio e società nel mondo antico*, Bari-Roma, Laterza, p. 123-162.

GROTTANELLI C., 1999. *Il sacrificio*, Bari-Roma, Laterza.

GUIJARRO S., 1995. La familia en la Galilea del siglo primero, Estudios Bíblicos 53, p. 461-488.

GUIJARRO S., 1997. "The family in First-Century Galilee", in H. Moxnes (Ed.), *Constructing Early Christian Families*, London, Routledge, p. 42-65.

GUIJARRO, S., 1998. *Fidelidades en conflicto. La ruptura con la familia por causa del discipulado y de la misión en la tradición sinóptica*, Salamanca, Publicaciones Universidad Pontificia.

HADOT P., 1988. *Esercjzi spirituali e filosofia antica*, Torino, Einaudi.

HALBWACHS M., 1997. *La mémoire collective*. Édition critique établie par G. Namer, Paris, Albin Michel.

HANNERZ V., 1992. *Cultural Complexity. Studies in the Social Organization of Meaning*, New York, Columbia University Press.

HANSON K. C., 1997. "The Galilean Fishing Economy and the Jesus Tradition", Biblical Theology Bulletin 27, p. 99-111.

HARLÉ P. - PRALÓN D., 1988. *Le Lévitique. Traduction du texte grec de la Septante. Introduction et Notes*, Paris, Cerf.

HARRINGHTON D. J., 1991. *The Gospel of Matthew*, Collegeville, Minnesota.

HARRIS M., 1990. *Antropologia Culturale*, Bologna, Zanichelli.

HEINEMANN J., 1986. *La preghiera ebraica*, Magnano, Edizioni di Bose.

Héritier F., 1984. *L'exercise de la parenté*, Paris, Le Seuil (tr. it. *L'esercizio della parentela*, Bari-Roma, Laterza 1984).

Hoffman L. A., 1979. *The Canonization of the Synagogue Service*, Notre Dame/London.

Izard M., 2004. "Guerra locale, guerra globale", in F. Viti (a cura di), *Guerra e violenza in Africa Occidentale*, Milano, Franco Angeli.

Jenson Ph. P., 1992. *Graded Holiness. A Key to the Priestly Conception of the World*, Sheffield, JSOT Press.

Jeremias J., 1973. *Le parole dell'ultima cena*, Brescia, Paideia.

Jeremias J., 1993. *Il padrenostro alla luce dell'indagine moderna*, in: Id., *Gesù e il suo annuncio*, Brescia, Paideia.

Kilani M., 1983. *Les cultes du cargo mélanésiens. Mythe et rationalité en anthropologie*, Lausanne, Payot.

Kilani M., 1992. *La construction de la mémoire*, Genève, Labor el Fides.

Kilani M., 1994. *Antropologia. Una introduzione*, Bari, Dedalo (or. fr.: *Introduction à l'anthropologie*, Lausanne, Payot, 1992[2]).

Kloppenborg J. S. - Wilson S. G. (Eds.), 1996. *Voluntary Associations in the Ancient World*, London, Routledge.

Kloppenborg J. S., 1988. *Q Parallels. Synopsis, Critical Notes & Concordances*, Sonoma CA, Polebridge Press.

Kloppenborg J. S., 2000. *Excavating Q*, Minneapolis, Fortress Press.

Koester H., 1990. *Ancient Christian Gospels. Their History and Development*, Philadelphia, Trinity Press International.

Kottsieper I., 2000. "We Have a Little Sister: Aspects of the Brother-Sister Relationship in Ancient Israel", in J. W. van Henten and A. Brenner (Eds.), *Family and Family Relations, as represented in Early Judaisms and Early Christianities: Texts and Fictions*, Leiden, Deo Publishing, p. 49-80.

Kriesberg L., 1998. *Constructive Conflicts. From Escalation to Resolution*, Lanham, Rowman and Littlefield.

Bibliografia

Kriesberg L., 1982. *Social Conflicts,* Englewood Cliffs, NJ, Prentice-Hall.

Kriesberg L., 1973. *The Sociology of Social Conflicts,* Englewood Cliffs NJ., Prentice-Hall.

La Fontaine J., 1985. *Initiation,* Harmondsworth, Penguin Books.

Laburthe-Tolra P. - Warnier J. P., 1993. *Ethnologie-Anthropologie,* Paris, Presses Universitaires de France.

Lagrange M-J., 1948. *Évangile selon Saint Jean. Septième édition,* Paris, Gabalda.

Lampe P., 1995. "An Early Christian Inscription in the Musei Capitolini", in D. Hellholm - H. Moxnes - T. K. Seim (eds.), *Mighty Minorities? Minorities in Early Christianity. Positions and Strategies. Essays in Honour of Jacob Jervell,* Oslo, Scandinavian University Press, p. 79-92.

Lampe P., 2003. *From Paulus to Valentinus. Christians at Rome in the First Two Centuries,* Minneapolis, Fortress Press (or. ted.: *Die stadtrömische Christen in den ersten beiden Jahrhunderten. Untersuchungen zur Sozialgeschichte* [WUNT 2/18], Tübingen, Mohr, 1989[2]).

Laplantine F., 2004. *Identità e metissage,* Milano, Eléuthera.

Legasse S., 2000. *Marco,* Roma Edizioni Dehoniane (or. fr. *L'Évangile de Marc,* Paris, 1997).

Léon-Dufour X., 1996. *Lecture de l'Évangile selon Jean. IV,* Paris, Seuil.

Lévi-Strauss C., 1969. *Le strutture elementari della parentela,* Milano, Feltrinelli.

Levine A. J., 1988. *The Social and Ethnic Dimension of Matthean Salvation History* (Studies in the Bible and Early Christianity, 14), New York, The Edwin Mellen Press.

Levine B. A., 1989. *Leviticus Wyqr'* (The JPS Torah Commentary). Philadelphia, Jewish Publication Society.

Levine L. I. (ed.), 1981. *Ancient Synagogues Revealed,* Jerusalem, The Israel Exploration Society.

Loisy A., 1903. *Le quatrième évangile*, Picard, Paris.

Lührmann D., 2000. *Fragmente apokryph gewordener Evangelien in griechischer Sprache* (in Zusammenarbeit mit E. Schlarb), München, N. G. Elwert Verlag.

Lupieri E., 1985. "La purità impura. Giuseppe Flavio e le purificazioni degli Esseni", Henoch 7, p. 15-43.

Lupieri E., 1988a, *Giovanni Battista nelle tradizioni sinottiche*, Brescia, Paideia.

Lupieri E., 1988b, *Giovanni Battista fra storia e leggenda*, Brescia, Paideia.

Lyonnet S. - Sabourin L., 1970. *Sin, Redemption and Sacrifice*, Roma, Pontificio Istituto Biblico.

Lyonnet S., 1972. *De peccato et redemptione. II. De vocabulario redemptionis. Editio altera cum Supplemento*, Roma, Pontificio Istituto Bíblico.

Malina B. J. - Rohrbaugh R. L., 1992. *Social-Science Commentary on the Synoptic Gospels*, Minneapolis, Fortress Press.

Malina B. J., 1995. *Early Christian Groups. Using Small Group Formartion Theory to Explain Christian Organizations*, in Ph. F. Esler (Ed.), *Modelling Early Chrisrtinity. Social-scientific Studies of the New Testament in its Context*, London-New York, Routledge, p. 96-113.

Malina B. J., 2001. *The New Testament World. Insights from Cultural Anthropology. Third Edition Revised and Expanded*, Louisville, Kentucky, Westminster, John Knox Press.

Marcus G. E., 1998. *Ethnography through Thick and Thinn*, Princeton New Jersey, Princeton University Press.

Marcus G. E. - Fischer M. J., 1986. *Anthropology as a Cultural Critique*, Chicago - London, The University of Chicago Press (tr. it. *Antropologia come critica culturale*, Milano, Anabasi 1994; Roma, Meltemi, 1998).

Martone C., 1996. *Testi di Qumran, Traduzione italiana dai testi originali com note* a cura di F. García Martínez, Brescia, Paideia.

Mauss M. - Hubert H., 1898. "Essai sur la nature et la fonction du sacrifice", L'Année sociologique, 29-138 (tr. it. *Saggio sul sacrificio*, Brescia, Morcelliana, 1981).

MAIER J., 1995. *Die Qumran-Essener: Die Texte vom Toten Meer. Band I: Die Texte der Höhle 1-3 und 5-11. Band II: Die Texte der Höhle 4*, München, Reinhardt.

MEIER J. P., 1992. "John the Baptist in Josephus: Philology and Exegesis", JBL 111, p. 225-237.

MERKLEIN H., 1994. *La signoria di Dio nell'annuncio di Gesù*, Brescia (or. ted.: *Jesu Botschaft der Gottesherrschaft. Eine Skizze*. 3. Überarbeitete Auflage, Stuttgart, Katholisches Bibelwerk, 1989).

MEYERS E. M., 1997. "Jesus and His Galilean Context" in D. R. Edwards and C. T. McCollough (Eds.). *Archaeology and the Galilee*, Atlanta, Scholars Press, p. 57-66.

MEYNET R., 1994. Il *Vangelo secondo Luca. Analisi retorica*, Roma, Edizioni Dehoniane.

MILGROM J., 1991. *Leviticus 1-16. A New Translation with Introduction and Commentary* (The Anchor Bible, 3), New York, Doubleday.

MIMOUNI S. C., 1998. *Le Judéo-christianisme ancien. Essais historiques*, Paris, Cerf.

MIMOUNI S. C., 1998-1999. "Le rite du baptême aux Ier-IIe siècles", Annuaire École Pratique des Hautes Etudes 107, p. 286-288.

MOLONEY F. J., 1998. *The Gospel of John* (Sacra Pagina Series, 4), Collegeville Minnesota, The Liturgical Press.

MONSHOUWER D., 1991. "The Reading of the Prophet in the Synagogue at Nazareth", Biblica 72, p. 90-99.

MORRIS L., 1995. *The Gospel According to John. Revised Edition*, Grand Rapids Michigan, Eerdmans.

MOXNES H., 1988. *The Economy of the Kingdom. Social Conflict and Economic Relations in Lukce's Gospel*, Philadelphia, Fortress Press.

MOXNES, H., 1991. *Patron-Client Relations and the New Community in Luke-Acts*, in J. H. Neyrey (Ed.), *The Social World of Luke-Acts. Models for Interpretation*, Peabody Massachusetts, Hendrickson, p. 241-268.

MOXNES H. (Ed.), 1997a. *Constructing Early Christian Families*, London, Routledge.

MOXNES H., 1997b. "What is Family? Problems in Constructing Early Christian families", in Moxnes (Ed.), *Constructing Early Christian Families*, London, Routledge, p. 13-41.

MOXNES H., 2003. *Putting Jesus in His Place. A Radical Vision of Household and Kingdom*, Louisville, Westminster - John Knox Press.

MÜLLER H.-P., 1982. *Qadosh*, in Jenni E.- Westermann C., *Dizionario Teológico dell'Antico Testamento. II*, Casale Monferrato, Marietti, coll. 530-549.

MURPHY James J., 1993. "Early Christianity as a 'Persuasive Campaign'. Evidence from the Acts of the Apostles and the letters of Paul", in S. Porter - Th. H. Olbricht (Eds.), *Rhetoric and the New Testament*, Sheffield, Sheffield Academic Press, p. 90-99.

MUSSNER F., 1987. *La lettera ai Galati*, Brescia, Paideia.

NATHAN G., 2000. *The Family in Late Antiquity. The Rise of Christianity and the Endurance of Tradition*, London, Routledge.

NEUSNER J., 2000. *The Halakhah. An Encyclopaedia of the Law of Judaism. II. Between Israel and God Part B* (The Brill Reference Library of Ancient Judaism), Leiden, Brill.

NEUSNER J., 2001. "Sacrifice in Rabbinic Judaism: The Presentation of the Atonement-rite of sacrifice in Tractate Zebahim in the Mishnah. Tosefta, Bavli, and Yerushalmi", Annali di Storia dell'Esegesi 18, p. 225-254.

NEYREY J. H. (Ed.), 1991. *The Social World of Luke-Acts. Models for Interpretation*, Peabody Massachusetts, Hendrickson.

NICOLAS G., 1996, *Du don rituel au sacrifice suprême*, Paris, La Découverte, M.A.U.S.S.

NODET È. - Taylor J., 1998, *Essai sur les origines du Christianisme. Une secte éclatée*, Paris, Cerf.

OAKMAN D. E., 1991. "The Countryside in Luke-Acts" in J. H. Neyrey (Ed.), *The Social World of Luke-Acts. Models for Interpretation*, Peabody, Massachusetts, p. 151-173.

O'DEA T. F., 1968. *Sociologia della religione*, Bologna, il Mulino.

OSIEK C. - BALCH D., 1997. *Families in the New Testament World. Households and House Churches*, Louisville Kentucky Westminster - John Knox Press.

OTTO R., 1926. *Il Sacro. L'irrazionale nell'idea del divino e la sua relazione al razionale*, Bologna (or. ted. *Das Heilige*, Breslau, 1917).

PACE E., 2004. *Perché le religioni vanno in guerra?* Bari-Roma, Laterza.

PAIGE K. - J. M. Paige, 1981. *The Politics of Reproductive Ritual*, Berkeley - Los Angeles - London, University of California Press.

PENNA R., 1991. *L'apostolo Paolo. Studi di esegesi e teologia*, Roma, Edizioni Paoline.

PENNA R., 1993. "Pentimento e conversione nelle lettere di san Paolo: la loro rilevanza soteriologica confrontata con lo sfondo religioso", in R. Penna, (a cura di), *Vangelo, religioni, cultura. Miscellanea di studi in memoria di mons. P Rossano*, Cinisello Balsamo, San Paolo, p. 57-103.

PENNA R., 1996. *I ritratti originali di Gesù il Cristo. Inizi e sviluppi della cristologia neotestamentaria. I. Gli Inizi*, Cinisello Balsamo, San Paolo.

PENNA R., 1998. *I ritratti originali di Gesù il Cristo. Inizi e sviluppi della cristologia neotestamentaria. II. Gli Sviluppi*, Cinisello Balsamo.

PERELLA N. J., 1969. *The Kiss Sacred and Profane. An Interpretative History of Kiss Symbolism and Related Religio-Erotic Themes*, Berkeley and Los Angeles, University of California Press.

PERROT C., 1993. *Jésus et l'histoire. Edition nouvelle*, Paris, Desclée.

PESCE M., 1977. *Paolo e gli arconti a Corinto. Storia della ricerca* (1888-1975) *ed esegesi di 1 Cor. 2,6.8* (Testi e ricerche di scienze religiose, 13), Brescia, Paideia.

PESCE M., 1978. "Ricostruzione dell'archetipo letterario comune a *Mt* 22,1-10 e *Lc* 14,15-24", in J. Dupont (Ed.), *La parabola degli invitati al banchetto*, Brescia, Paideia, p. 167-236.

PESCE M., 1982. "Discepolato gesuano e discepolato rabbinico. Problemi e prospettive della comparazione", *Aufstieg und Niedergang der römischen Welt. II. Prinzipat* 25/1, Berlin/New York, Walter De Gruyter, p. 351-389.

Pesce M., 1985. *Il centro della spiritualità ebraica alle soglie dell'era volgare in Palestina*, in R. Fabris (a cura di), *La spiritualità del Nuovo Testamento*, Roma, Borla, p. 19-64.

Pesce M., 1990. *Mangiare e bere il proprio giudizio. Una concezione culturale comune a 1 Cor e Sotah?* Rivista Biblica 38, p. 495-513.

Pesce M., 1994. *Le due fasi della predicazione di Paolo Dall'evangelizzazione alla guida delle comunità*, Bologna, Edizioni Dehoniane.

Pesce M., 2001. "Gesù e il sacrificio ebraico", Annali di Storia dell'Esegesi 18, p. 129-168.

Pesce M., 2003. "Sul concetto di giudeo-cristianesimo", Ricerche Storico-Bibliche 15, p. 21-44.

Pesch R., 1980. *Il Vangelo di Marco. Parte Seconda. Testo greco e traduzione. Commento.* 1,1-8,26, Brescia, Paideia.

Pesch R., 1982. *Il Vangelo di Marco. Parte Prima. Testo greco e traduzione. Commento.* 8,27 - 16,20, Brescia, Paideia.

Péter-Contesse R., 1993, *Lévitique* 1-16, Genève, Labor et Fides.

Pitta A., 1998. *L'anno della liberazione. Il giubileo e le sue istanze bibliche*, Cinisello Balsamo, San Paolo.

Plescia J., 1976. "*Patria potestas* and the Roman Revolution", in S. Bertman (Ed.), *The Conflict of Generations in Ancient Greece and Rome*, Amsterdam, Grüner, p. 143-169.

Pomeroy S. B., 1997. *Families in Classical and Hellenistic Greece: Representations and Realities*, Oxford, Clarendon Press.

Prior M., 1995. *Jesus the Liberator. Nazareth Liberation Theology (Luke 4.16-30)*, Sheffield, Sheffield University Press.

Puech E., 1993. *La croyance des Esséniens en la vie future: immortalité, resurrection, vie éternelle? Histoire d'une croyance dans le Judaïsme ancien*, I vol. Paris.

Puech E., 1997. "Messianisme, eschatologie et résurrection dans les manuscrits de la mer Morte", Revue de Qumran 18, p. 255-298.

Rappaport. R. A., 1999. *Ritual and Religion in the Making of Humanity*, Cambridge University Press.

Bibliografia

REMOTTI F., 1993. *Luoghi e corpi*, Torino, Boringhieri.

REMOTTI F., 1996. *Contro l'identità*, Bari-Roma, Laterza.

RENGSTORF, K. H. "Manthano, katamanthano, mathetes, summathetes, mathetria, matheteuo", in ThWbNT IV, 3392-465 (GLNT, VI, 11053-1238).

RILEY G. J., 1999. *One Jesus. Many Christs. How Jesus Inspired not One True Christianity But Many*, Minneapolis, Fortress Press.

RINGE S. H., 1981. *The Jubilee Proclamation in the Ministry and Teaching of Jesus: A Tradition critical Study in the Synoptic Gospels and Acts* (Diss. Union Theological Seminary, New York).

RINGE S. H., 1985. *Jesus Liberation and Biblical Jubilee: Images for Ethics and Christology*, Philadelphia.

RIVIÈRE C., 1997. "Approches comparatives du sacrifice", in F. Boespflug - F. Dunand, *Le comparatisme en histoire des religions*, Paris, Cerf, p. 279-288.

ROBINSON J. M. - Hoffmann P. - Kloppenborg J. S. (Eds.), 2000. *The Critical Edition of Q. Synopsis Including the Gospel of Matthew and Luke, Mark and Thomas with English, German, and French Translations of Q and Thomas*, Minneapolis -Leuven, Fortress Press - Peeters.

ROHRBAUGH R. (Ed.), 1996. *The Social Sciences and the New Testament Interpretation*, Peabody Massachusetts, Hendrickson.

ROHRBAUGH R., 1991. "The Pre-industrial City in Luke-Acts: Urban Social Relations", in J. H. Neyrey (ed.), *The Social World of Luke-Acts. Models for Interpretation*, Peabody Massachusetts, Hendrickson, p. 125-149.

SACHOT M., 1999. *La predicazione del Cristo. Genesi di una religione*, Torino, Einaudi (or. fr.: *L'invention du Christ. Genèse d'une religion*, Paris, Odile Jacob, 1999).

SAHLINS M., 1985. *Islands of History*, Chicago, Chicago University Press (tr. ir. *Isole di storia: società e mito nei mari del sud*, Torino, Einaudi, 1986).

SALLER R. P., 1982. *Personal Patronage under the Early Empire*, Cambridge, Cambridge University Press.

SALLER R. P., 1990. "Patronage and Friendship in Early Imperial Rome: Drawing the Distinction", in Wallace-Hadrill A. (Ed.), *Patronage in Ancient Society*, London-New York, Routledge, p. 49-61.

SALLER R. P., 1994. *Patriarchy, Property and Death in the Roman Family*, Cambridge, Cambridge University Press.

SANDERS E. P., 1985. *Paolo e il giudaismo palestinese*, Brescia, Paideia.

SANDERS E. P., 1999. *Il Giudaismo. Fede e Prassi (63 a. C. - 66 d. C.)*, Brescia, Morcelliana (or.: *Judaism. Practice and Belief 63BCE-66CE*, London-Philadelphia, SCM-Trinity Press International, 1992).

SANDNES K. O., 1997. "Equality Within Patriarchal Structures", in H. Moxnes (Ed.), *Constructing Early Christian Families*, London, Routledge, p. 150-165.

SAWYER J. F. A. (Ed.), 1996. *Reading Leviticus. A Conversation with Mary Douglas*, Sheffield, Sheffield University Press.

SCHMIDT B. E. - Schröder I. W. (Eds), 2001. *Anthropology of Violence and Conflict* (EASA), London and New York, Routledge.

SCHNACKENBURG R., 1982. *Das Johannesevangelium. III. Teil. Kommentar zu Kap. 13-21. Vierte Auflage*, Freiburg, Herder.

SCHNACKENBURG R., 1979. *Das Johannesevangelium. III.* Freiburg, Herder.

SCHRÖDER I. W. - Schmidt B. E., 2001. "Introduction: violent imaginaries and violent practices", In B. E. Schmidt - I. W. Schröder (Eds.), *Anthropology of Violence and Conflict* (EASA), Routledge, London and New York, p. 1-24.

SCHÜSSLER FIORENZA E., 1996. *Gesù Figlio di Miriam, Profeta della Sofia. Questioni critiche di cristologia femminista*, Torino, Claudiana.

SCUBLA L., 2005. "'Ceci n'est pas un meurtre' ou comment le sacrifice contient la violence", in F. Héritier (Ed.), *De la violence II*, Paris, Odile Jacob (prima edizione 1999), p. 135-170.

SEGALLA G., 1992. "Perdono cristiano e correzione fraterna nella comunità di Matteo *(Mt* 18,15-17;21-35)", in G. Galli (a cura di), *Interpretazione e perdono*, Genova, Marietti, p. 23-46.

SHAROT S., 1982. *Messianism, Mysticism, and Magic. A Sociological Analysis of Jewish Religious Movements*, Chapel Hill, University of North Carolina Press.

SIMMEL G., 1908. *Der Streit*, in Id. *Soziologie. Untersuchungen über die Formen der Vergesellschaftung*. Berlin, Duncker & Humbold Verlag (1. Auflage), p. 186-255. *Sechste Auflage*, Berlin, Duncker und Humbold, 1983, p. 166-255 (citato dalla tr. it.: *Sociologia*, Milano, Comunità, 1989).

SIMONETTI M., 1994. *Ortodossia ed Eresia tra I e II secolo*, Soveria Mannelli, Rubbettino.

SMITH J. Z., 2004. *Relating Religion. Essays in the Study of Religion*, Chicago and London, University of Chicago Press.

STEGEMANN W., 2001. "Sacrifice as Metaphor", in J. J. Pilch (Ed.), *Social Scientific Models for Interpreting the Bible. Essays by the Context Group in Honor of Bruce J. Malina*, Leiden-Köln, Brill, p. 310-327.

STEGEMANN E. W. - Stegemann W., 1998. *Storia sociale del cristianesimu primitivo: gli inizi nel giudaismo e le cumunità cristiane nel mondo mediterraneo*, Bologna, EDB (orig. ted. 1995).

STOWERS S., 2001. "Does Pauline Christianity Resemble a Hellenistic Philosophy?", in Troels Engberg-Pedersen (Ed.), *Paul Beyond the Judaism/ Hellenism Divide*, Louisville Westminster John Knox Press, p. 295-311.

STOWERS S., 1994. *A Rereading of Romans. Justice, Jews, and Gentiles*, New Haven - London.

STOWERS S., 1995. "Greek Who Sacrifice and Those Who do Not: Toward an Anthropology of Greek Religion", in L. M. White - O. L. Yarbrough (Eds.), *The Social World of the First Christians. Essays in Honor of W.A. Meeks*, Minneapolis, Fortress Press, p. 293-333.

STOWERS S., 1996. *Elusive Coherence. Ritual and Rhetoric in 1 Corinthians 10-11*, in E. A. Castelli and H. Taussig, (Eds.), *Reimagining Christian Origins. A Colloquium Honoring Burton L. Mack*, Valley Forge Pennsylvania, Trinity Press International, p. 68-83.

STROKER W. D., 1989, *Extracanonical Sayings of Jesus*, Atlanta Georgia, Scholars Press.

STROUMSA G. G., 2005. *La fin du sacrifice*, Paris, Odile Jacob.

TALBERT Ch. H. (Ed.), 1978. *Perspectives on Luke-Acts,* Danville, VA.

TAMBIAH S. J., 1995. *Rituali e Cultura.* Bologna, Il Mulino.

TAYLOR J. E., 1997. *The Immerser: John The Baptist Within Second Temple Judaism. A Historical Srudy,* Grand Rapids, Michigan, Eerdmans.

TAYLOR N. H., 1995. "The Social Nature of Conversion in the Early Christian World", in Ph. F. Esler (Ed.), *Modelling Early Christianity. Social-scientific Studies of the New Testament in its Context,* London and New York, Routledge, p. 128-36.

THEISSEN G. - Merz A., 1999. *Il Gesù storico. Un manuale,* Brescia, Queriniana (or. ted.: *Der historische Jesus: Ein Lehrbuch,* Tübingen, Vandenhoeck und Ruprecht, 1996).

THEISSEN G., 1979². *Studien zur Soziologie des Urchristentums,* Tübingen, Mohr (Paul Siebeck).

THEISSEN G., 1996, "Conflits d'Autorité dans les Communautés Johanniques. La question *du Sitz im Leben* de l'Évangile de Jean", in Id., *Histoire sociale du Christianisme primitif. Jésus, Paul, Jean. Recueil d'articles,* Genève, Labor et Fides, p. 209-226.

THEISSEN G., 2003, "Jesus und die symbolpolitischen Konflikte seiner Zeit Sozialgeschichtliche Aspekte der Jesusforschung", in Id., *Jesus ais historische Gestalt. Zum 60. Geburtstag von Gerd Theissen herausgegeben von Annette Merz,* Tübingen, Vandenhoeck und Ruprecht, p. 169-193.

TROCMÉ A., 1973. *Jesus and the Nonviolent Revolution,* Scottdale Pa, Orbis Books (or. fr.: *Jésus-Christ et la révolution non violente,* Paris, 1961).

TURNER V., 1972. *Il processo rituale,* Brescia, Morcelliana (or. amer. 1969. *The Ritual Process. Structure and Anti-Structure,* Chicago, Aldine Publishing Company).

URBACH E. E., 1975. *The Sages,* Jerusalem, Magnes Press.

VAN AARDE A., 2001. *Fatherless in Galilee. Jesus as Child of God,* Harrisbourg Pennsylvania, Trinity Press International.

VAN GENNEP A., 1909. *Les rites de passage,* Paris, Nourry (tr. it. *I riti di passaggio,* Torino, Boringhieri, 1981).

VAN HENTEN J. W. - Brenner A. (Eds.), 2000. *Families and Family Relations as Represented in Early Judaisms and Early Christianities: Texts and Fictions,* Leiden, Déo Publishing.

VAN IERSEL B., 1998, *Marc. Reading-Response Commentary,* Sheffield, Sheffield University Press.

VANNI U., 1989. *Lettere ai Galati e ai Romani,* Roma, Edizioni Paoline.

VITI F., 2004. "Parlare della guerra in antropologia", in F. Viti (a cura di), *Guerra e violenza in Africa Occidentale,* Milano. Franco Angeli, p. 23-37.

VIVIANO B. T., 1989. "The High Priest's Servant's Ear: Mark 14:47" RB 96, p. 71-80.

VOUGA F., 2001. *Les premiers pas du Christianisme. Les écrits, les acteurs, les débats,* Genève, Labor et Fides, 1997 (tr. it. *Il cristianesmo delle origini. Scritti, protagonisti, dibattiti,* Torino, Claudiana, 2001).

WALLACE-HADRILL A., 1990a. "Patronage in Roman Society: from Republic to Empire" in A. Wallace - Hadrill (Ed.), *Patronage in Âncient Society,* London-New York, Routledge, p. 63-87.

WALLACE-HADRILL A. (Ed.), 1990b. *Patronage in Ancient Society,* London-New York, Routledge.

WEISS J., 1993. *La predicazione di Gesù sul Regno di Dio,* Napoli D'Auria (or. ted., *Die Predigt Jesu vom Reiche Gottes. Zweite Auflage,* Göttingen 1900).

WHITE L. M., 1996. *The Social Origins of Christian Architecture. Vol. I. Building God's House in the Roman World: Architectural Adaptation Among Pagans, Jews, and Christians,* Valley Forge, Trinity Press International.

WHITE, L. M., 1997. *The Social Origins of Christian Architecture. Vol. II. Texts and Monument's for the Christian Domus Ecclesiae in its Environment,* Valley Forge, Trinity Press International.

WILCKENS U., 1980. *Der Brief* an *die Römer. 2. Teilband (Röm 6-11)* (EKK VI/2), Neukirchen, Benziger Verlag, Neukirchener Verlag.

WILSON S. G., 1996. "Voluntary Associations. An Overview", in J. S. Kloppenborg and S. G. Wilson (Eds.), *Voluntary Associations in the Graeco-Roman World,* London and New York, Routledge, p. 1-2.

Índice de Autores Citados

Affergan F., 32
Anderson P. N., 53
Arzt-Grabner P., 69
Assmann J., 172, 209, 219
Augé M., 87

Balch D., 96
Barclay J. M. G., 35
Balandier G., 215
Barbaglio G., 196
Barth F., 196
Bauer W., 220, 230
Baumann G., 101, 102
Bell C., 43
Bertman S., 112
Bettiolo P., 31
Blanchetière F., 220, 221
Boissevain J., 30
Bourdieu P., 46, 146

Borg M. G., 26
Boyer P., 67
Bowman G., 218
Brenner A., 96
Brown M. E., 218, 227
Brown R. E., 57, 230, 232
Budd Ph. J., 197, 202
Burke P., 32
Burket W., 142

Calame C., 239
Camplani A., 31
Cançik H., 69
Cardellini I., 152
Chilton B., 177
Cícero, 69
Cimma M. R., 132
Cohen D., 202
Cohen S., 96
Columella, 94, 128-130
Criscuolo L., 209
Crossan J. D., 26, 166, 174

Deiana G., 199
Destro A., 6, 20, 22, 26, 29, 31, 32, 42-45, 47-52, 54-56, 61-63, 69, 73, 76, 84, 95, 96, 114, 121, 128, 139, 140, 141, 144, 147-149, 151, 152, 156, 157, 175, 178-180, 189, 201, 214, 217, 219, 222, 226, 228, 229
Derrida J., 203
Detienne M., 142

Índice de Autores Citados

Dietzfelbinger C., 57
Dixon S., 96
Douglas M., 147-149, 152, 160, 161
Duling D., 34, 190
Dupont J., 130
Dupront A., 68
Durkheim E., 68

Eilberg Schwartz H., 56, 57, 147
Eisenstadt S. E., 29, 30, 34, 86, 89
Elbogen I., 80
Eliade M., 46, 68
Eliezer ben Hircanus, 106, 107
Elliott J. H., 35
Esler Ph. F., 204, 214
Evans Pritchard E. E., 85

Fabietti U., 32
Filone Alessandrino, 163
Filoramo G., 31, 38, 68, 71, 72, 76
Finley M., 94
Flávio Josefo, 19, 107, 108, 138, 150, 152, 162, 163, 165, 166, 168
Fortes M., 93
Fox R., 81
Fuà O., 122

Gardner F., 94, 96
Giamblico, 49, 106
Gianotto C., 206

Gluckman M., 85, 215, 220, 241
Gnilka J., 187, 188, 190, 191, 193, 195
Goody J., 96, 216
Grottanelli C., 146
Guijarro Oporto S., 96, 102, 116, 117, 126

Hadot P., 39
Halbwachs M., 219
Harlé P., 202
Hannerz V., 101, 102
Harringhton D. J., 186
Harris M., 81
Héritier F., 81, 214
Hoffman L. A., 80
Hubert H., 69

Inácio de Antioquia, 14
Izard M., 214

Jenson Ph. P., 68
Jeremias J., 186, 189, 196, 202
Jerônimo, 174

Kilani M., 239
Kloppenborg J. S., 32, 101
Kottsieper I., 102
Kriesberg L., 214

Laburthe-Tolra P., 216

Índice de Autores Citados

La Fontaine J., 46
Lagrange M.-J., 230
Lampe P., 221
Laplantine F., 101
Lenger T., 209
Léon-Dufour X., 231, 234, 235
Levine A.-J., 119
Levine B., 153, 155, 157-158, 162
Levine L. I., 128, 166
Lupieri E., 169

Maier J., 206
Malina B., 32, 33, 35, 107, 145, 147, 186, 188, 190, 210
Martone C., 199, 200, 206, 207
Mauss M., 142, 143
Meier J. P., 165
Meeks W. A., 67
Merz A., 26
Meynet R., 205
Milgrom J., 153, 157-162
Mimouni S. C., 174, 220, 221
Moloney F. J., 231
Monshouwer D., 204
Morris L., 231
Moxnes H., 26, 94, 96, 100, 120, 130, 134, 135
Müller H.-P., 68
Murphy James J., 45
Mussner F., 86

Nathan G., 96
Neusner J., 138, 153, 163
Neyrey J., 173
Nicolas G., 141
Nodet È., 166

O'Dea T. F., 68, 78
Osiek C., 96
Otto R., 68

Pace E., 24
Paige K., 46
Paige J. M.,
Penna R., 26, 78, 175, 185
Parrinello R. M., 31
Perrot C., 26
Pesce M., 6, 20, 22, 26, 29, 31, 32, 42-45, 47-52, 54-56, 61-63, 69, 73, 76, 78, 80, 85, 95, 103, 107, 114, 121, 128, 131, 149, 151, 152, 156, 157, 175, 178-180, 214, 219, 221, 222, 226, 228, 229
Péter-Contesse R., 152
Pitta A., 197, 202, 204, 205
Pomeroy S. B., 96
Pralon D., 202
Pricoco S., 31
Prior M., 204
Puech E., 206-208

Rappaport R. A., 67
Remotti F., 53, 79

Índice de Autores Citados

Rengstorf K. H., 45
Riley G. J., 26
Rivière C., 143
Robertson Smith W., 142
Rohrbaugh R., 99, 107, 131, 186, 188, 190
Roniger L., 30, 34, 86, 89

Sachot M., 35, 101
Sahlins M., 216
Saller R., 96, 97
Sanders E. P., 151, 162
Sandnes K. O., 104
Sawyer J. F. A., 197
Sberveglieri A. M., 31
Schmidt B. E., 217
Schnackenburg R., 57
Schröder I. W., 214
Scubla L., 137
Segalla G., 190, 193
Sfameni Gasparro G., 31
Simmel G., 215, 219, 235
Simonetti M., 220
Smith J. Z., 11, 41, 42, 103, 142
Stegemann E., 19, 35, 100
Stegemann W., 19, 35, 100, 131, 141
Stowers S., 35, 137, 142
Stroumsa G. G., 38, 137

Tambiah S. J., 43, 70

Taylor N. H., 35
Taylor J., 180
Tertuliano, 142, 152
Theissen G., 26, 35, 103, 107, 166, 221, 229
Turner V., 46, 62

Urbach E. E., 80

Valeri V., 142, 145, 146
Van Gennep A., 46, 49
Van Henten J. W., 96
Van Iersel B., 166
Vanni U., 90
Vernant J.-P., 142
Viti F., 214
Vouga F., 220, 221

Wallace Hadrill A., 98, 99, 134
Warnier J. P., 216
Weiss J., 196
White L. M., 128
Wiedemann T., 94
Wilson S. G., 32, 101

Índice

Introdução – 5

1. A Pluralidade das Formas Agregativas e o
   Discipulado Iniciático Joanino – 17
   1. A pluralidade das formas religiosas agregativas – 19
   2. Como explicar a estrutura do discipulado – 28
   3. As características do discipulado iniciático joanino – 42
   4. O modelo iniciático no Evangelho de João – 46
   5. A construção definitiva do relacionamento
      mestre-discípulo em João – 60
   6. Observações para conclusão – 65

2. As Comunidades Paulinas dos Santos e Irmãos – 67
   1. A identidade das *ecclesiai* paulinas – 67
   2. Os "santos" – 70
   3. Os "irmãos" – 81
   4. Observações para conclusão – 91

3. Jesus Perante a *Oikos*: Conflito e Hospitalidade – 93
   1. A dialética entre o movimento de Jesus e as *oikoi*
      na perspectiva do Evangelho de Lucas – 95

Formas Culturais do Cristianismo Nascente

2. Relação entre *oikos* e discipulado – 100

3. Separação dos membros da *oikos* – 105

4. A que geração pertencem os itinerantes? – 109

5. São os discípulos *householders*? – 120

6. Como Jesus utilizava as *oikoi* – 123

7. A hospitalidade nas *oikoi* – 127

8. Observações para conclusão – 134

4. CULPA, RITOS, SACRIFÍCIOS – 137

1. Visão teórica dos ritos de imolação – 142

2. Os sacrifícios judaicos e as transgressões voluntárias e involuntárias – 150

3. O ritual do *Yom ha-kippurim* e suas interpretações – 156

5. JESUS E O PERDÃO DOS PECADOS – 171

1. Jesus e o Batista – 174

2. O comportamento de Jesus: o conceito de *ḥesed* (o amor misericordioso) – 183

3. O novo reino e a anistia – 209

6. CONFLITOS E SOLUÇÕES DOS CONFLITOS NO CRISTIANISMO PRIMITIVO – 213

1. Os conflitos na perspectiva da construção de formas sociais – 214

2. Os conflitos no cristianismo primitivo – 220

3. Estrutura dramática e conflitual do Evangelho de João – 222

4. Os conflitos não verbais: a prisão de Jesus em João – 226

5. Um ambiente problemático: entidades e forças superiores – 239

BIBLIOGRAFIA – 243

ÍNDICE DE AUTORES CITADOS – 269